TYP. DRAEGER ET LESIEUR, 118, RUE DE VAUGIRARD.

SOUVENIRS
DU RÈGNE
DE LOUIS XIV.

TOME V

CORBEIL. — Typ. et stér. de Crété fils.

SOUVENIRS
DU RÈGNE
DE LOUIS XIV

PAR

LE COMTE DE COSNAC
(GABRIEL-JULES)

CHEVALIER DE LA LÉGION D'HONNEUR
ET DE LA COURONNE DE CHÊNE (PAYS-BAS)
ANCIEN MEMBRE DE LA COMMISSION EXTRA-PARLEMENTAIRE
DE DÉCENTRALISATION DE 1870
ANCIEN CONSEILLER GÉNÉRAL

Ouvrage honoré de la souscription des Ministères
de l'Instruction publique et des Affaires étrangères.

TOME CINQUIÈME

PARIS
LIBRAIRIE RENOUARD
HENRI LOONES, SUCCESSEUR,
LIBRAIRE DE LA SOCIÉTÉ DE L'HISTOIRE DE FRANCE
6, Rue de Tournon, 6

1876

Droits réservés.

CHAPITRE XXXIX.

L'Ormée reprend son ascendant. — Démolition du château du Hâ. — Le régiment de Conti expulsé du voisinage de Bordeaux. — L'Ormée casse les ordonnances du bureau de l'hôtel de ville; ses nouveaux envahissements. — Plaisante querelle suscitée à Lenet par la comtesse de Maure; sa lettre inédite, du 6 septembre. — Dénonciation anonyme inédite de l'Ormée contre Lenet. — Lettre inédite de Lenet au prince de Condé, du 12 septembre. — Démarche inutile du président de Gourgues. — L'Ormée décrète que quatre potences seront dressées sur quatre places publiques. — Repas offert par l'Ormée au prince de Conti. — Capitulation du château de La Brède. — Reproches à l'Espagne; réponse de son premier ministre. — Résultats insignifiants de l'alliance sollicitée de l'Angleterre. — Nouvelles accusations contre Lenet; sentiments à son égard de la duchesse de Longueville et du prince de Conti. — Plaintes contre le baron de Vatteville. — La princesse de Condé accouche d'un fils, le 20 septembre. — Deux lettres inédites de félicitations du roi et de la reine d'Espagne. — Nouvelles difficultés éprouvées par Lenet. — Sa lettre inédite au prince de Condé, du 13 septembre. — Réflexions sur cette lettre. — Les capitaines de la ville de Bordeaux veulent former un comité directeur. — Découragement de Lenet; son désir de se retirer. — Cabales protestantes de mademoiselle de Cossé. — Réponse inédite du prince de Condé à Lenet, du 30 septembre. — Le prince de Condé désire que le duc de Guise reste en Guyenne ou se rende en Provence. — Appréhensions causées par les vendanges. — Dépêche inédite de Lenet au prince de Condé, du 30 septembre. — Les vendange s commencées sans obstacles. — Réponse inédite du baron de Vatteville aux accusations formulées contre lui, du 1ᵉʳ octobre. — L'armée des princes paralysée dans son action non moins que l'armée royale.

(1652.)

Le succès obtenu par Lenet dans l'élection de la Jurade avait consolidé à Bordeaux la prépondérance du parti des princes; mais l'Ormée momentanément domptée n'avait accepté le joug qu'en frémissant en secret. Aussi une effervescence nouvelle ne tarda-t-elle pas à succéder à ce calme de peu de durée. Lenet lui-même devint le complice de ce retour à de mauvais jours, en relâchant le frein qu'il avait serré; ainsi le voulaient les déplorables exigences de sa politique de bascule. Ne fallait-t-il pas intimider les conseillers du Parlement pour les empêcher de se transporter à Dax suivant les volontés du roi? ne fallait-il pas continuer à retenir dans une crainte salutaire ces bourgeois de Bordeaux qui, depuis l'éloignement du cardinal Mazarin et la proclamation de l'amnistie, reprenaient au moindre calme le courage de proclamer bien haut, sans danger, leur désir de la paix?

Dès que l'Ormée se vit contenue d'une main moins ferme, elle releva la tête et formula de nouvelles exigences. Comme signe apparent de son réveil, il lui fallait tout au moins un château, une citadelle à détruire ; quelque acte enfin de nature. à la relever de son échec dans ses tentatives de démolition des forts de l'île de Casau. Le château du Hâ lui fut livré comme une proie. Ce château s'élevait non loin de l'église de Sainte-Eulalie ; ses hautes et fortes tours, qui formaient sur un point la continuation de l'enceinte fortifiée de la ville, étaient un complément nécessaire de sa défense, alors que les éventualités d'un siége prochain étaient à craindre. Mais cette citadelle avait l'inexcusable tort de dominer à peu de distance le lieu habituel des réunions de l'Ormée ; elle fut en conséquence vouée à la démolition. La populace aime les actes de violence et les destructions, surtout lorsqu'ils ne présentent aucun péril : agir en grand nombre contre un petit nombre, attaquer en armes des gens désarmés, massacrer des innocents, faire rejaillir sa colère contre des objets inanimés qui ne peuvent répondre, tels sont ses plus chers triomphes ! L'Ormée n'avait pas même à surmonter l'ombre d'une résistance ; les portes étaient ouvertes, elle se mit hardiment à les enfoncer ; ensuite elle se mit à l'œuvre pour démolir les murailles. Comme cette entreprise demandait une persévérance plus soutenue qu'un premier mouvement de colère ; comme bien plus elle exigeait du travail, et le peuple quand il est maître prétend sur toutes choses ne pas travailler, l'Ormée se lassa vite de cette opération fatigante et gratuite. Elle confia l'achèvement de cette destruction et le comblement des fossés aux six compagnies de la milice soldée qui furent retirées du fort de la Bastide où elles tenaient garnison.

Le prince de Condé, pour flatter l'Ormée, se garda bien de ne pas applaudir à son œuvre; il feignit même de l'avoir désirée :

« Pour le regard du châsteau du Hâ, écrivit-il à Lenet, tesmoignez à ces messieurs de l'Ormée que je suis bien aise de la résolution qu'ils ont prise de le razer, et que c'est une chose que je désirois, il y a fort longtemps, pour leur entière satisfaction[1]. »

Après cette première satisfaction, l'Ormée s'en accorda une seconde : le régiment de Conti revenait de la Teste-de-Buch où il avait aidé les Espagnols à construire un petit fort, et s'était cantonné dans le village du Bousquet pour faire payer la taille aux habitants; mais l'Ormée, qui ne pouvait souffrir des troupes régulières aux portes de Bordeaux, obligea par ses menaces le régiment à se retirer.

Continuant à s'enhardir, l'Ormée en vint à déclarer qu'elle n'entendait plus admettre le moindre

---

[1] Lettre inédite datée du camp de Grosbois, le 8 septembre 1652. Bibliothèque nationale, Portefeuille du prince de Condé; Fonds français, 6731, f° 142.

partage de son autorité. Elle cassa, par ce qu'elle appelait ses ordonnances, toutes les ordonnances rendues par le bureau de l'Hôtel de Ville avec le concours des présidents et des officiers du Parlement. Elle déclara que le Parlement n'avait aucun droit de s'immiscer dans des actes d'administration municipale, non plus que celui de figurer par des délégués dans le bureau composé de tous les corps de ville auquel était confié le maniement des deniers publics. Le président de Gourgues et l'avocat général Dussaut s'étant rendus, malgré cette exclusion, à une séance du bureau, un jurat, incident à remarquer parce qu'il fait ressortir la connivence de Lenet, leur demanda en quelle qualité ils se présentaient ; comme ils ne faisaient point de réponse, ce jurat leur déclara qu'ils ne pouvaient paraître qu'en qualité de particuliers, et l'Ormée le fit constater sur les registres de l'Hôtel de Ville.

Le Parlement, pour sauvegarder la dignité de ses membres, se vit réduit à la nécessité d'arrêter qu'aucun de ses députés ne se rendrait désormais aux assemblées publiques, puisqu'ils y étaient si indignement accueillis [1].

Comme diversion à ces contestations fâcheuses, plaçons ici une querelle de badinage que nous faisons connaître d'autant plus volontiers qu'elle

---

[1] Nous avons tiré les faits qui précèdent de la *Gazette*, art. sous la rubrique du 5 septembre 1652.

met en scène une des femmes distinguées d'une époque qui en a produit en si grand nombre et parce qu'elle démontre une fois de plus à quel point, du temps de la Fronde, se conduisaient de front les préoccupations politiques et les bagatelles mondaines ; la comtesse de Maure prend Lenet à partie à propos de quelques paires de gants d'Espagne :

« De Paris, le 6 septembre 1652.

« Vous aves une bien plus grande querelle avec moy de ne m'avoir point envoyé de gans d'Espagne et d'en avoir envoyé à Madame de Rohan que celle que vous aviés quand je croyois que vous ne m'aviez point escrit sur les blessures et la prison de M. le comte de Maure, car vous pouviés fort bien en avoir eu le sentiment que vous me tesmoignés et n'avoir pas creu qu'estant aussy persuadée que je le suis de mon amitié pour vous, il fût nécessaire de faire le compliment ; mais vous ne sçauriés vous estre souvenu d'envoyer des gans à Madame de Rohan et n'avoir point songé à moy sans l'aimer mieux que moy, et je n'ay pas creu m'en pouvoir mieux vanger que de le dire à Madame de Chalais [1] qui ne trouve pas meilleur que

[1] Veuve du comte de Chalais décapité sous Louis XIII ; et tante de Daniel de Cosnac. Voy. t. I, p. 32, et les *Mémoires* de Cosnac, t. I, p. 262.

moy que vous l'ayez oubliée, et quand vous sçaurés ce que j'ai dit sur ce voyage là, vous verrez que vous auriés eu un grand intérest à m'amolir le cœur par un tel présent. Mademoiselle de Vandy qui advoit querrelles avec vous, à ce que j'aprens, ne vous en fait point sur ce subject; mais elle n'en pense pas moins que Madame de Chalais et moy avec toutes les personnes qui vous aiment tant que nous faisons toutes trois, si ce n'est M. le comte de Maure; et, en mon particulier, je croy que rien ne sçauroit vous faire douter que je ne soye très-véritablement vostre très-humble et très-affectionnée servante. Nous avons esté bien en peine icy de la maladie de Madame la princesse; j'ay beaucoup de joye qu'elle soit hors de danger. Faites-moy la grâce, je vous suplie, de le luy dire et que personne ne peut estre plus que moy sa très-humble et très-obéissante servante. Ayés aussi la bonté de faire mes compliments à Madame de Tourville et à Mademoiselle de Préau. Adieu, Monsieur, Dieu veuille que la paix nous rassemble bien tost tous [1]. »

---

[1] Cette lettre inédite, papiers de Lenet, Bibliothèque nationale, Fonds français, 6710, f° 51, porte pour suscription à M. Lenet; elle n'est pas signée; mais on lit au dos, de la même écriture que la lettre, ces mots : *Madame la comtesse de Maure*. L'écriture de la lettre est grande et très-courante, mais avec quelques ratures.

M. de Barthélemy qui, dans une intéressante publication, a

L'Ormée, alors si bien servie par Lenet, l'avait dénoncé au prince de Condé à l'époque où le fidèle mandataire du prince comprimait ses élans. Lenet ignorait cette dénonciation, il ne l'apprit que par le *factum* lui-même que le prince de Condé lui renvoya. Cette pièce inédite et ce fait jusques ici inconnus sont certainement l'une des curiosités de ces événements :

donné les lettres de la comtesse de Maure conservées en copie dans les manuscrits de Conrart, n'a pas eu connaissance de celle-ci.

La comtesse de Maure avait une telle passion pour écrire, que dans un temps où elle demeurait porte à porte avec la marquise de Sablé, ces dames s'écrivaient au moins six fois par jour. Voy. les *Historiettes* de Tallemant des Réaux.

Anne Doni d'Attichy, née en 1600, qui avait épousé le comte de Maure, frère du marquis de Maure, depuis duc de Mortemart (Voy. sur le comte de Maure, t. I, p. 215, 216; t. III, p. 278, 279), était fille d'Octavien Doni, baron d'Attichy, et de Valence de Marillac, sœur du maréchal. Octavien Doni, originaire de Florence, avait suivi en France Marie de Médicis et acheté la baronie d'Attichy, près de Compiègne.

Mademoiselle de Scudéry trace de la comtesse de Maure, sous le nom de la princesse Onélise, le portrait suivant :

« Elle était grande, de belle taille, de bonne mine, elle avait les cheveux bruns, les yeux noirs, le teint blanc et uni, la peau délicate, la bouche incarnate et souriante, le tour du visage fort agréable, quoique d'une forme assez particulière. »

Madame de Motteville, dans ses *Mémoires*, parle de « sa vertu éclatante et sans tache, de sa générosité, avec une éloquence extraordinaire, une âme élevée, des sentiments nobles, beaucoup de lumières et de pénétration. »

Monseigneur,

« Si les ennemis de nostre compagnie ont creu que tout nostre but ne tandoit pas à nostre gloire, ilz seront bien abatus de voir un jour nos soings utiles à vostre service et nos désirs plus affectionnés à la fin qu'ils ne l'ont esté dans leurs commencemens. L'Ormée, Monseigneur, seroit indigne de vostre protection sy elle n'avoit toute la probité et la sincérité qu'elle doibt avoir pour posséder un si grand bénéfice. Elle supplie très-humblement Vostre Altesse de ne juger pas son zelle indiscret et de leur vouloir donner quelque attention quand il s'agira de vos intérests ; or de considérer que beaucoup de désordres ne viennent point à vostre cognoissance par le déguisement de la vérité qui est toujours plastrée et masquée quand elle arrive à Vostre Altesse ; elle est mécognoissable sortant des mains de ceux qui de tout temps la savent bien déguiser pour la faire paroistre de loing la plus belle chose du monde. C'est assez d'avoir votre confiance pour en savoir bien abuser, quoy que ceulx qui se mesleront de vous en faire acroire n'y trouveront jamais leur compte ; mais Vostre Altesse est ailleurs, et quoy que l'on aye escript au sieur Laperelle, il n'a osé dire à Vostre Altesse que nos meilleurs citoyens sont sy effrayés et sy ébranlés

des menaces que leur faict faire journellement
M. Laisné de vostre part et de la sienne que nous
ne pouvons espérer qu'une défection totale de tous
les serviteurs pour lesquels il n'a nulle considération, les traictant comme ennemis et pire que
Mazarins. Or il y va de l'argent pour le remplasse-
ment de ses menus plaisirs qui tariront le bureau
s'il ne modère ses colations de cinquante pistolles
pour l'ordinaire et les présans de jupes et de pas-
semens pour l'extraordinaire. Ces despances, Monseigneur, sont vos affaires ; mais pour la persécution, on ne la croira jamais de vostre approbation.
Et encore pour de modiques sommes qui ne peuvent avancer vos affaires et qui ne peuvent servir
qu'aux siennes, il a envoyé depuis huict jours le
nommé Dureteste chez M. Jolly, secrétaire du roy,
luy demander cent pistolles, et, en cas de refus,
luy fut dict que nostre compagnie le feroit périr et
qu'on luy envoyeroit une compagnie de bateliers
et de carabins. Il envoya de la mesme sorte chez
le sieur Bidault qui fut sy effrayé qu'il en devint
malade. Nous sûmes, Monseigneur, qu'il se servoit
de nostre nom pour opprimer nos parans et amis.
Nous députâmes vers eux les sieurs Deprades, de
Saint-Cry et autres de nostre corps pour leur faire
savoir que Dureteste estoit un faucere et méchant
et qu'il estoit sans aveu de nous ; et de faict, sans
la prière du dict Jolly, nous l'aurions faict punir

exemplairement. Il a faict fuir Courtade, banquier, et plusieurs autres qui sont pressés d'abandonner pour éviter sa viollance. L'on vous pourroit adjouster, Monseigneur, beaucoup d'autres visites si l'on abusoit pas de vostre patience comme il abuse de vostre authorité par un emportement hors de la bienséance et faute de jugement. Il ne se devroit pas rendre insupportable à cause que vous ne le sauriez estre. On doibt vous servir efficacement sans désoller une province et vos fidèles serviteurs. M. de Viole a faict tout au contraire, il ne trompe personne, il vous a conservé aultant de serviteurs que les autres vous en détruisent ; il estoit loyal, véritable partout et plain d'équité. On trouve icy [1] tout le contraire ; le voyage qu'il a faict icy durant vostre détantion a faict cognoistre sa fauce candeur à tous les honnestes gens qui n'ont conseu nulle estime pour luy ; au contraire, toute l'animosité que l'on peut avoir contre un homme qui pouvoit conserver du crédit s'il eust esté plus modéré et plus judicieux. Vos affaires, Monseigneur, en seroient mieux, la marine ne seroit pas ruinée ; or l'argent mal enployé feroit d'aussy bons effects que sa mauvaise conduite en fera de pernitieux. C'est nous mal traicter que de nous décrier par tout en em-

---

[1] C'est-à-dire en Lenet dont les dénonciateurs écrivent le nom *Laisné*, suivant une orthographe fréquemment employée de son temps.

ployant journellement de pareils artifices. Pardonnés, Monseigneur, à nos justes sentimens qui sont sans intérest mercenere, et à la croiance que nous avons que c'est fort mal vous servir que de vous faire des secrêts de ce qui vous sera toujours caché sy vous trouviés mauvais que ceste mesme vérité paroisse devant vous. C'est un présent sans rendre, contre lequel nous ne demandons les emplois, ny les charges. Il suffit que nous fassions bien exactement celle de vos très-respectueux et fidelles subjects,

Monseigneur,
et très-obéissants serviteurs
Les bourgeois de l'Ormée. »

« Ce 22 août 1652 [1]. »

Cette lettre est anonyme; par une traditionnelle, prudente et lâche coutume les dénonciateurs préfèrent frapper en demeurant dans l'ombre; mais cette lettre porte sur la moralité et sur la probité de Lenet des accusations qui, malgré une exagération certaine, semblent s'appuyer sur quelque

---

[1] Lettre inédite, papiers de Lenet, Bibliothèque nationale, Fonds français, 6709, f° 162. Cette lettre porte pour suscription : *A Monseigneur*, et cette mention à côté : renvoyé à M. Lenet par Son Altesse. Elle était fermée par un très-petit cachet en cire rouge dont l'empreinte est effacée, apposée deux fois selon l'usage du temps pour fixer les deux bouts de la soie.

fonds de vérité ; d'autant plus que Lenet fut en but à de pareilles accusations provenant de source meilleure. Pour lui heureusement l'ignominie même du procédé et de l'individualité des accusateurs amortirent la portée du coup. Il faut remarquer avec quelle audacieuse impudeur ces misérables qui ont organisé à Bordeaux le pillage, le bannissement, le meurtre et l'incendie, se targuent de leur honnêteté et de leur désintéressement ; ils ont fait école : les conventionnels, les régicides, les membres du tribunal révolutionnaire se drapaient dans leur vertu ; les cannibales et les voleurs de caisses publiques de la récente commune de Paris osaient aussi parler de leur patriotisme et de leur probité. Enfin, en larrons qui ne s'entendent pas toujours entre eux, les Ormistes accusent l'un des leurs, l'exécrable Dureteste, des exactions qu'il commet personnellement, parce que ces exactions ne sont pas commises à leur profit.

Lenet, malgré l'espoir qu'il manisfeste, ne paraît pas avoir découvert l'auteur ou les auteurs de cette lettre ; mais sa réponse au prince de Condé, dans laquelle il aborde quantité d'autres détails des affaires courantes, témoigne que, s'il ajoute de l'importance au fait de la mauvaise intention, il en attache peu aux conséquences de la dénonciation :

« A Bordeaux, 12 septembre 1652.

« Je me donnay l'honneur d'escrire hier à Vostre Altesse par le controleur de M. de Guise qui partit en poste avec passe-port si ample qu'il me reste peu de chose à lui dire, dont bien me prend; car un rumatisme qui me tient depuis deux ou trois jours et pour lequel on me vient de seigner, m'empescheroit fort si j'avois une longue despesche à faire.

« Je vous dirai seulement que la lettre sous le nom de l'Ormée vient de plus haut que je ne pensois, du moins je crois que je descouvrirai que c'est une pièce couverte, et pourriez vous imaginer que ce galant homme qui ne veult point de comparaison entre M. Caillet et luy pourroit bien estre l'aulteur, du moins j'en ay des présomptions bien convinquantes. Je n'en tesmoignerai aucune chose; mais comme il importe fort de voir clair en cela, non pas pour l'amour de moy, je vous asseure que j'iray jusqu'à la source où l'on dit à tous les quarts d'heure du jour tout ce que cette lettre contient touchant M. le Président Viole. Je supplie très-humblement Vostre Altesse de n'en rien tesmoigner à qui que ce soit, car il fault découvrir cela pour cause.

« Je remercie Vostre Altesse du brevêt qu'elle a

envoyé au bonhomme M. Forelle à ma prière. M. de Montisac à qui j'ay donné une des places de maistre d'hostel vous remercie par la cy-joincte.

« J'espère que dans la fin de ce mois je vous accorderay quelque bonne nouvelle du hault pays, je vous en escrirai plus amplement lundy.

« J'oubliai de vous mander hier que Vilars avoit furieusement poussé Prade dans l'Ormée. Il fault redresser toute cette affaire, si l'on peut, car de là despend tout, puisque on a voulu tomber dans ce désordre. Tous les officiers sont tousjours icy, à la réserve de M. de Gallapian qui est tousjours où l'on veut, de quoy on ne lui faict pas meilleure mine.

« M. de Guimard vous remercie de la grâce que vous voulez lui faire; il avoit sceu l'affaire de M. de Pontac par la famille de M. de Montesquieu, gendre du feu premier président, qui disoit icy tout hault que la chose estoit arrestée et que M. de Pontac estoit premier président, et lui président en sa place, pour se rembourser par le prix de cette charge de cinquante mille escus que M. du Brous avoit donnés de l'autre. Ce sera à Vostre Altesse de faire le choix de premier président; mais asseurément M. de Guimard est un bon subject.

« Madame a la fiebvre; elle a esté violente de-depuis onze jours, ses médecins vous en rendent compte, j'en suis fort en peine.

« M. de Romainville, qui est asseurément tout à vous et qui le tesmoigne tous les jours, paroist triste de ce que V. A. ne lui fait aucune response sur ce régiment qu'il voudroit remettre sur pied. Si V. A. lui vouloit faire l'honneur de lui mander que si elle veut la guerre continuer, elle lui donnera de quoy le remettre quand elle le pourra ; et, si la paix se fait, qu'elle en prendra le mesme soing, et cependant qu'il peut servir en Guienne ou vers V. A. à son choix, asseurément elle le contentera.

« M. de Gondrin, à ce qu'on m'a dit ce matin, propose à tous les officiers d'enfoncer les coffres de M. Le Vacher ; s'il s'y joue, il verra bon rire. Je ne crois pourtant pas que ce soit sa pensée, il ne parle jamais de cela en ma présence ; car Dieu m'a fait naistre assez brutal pour empescher qu'on ne me dise rien mal à propos ; du reste tout est au mesme estat que quand j'écrivis hier à V. A.

« Nous travaillons pour faire Vilars, Deville, conseillers, et la Périnière, maire ; ils servent bien, on ne peut mieux faire ; s'ils ne font pas leur debvoir, ce que je ne puis croire, V. A. réparera ce désordre quelque jour, avec plusieurs autres qui me font souvent enrager.

« Je laisse à M. de Saint-Martin de vous mander les détails de toutes les inquiétudes de M. du Dognon et les négociations de M. de Xaintes ; il dit que tout cela ne sera rien, mais c'est un homme à se servir de l'amnistie de Pontoise. Dieu veuille que non! Je ne voudrais pas aussy qu'on l'envoyât icy d'avant avoir mis ordre aux affaires de la manière que je vous l'ay mandé par le courrier qui partit hier.

« Les bourgeois de Villeneufve sont icy qui viennent demander droit de bourgeoisie. Le convoy n'en vaudra de rien mieux; mais cela sera de bon exemple en temps de guerre.

«J'ai resceu une petite lettre d'Estrées touchant le prieuré de Garnier qui sera donné à l'abbé Viole [1]. »

Les négociations de l'évêque de Saintes, mentionnées par Lenet, avaient pour objet de propager le désir de la paix, en faisant ressortir aux yeux de tous que l'amnistie offrait une sûre garantie même aux plus compromis. Lenet redoutait, non sans raison, que le comte du Dognon ne fût pas des derniers à se laisser séduire. A Bordeaux, l'amnistie promise était également l'une des causes qui compliquaient le plus les difficultés de la situation.

Le 14 septembre, un certain nombre de conseillers du Parlement s'entendirent avec le président de Gourgues pour faire faire par celui-ci, auprès du prince de Conti, une démarche à l'effet

---

[1] Lettre inédite, papiers de Lenet, Bibliothèque nationale, Fonds français, 6710, f° 96.

de le prévenir que le mépris affiché par l'Ormée à l'égard du Parlement aurait pour conséquence, s'il n'y était mis ordre, l'acceptation de l'amnistie publiée au nom du roi.

Soit que la dénonciation dont Lenet avait été l'objet exerçât sur lui quelque influence; soit plutôt, car Lenet n'était guère susceptible de crainte, que, se plaçant au-dessus de tout sentiment de vengeance personnelle, il ne voulût pas dévier de la ligne tracée par l'intérêt du moment qui était de laisser reprendre à l'Ormée son ascendant, il ne tint aucun compte de la démarche parlementaire. S'il eut prêté l'oreille au parti modéré, l'influence de ce parti, devenant prépondérante, eût infailliblement conduit à la paix. Lenet laissa donc à l'Ormée toute latitude.

En réponse à la démarche du président de Gourgues, les Ormistes tinrent une assemblée dans laquelle ils décidèrent qu'aucune proposition de paix ne serait reçue que par l'ordre du prince de Condé; que quiconque parlerait de paix serait puni exemplairement, et qu'à cet effet quatre potences seraient dressées sur quatre places publiques. Enfin, pour le lendemain, ils décrétèrent une assemblée générale dans le but d'y faire consacrer ces résolutions par un plus grand nombre.

Une députation de quinze membres envoyés au prince de Conti pour le prévenir de cette convocation en reçut si bon accueil, que les Ormistes résolurent de traiter ce prince avec magnificence, afin de lui témoigner toute leur satisfaction.

Dans cette assemblée générale tenue à l'hôtel de ville de nouvelles peines furent édictées contre ceux qui parleraient de paix. Le prince de Conti, qui était présent, tâcha de calmer cette effervescence en proposant de faire signer une nouvelle union de tous les habitants; mais les Jurats objectèrent que le parti de la paix avait à tel point gagné dans les esprits, qu'il serait imprudent de faire une tentative dont le succès serait douteux.

La journée se termina par un banquet où le prince de Conti se rendit accompagné du jeune duc d'Enghien et du duc de Guise, du marquis de Montespan, du colonel Balthazar et de Lenet. Ils furent servis à une table à part; ce *pantagruélique* repas était à dix-huit services de huit plats, chacun; les Ormistes, au nombre de trente, mangeaient à une autre table.

Ce dangereux triomphe de l'Ormée fut heureusement troublé dès le lendemain. Quelques-uns des notables de cette faction qui n'avaient pas été convoqués, firent savoir au prince de Conti que s'il était donné suite à la résolution de dresser des potences, ils y pendraient ceux qui les auraient élevées. Cette dissidence neutralisa de funestes projets.

L'Ormée ne tarda pas à donner cours au dehors à son effervescence, en investissant, avec un régiment qu'elle avait formé, le château de La Brède. Le baron de La Brède, après une assez vigoureuse défense, se voyant sans espoir d'être secouru, fut obligé de capituler et de renoncer à la neutralité dans laquelle il s'était tenu jusqu'alors ; il se déclara pour le prince de Condé et s'obligea à tenir garnison dans le château pour son service [1].

Pendant ce temps, la démolition du château du Hâ avait été si chaudement menée que la grande galerie était abattue, les fossés presque comblés, et les ouvrages qui pouvaient servir contre la ville entièrement ruinés ; le but principal était atteint et l'on s'arrêta [2].

Comme l'argent d'Espagne n'arrivait pas et qu'il était pourtant aussi indispensable pour subvenir aux frais de la guerre de Guyenne que pour soutenir à Paris la politique et les armes du prince de Condé, le dévoué Lenet en était réduit à écrire

---

[1] On sait que le château de la Brède appartenait à la maison de Secondat, barons de la Brède et de Montesquieu, et que le célèbre auteur de l'*Esprit des lois* y naquit, postérieurement à ces faits, en 1689.

[2] Nous avons tiré la série de faits qui précèdent de la *Gazette* ; art. Sous la rubrique : de Bordeaux, 19 et 23 septembre 1652.

Il reste encore aujourd'hui du fort du Hâ une tour en hémicycle appelée *Tour des Anglais*, encastrée dans les bâtiments modernes d'une prison.

au prince : « Ce qui me met au désespoir, c'est qu'il m'est impossible de vous envoyer un quart de sou ; mais si on me tient parolle je n'y tarderai pas beaucoup, et j'aymerois mieux voir pester tout le monde contre moy icy, que si vous manquiez de la moindre chose du monde par tout où vous estes [1]. »

Ni le prince de Condé, ni Lenet n'épargnaient à l'Espagne les reproches de n'accomplir que très-imparfaitement ses engagements, en ne fournissant ni tout l'argent, ni toutes les troupes, ni tous les vaisseaux promis. Don Louis de Haro répondait que la grandeur des demandes était telle qu'elle justifiait la difficulté d'y satisfaire ; que l'Espagne n'avait pas comme la France des rivières navigables permettant de réunir rapidement de grandes quantités de subsides ; que tous les transports devaient s'y faire à dos de mulets. Néanmoins il annonçait l'envoi de douze cent mille patagons [2] et le départ de Saint-Sébastien et de Flandre, de nouveaux vaisseaux pour compléter les trente vaisseaux promis ; mais il ne manquait pas de faire remarquer que ceux déjà envoyés avaient suffi pour maintenir libre la navigation de la Gironde et qu'ils auraient même remporté une victoire consi-

---

[1] Lettre datée de Libourne, le 16 septembre, publiée dans la Collection Michaud.
[2] Monnaie d'argent de la valeur d'un écu environ.

dérable, si l'escadre du comte du Dognon avait combattu. Quant aux quatre mille hommes de débarquement, s'ils n'avaient pas été fournis intégralement à beaucoup près, la raison était qu'il avait été d'une diversion bien plus utile aux intérêts mêmes du prince de Condé de délivrer Barcelone, d'un côté, et de faire envahir, de l'autre, le nord de la France par l'armée du comte de Fuensaldagne ; mais que leur effectif ne tarderait pas à être porté au nombre promis. Enfin le premier ministre de la cour d'Espagne repoussait l'accusation de négociations secrètement entreprises avec la cour de France, à l'insu du prince de Condé [1].

L'alliance sollicitée de l'Angleterre par le prince de Condé se traduisait par l'expression de quelques froides sympathies moins effectives encore que les secours insuffisants de l'Espagne. Tout ce que Barrière, l'agent des princes, avait pu obtenir à Londres de la nouvelle république, se bornait au rétablissement du commerce avec Bordeaux ; encore ce résultat avait-il coûté deux mille *jacobus* dépensés avec le discernement nécessaire. Barrière avait dû faire de ses deniers l'avance de cette somme, et il demandait pour son remboursement la préférence pour le premier chargement d'une

---

[1] Analyse de la réponse de don Louis de Haro, qui commence ainsi : « Monsieur, j'ai reçu vostre lettre du 21 du passé (août). » Cette lettre a été publiée dans la Collection Michaud.

certaine quantité des vins qui seraient exportés de Bordeaux [1].

Le zèle souvent trop peu mesuré de Lenet ne laissait pas de faire à sa réputation un tort considérable dont Marigny avait soin de l'avertir. On l'accusait de piller les finances publiques et privées, de menacer de garnisaires fournis par l'Ormée ceux qui se refusaient à prêter ou à donner leur argent.

« On a fort écrit icy contre vous depuis peu : On mande que pour tirer de l'argent du tiers et du quart, vous menacez d'envoyer une brigade de l'Ormée pour faire piller les maisons de ceux qui ne se disposent pas franchement à vous prester et que vous voulez qu'ils vous donnent ; cela faict icy, parmi les gens de qualité et de la robe, un bruit qui ne vous est point avantageux ; ces expédiens violens sont peut-être cause que des particuliers mandent que vous pillez les finances du public et du particulier, etc. [2]. »

Madame de Longueville elle-même, malgré son dévouement au prince de Condé, supportait avec peine le ministre des volontés de son frère ; aussi Marigny écrivait encore :

« Je suis bien aise en passant de vous donner

---

[1] Dépêche de Barrière au prince de Conti publiée dans la Collection Michaud.

[2] Lettre de Marigny du 22 septembre 1652; papiers de Lenet.

advis que quelque chose que fasse madame de Longueville, elle ne sera point pour vous ; que ses larmes à votre égard sont des larmes de crocodille [1], etc. »

Si la duchesse de Longueville était animée de sentiments peu bienveillants pour Lenet, malgré le compte qu'elle tenait de leurs services à ceux qui s'étaient dévoués au prince de Condé, à plus forte raison le prince de Conti qui ne servait la cause de son frère qu'avec arrière-pensée et en maugréant contre le rôle secondaire qui lui était donné, ne pardonnait pas à Lenet d'être l'instrument de la politique qui le maintenait dans cette situation effacée. Aussi dans son récit intitulé *Mémoires pour servir aux affaires de Guyenne*[2], ce prince traite Lenet d'esprit léger et d'imagination fort vaste et déréglée, ayant besoin de fortune et voulant la faire. Il l'accuse d'avoir essayé d'établir une entente secrète avec le baron de Vatteville pour ménager leurs intérêts particuliers et dit que sur le refus de l'amiral, il avait rendu celui-ci suspect auprès du prince de Condé de connivence avec le cardinal Mazarin et de retenir entre ses mains l'argent destiné aux subsides.

Le prince de Condé se plaignait en effet du ba-

[1] Lettre de Marigny du 25 septembre 1652 ; papiers de Lenet.
[2] Nous donnerons ce document à l'*Appendice* du dernier volume.

ron de Vatteville à don Louis de Haro qui n'était point dupe des manœuvres employées contre l'amiral. Cependant, comme ces plaintes se renouvelaient sans cesse, le premier ministre d'Espagne finit par rappeler le baron de Vatteville ; mais il eut soin de le faire d'une manière honorable en donnant pour raison de son rappel la nécessité de conduire au radoub dans le port de Saint-Sébastien la flotte espagnole qui stationnait dans la Gironde.

Pendant que l'administration de Lenet compromise par ses propres moyens d'action, traversait, avec plus ou moins de difficultés, toutes ces négociations, toutes ces suspicions, toutes ces accusations, tous ces projets suivis ou abandonnés, ce même mois de septembre amenait à Bordeaux le dénouement de la pénible grossesse de la princesse de Condé ; elle accoucha d'un prince qui mourut peu de mois après. Nous aurons à raconter certains incidents de son baptême qui fut différé jusqu'au mois de février 1653. La *Gazette* fit part à ses lecteurs de cet événement :

« La nuit du 19 au 20, la princesse de Condé accoucha ici d'un beau prince ; de quoi le prince de Conty envoya aussitost la bonne nouvelle au prince de Condé, et nos habitants témoignèrent leur joye par les feux qu'ils allumèrent de tous costez, à l'exemple de nostre Hostel-de-Ville qui annonça par son canon aux lieux voisins cette réjouissance publique [1]. »

Le roi et la reine d'Espagne s'empressèrent d'adresser à l'occasion de la naissance du jeune prince les deux lettres suivantes de félicitations à la princesse de Condé :

« Madame ma bonne cousine, j'ay appris avec beaucoup de joye par les lettres du baron de Vatteville l'agréable nouvelle de vos heureuses couches et comme quoy il a pleu à Dieu vous donner un fils, ce qui m'appelle à vous tesmoigner en diligence le contentement que j'en ay receu, lequel est accru par deux circonstances, l'une que vous vous trouvez en bonne santé, et l'autre que par ce nouveau gage la succession du Prince, vostre mary, sera de beaucoup affermie. Je l'estime trop à raison de ses rares qualités et continuation de son amitié pour en user autrement ou pour estre autre envers luy que fort reconnaissant. Don Georges de Castelui, conseiller en mon supprême Conseil d'Aragon, lequel je vous envoye expréssement, vous fera entendre le tout plus particulièrement en mon nom et en celuy de la Reyne qui tesmoigne vous aimer beaucoup, et il vous dira combien nous nous sommes réjouis sur cette nouvelle et combien vous pouvez vous promettre l'un et l'autre de nostre bienveil-

---

[1] *Gazette*; art. *Sous la rubrique*, Bordeaux, 23 septembre 1652.

lance en tous les rencontres de vos intérests et de toute vostre maison ; et cependant je prie Dieu qu'il vous aye, Madame ma bonne cousine, en sa saincte garde, Madrid ce 23 d'octobre 1652.

« Vostre bon cousin
« Philippe.
« Ger^{mo} de la Torre [1]. »

« Madame ma bonne cousine, Nous sommes esjouis grandement le Roy, Monseigneur et moy, sur la nouvelle de vostre heureux accouchement et d'autant plus que désormais par la naissance de ce nouveau fils qu'il a pleu à Dieu vous donner, la succession du Prince, vostre mary, se voit asseurée tellement que l'affection que nous avons pour vous et pour les intérests de vostre maison, de laquelle non sans raisons nous faisons très particulière estime m'a porté à vous donner la bon heure pour un suject si agréable par la personne qui vous délivrera la présente, dont je l'ay voulu accompagner de mon chef et inclination propre pour vous servir de gage de l'affection inesbranlable que j'ay pour vous à laquelle vous pouvez vous fier ensuite de tant de raisons, comme il y a pour cela. Priant Dieu qu'il vous aye, Madame ma bonne cousine,

---

[1] Lettre inédite, Bibliothèque nationale; Portefeuille du prince de Condé, Fonds français, 6731, f° 150. Sa suscription porte : A ma bonne cousine madame la princesse de Condé.

en sa saincte garde. Sainct-Laurence, ce 31 de octobre 1652.

« Vostre bonne cousine
« Marie Anne.
« Ger^mo de la Torre [1]. »

La diversion momentanée causée par la naissance d'un second fils du grand Condé n'apporta pas une longue trêve aux difficultés de toutes sortes qui surgissaient à Bordeaux. M. de Gondrin[2] qui avait menacé de forcer la caisse du trésorier Le Vascher, continuait à prendre un ton si haut qu'il narguait le duc de Guise lui-même; il circulait portant au côté une brette si longue que l'impassible Lenet s'en sentait quelque peu effrayé. D'autres soucis encore accablent le malheureux Lenet. L'expulsion de deux suspects, Austaing et Prades, par ordre du prince de Condé,

---

[1] Lettre inédite. Bibliothèque nationale, portefeuille du prince de Condé, Fonds français, 6731, f° 152. Même suscription que la précédente.
Le roi d'Espagne écrivit aussi une lettre de compliments au prince de Condé, datée de Madrid le 13 novembre 1652, même portefeuille du prince de Condé, f° 154. Cette lettre est conçue à peu près dans les mêmes termes que les deux lettres que nous publions.

[2] Roger Hector de Pardaillan de Gondrin, marquis d'Antin, chevalier d'honneur de la duchesse d'Orléans, sénéchal et gouverneur de Bigorre, père de Louis Henry de Pardaillan de Gondrin, marquis de Montespan, le mari de la célèbre marquise. V. l'*Histoire généalogique* du P. Anselme.

excite une vive opposition dans Bordeaux, et l'Ormée, si prompte à proscrire, s'offusque de cette mesure, parce qu'elle n'émane pas de son initiative. Un gentilhomme du nom de Justel le décrie dans l'Ormée avec insolence ; Dureteste lui-même, son agent plus ou moins avoué, voit décroître sa popularité, malgré ses violences, et l'on se familiarise avec la terreur qu'il avait jusqu'alors inspirée ; on le menace d'un coup d'épée après lui avoir administré un coup de poing très-effectif. Cette réaction contre Dureteste est toute personnelle et n'est nullement un signe de retour à des errements de douceur ; car les capitaines de ville, choisis parmi les plus exaltés, veulent se constituer en corps délibérant. Enfin, pour surcroît d'embarras, une demoiselle de Cossé[1] noue des intrigues avec les villes protestantes ; le duc de Guise veut s'en aller, et les maladies des princes et des princesses ont leurs redoublements. Enfin, les demandes d'argent sont si nombreuses que Lenet assure que le démon s'en mêle ; le baron de Vatteville, suivant lui, garde les subsides et veut spéculer sur le change ; enfin les appréhensions des vendanges qui doivent se faire dans dix

---

[1] Probablement Marie de Cossé, fille de Charles de Cossé, enfant naturel de Charles de Cossé, maréchal de France, en faveur de qui la terre de Brissac fut érigée en duché-prairie. Voy. l'*Histoire généalogique du P. Anselme.*

jours, font monter leurs vapeurs à la tête de Lenet, qui, d'une plume exaspérée, écrit au prince de Condé :

« Du 23 septembre 1652.

« Je me donnai l'honneur d'escrire à Vostre Altesse le 19 par l'ordinnaire, et le 20 par M. le Premier, si amplement que je n'ay plus rien à vous dire de toutes les manières de faire de M. de Gondrin, sinon qu'il porte toujours une brette d'une toise et se fait escorter par son vallet. Il a voulu faire mine de narguer Monsieur de Guise ces jours ici; mais on m'a dit qu'il commençoit à se radoucir. Il est tombé dans un si extraordinaire ridicule que je ne puis vous le représenter. Je croy, Monseigneur, que vous me ferez bien la grâce de luy tesmoigner que son procédé ne vous a pas pleu et qu'il se doit contenter d'estre traicté comme on traictera les autres officiers généraux.

« Monsieur le Prince de Conty accorda M. de Fors et luy. Il lui dit après qu'il ne luy parloit pas de l'affaire de M. Lenet, parce que c'estoit celle de Vostre Altesse; à quoy il a adjousté qu'il vouloit croire que les menaces qu'il avoit faites n'avoient esté qu'en raillerie, car autrement on ne l'auroit pas souffert; et pour luy faire dire cela, il a fallu beaucoup d'allées et venues. Il luy fut replicqué par M. de Gondrin que si Vostre Altesse ne luy faisoit justice, il se la feroit par le fer : sur cela M. de Guise luy riva bien un peu son clou; et je vous assure que la justice n'est guaires à appréhender et que je suis en estat de le faire jecter dans la rivière, s'il ne marche droit. Je ne sollicite en rien Vostre Altesse en toute cette affaire, sachant assez que tels procédez ne luy sont point trop agréables ; si par malheur il estoit duc, il feroit bien des siennes, puisque n'estant que M. de Gondrin il fist si bien le puissant. On exécuta si lentement les ordres et la lettre de Vostre Altesse du 12 du courant et le président d'Austaing et Prades firent une telle brigue en laquelle les huguenots s'intéressèrent et M. du Sault, advocat général, et M. de Massip, auxquels ces frippons firent croire qu'on vouloit les chasser aussy, que nous avons eu de la peine d'en venir à bout.

« Ce président, Prades et leur caballe se mirent à dire que c'estoit moy qui les faisoit chasser : que j'estoys leur ennemy capital, que je voulois mestre hors de Bordeaux les gens de bien : qu'il falloit me jecter dans la rivière; qu'ils ne sortiroient pas; qu'ils se vouloient justifier; que c'estoit une tyrannie que Vostre Altesse vouloit establir à quoy il falloit résister; qu'il se sacrifieroit volontiers pour cela, etc. Celuy qui faisoit le plus de bruit estoit un gentilhomme nommé

Justel, que cette cabale vouloit faire Jurat ceste année. Le soir, estant venu Justel avec six autres de l'Ormée, M. le comte de Maure et M. le chevalier Thodias, pour adviser au siége de la Brède, je dis au sieur de Justel ce que j'avois sur le cœur contre luy : je le priai de me dire aussi nettement ce qui l'avoit obligé sans me cognoistre à me deschirer dans l'Ormée et à me menasser. — Je luy dis que je tenois icy un poste qui me mettoit à couvert de toutes insolences; que j'irois me mettre au milieu de tous ceux qui avoient perdu le respect en parlant ainsi, et que pas un n'auroit la hardiesse de me regarder au front : qu'il pouvoit savoir de quelle sorte j'avois empesché par vos ordres que l'Ormée n'eust été opprimée : que j'estois pour elle quand elle faisoit son debvoir, et contre, quand elle ne se soubmettoit point à vostre volonté : que pour mieux juger de la raison que Vostre Altesse avoit de faire mettre hors de Bordeaux ces deux hommes, c'est parce qu'ils faisoient de si fortes brigues pour y demeurer contre vostre commandement ; qu'ils avoient violemment mis hors de la ville tant de personnes considérables sans nécessité, et qu'ils faisoient difficulté de souffrir que deux hommes de néant en sortissent, et que je serois assez bien adverty de tout ce qui se passeroit dans la compagnie pour advertir Vostre Altesse de ceux qui l'auroient servi ou desservi en la rencontre, et que, voyant la malice de faire courrir le bruit qu'on vouloit chasser tous les susnommez pour les intéresser en leur offense et de publier que j'estoys leur ennemy, quoyque je ne cognoisse pas l'un, et n'aye aucune habitude avec l'autre, pour décrier ma conduite. Enfin, leur ayant fait voir la lettre de Vostre Altesse, dont le deschiffrement les esclaircit de tout ce qui en estoit, ils me demandèrent pardon. Justel me promist toute amytié et tout repenti d'avoir parlé si mal à propos, me confessa qu'on le luy avoit fait faire. Nous nous embrassâmes et nous nous promîmes mille amytiées à condition que le lendemain il répèteroit dans l'assemblée tout ce que je luy avois dit; ce qu'il fit. — Je vis et fis voir ces Messieurs du Parlement pour les désabuser, car ils parloient desjà de s'assembler pour empescher l'effet du passe-port.

« Je fis parler aux ministres par M. de Castelnau [1] que la maladie de sa femme a amené icy. Nous fortiffiâmes l'assemblée générale qui se fit hier pour délibérer là-dessus : enfin je fis si bien ma partye que Monsieur de Guise, y allant et leur parlant comme il fit fort bien, leur disant que Monsieur le Prince de Conty estant malade, il alloit leur dire de sa part qu'il trouvoit fort estrange

De la maison de la Force dont tous les membres étaient de zélés protestants.

qu'on délibérast dans Bordeaux, si on vous obéiroit ou non ; que vostre procédé estoit le plus doux du monde ; que si ces gens-là estoient innocents ils obéiroient et songeroient à se justiffier ; enfin tout d'une voix, il passa que ces deux Messieurs devoient partir.

« J'ay oublié de vous dire qu'un nommé Cavault, fermier de Jonsac, grand *Mazarin*, tout-à-fait de cette cabale, querella Dureteste et luy donna un coup de poing ; un nommé Degua voulut luy porter un coup d'espée. L'assemblée ordonna que l'ung et l'autre lui demanderoient pardon debout et teste nue, et confesseroient que meschamment et traictreusement ils l'avoient attaqué, le bon-homme dit que luy suffisoit que la compagnie prit sa deffence qu'il ne vouloit point de réparation, la compagnie le voulust, les coupables firent quelques difficultés d'obéir, ilz furent chassés de la ville en présence de M. de Guise, de sorte que la bonne cause va tout-à-fait avoir le dessus. Ilz vinrent ensuite me trouver pour me demander pardon de l'insolence de ceux qui avoient parlé contre moy, et m'offrir de les chasser de la ville ; mais au contraire je fis la paix avec les autres.

« Il se forme une autre cabale dont un marchand nommé Gualtichasse, capitaine, avec lequel nous n'avons nulle liaison, est le promoteur : c'est que tous les capitaines s'assemblent tous les 15 du mois. Je ne sceus cela qu'hier. Ilz parlent de se former des lois, de faire un major de la ville. Je vous supplye de prendre connoissance de tout cela, et, d'une manière ou d'une autre, d'y apporter du remède.

« Ceste demoiselle, nommée de Cossé, qui est une faiseuse de méchans tours, continue ceste intrigue de laquelle je vous ay parlé par mes précédentes. J'ay sceu tout le destail : elle attend des députez au service de villes huguenotes qui doivent traicter avec douze de l'Ormée, chacun en particulier dans des lieux fixés ; après avoir fait un plan avec eux, elle doit passer au pays hault ; en mesme temps un envoyé de leur part doit passer en Angleterre. Ilz disent que les Anglois doivent venir avec grande quantité de vaisseaux à l'emplette des vins ; après parroistront force vaisseaux de guerre aussy anglois pour s'emparer de la rivière. Cependant, dans le moment que les affaires de ceste cabale huguenotte seront réglées, je sauray positivement la suite et les progrèz de cette affaire, et l'on y prendra les mesures qu'on poura, cependant mandez-moy vostre advis et surtout traitez, je vous supplie, bien et curieusement l'homme qui vous porte ma lettre de créance. Car c'est une manière d'homme qui a bonne opinion de luy. M. le comte de Maure vous dira le reste ; nous l'avons arresté quelques jours icy et il y a esté fort utile.

« M. le prince de Conty a la fiebvre double tierce ; son accedz de cette nuit a esté moins violent que d'ordinaire, tant qu'il durât. Il a la poitrine oppromée au dernier point, et certes je trouve en faict qu'il diminue fort.

« Madame a aussy la fiebvre, on dit que c'est le lait ; mais je ne la trouve point en bon estat.

« Le petit prince est gaillard, quoique fort petit et délié, Dieu veuille que les suppositions qui le font naistre avant le huitième mois soient vraies et qu'il vive !

« Madame de Longueville a la fiebvre tierce, elle a eu le second accedz ceste nuit fort rude.

« Monsieur le duc [1] se trouva mal et vomit, il y a deux jours ; mais il est maintenant en fort bon estat.

« J'ay tant fait que j'ay retenu M. de Guise icy jusques à présent, mais il tesmoigne une telle impatience de Vostre Altesse et de l'aller servir, qu'il n'y a plus moyen de l'arrester. Il seroit pourtant fort utile icy pendant la maladie de Leurs Altesses. Il vouloit monter à cheval ce matin, l'Ormée est venu prier d'attendre jusques à ce que M. le prince de Conty soit sans fiebvre ; il ne leur accorde que tout ce jour.

« Je crois que le diable excite de tous les côtés

---

[1] Le duc d'Enghien.

de la terre des demandeurs d'argent ; si celuy
qu'on nous promet n'arrive, il faudra que je dé-
serte ; car je suis accablé. Je chercherai jusqu'au
bout ; mais je vous conjure de soustenir et d'escrire
un peu vertement à ceux qui pourroient vous faire
de sottes plaintes, je me charge de tout puisque
Vostre Altesse le veult, mais par Dieu je ne me
mesleray de ma vie d'affaires d'argent. Je vous ay
raconté tout ce que j'avois ; j'ay emprunté icy tout
ce que j'ay peu, j'ay tout le faix sur les espaules et
encore mille cabales à essuyer. Tout cela ne m'es-
tonnera non plus qu'il y a deux ans ; mais c'est
à n'y plus retourner, s'il vous plaist, et si Vostre
Altesse jugeoit à propos de me rappeler, vous con-
tenteriez des gens qui le souhaiteroient fort et moy
plus qu'aucun ; et ne croyez pas, Monseigneur, que
ce que je vous dis soit par chagrin ; car je n'en
auray jamais en vous servant. Je vous conjure de
me mander en cas que M. de Chalons fût mort, ce
que je ne crois, ny ne souhaite, si j'accepterois
l'un de ses prieurés. On a desjà envoyé les provisions de l'autre à M. de Bussy de Vert, en la place
de M. de La Rochefoucauld à qui on l'avoit
promis autrefois ; aussy bien, crois-je, que je
n'aurois pas voulu l'accepter.

« Hier M. le prince de Conty me parlant de ce
qui me touche en cette affaire, je luy dis que madame de Longueville m'en envoya parler l'autre

jour et que je luy mandai en la remerciant très humblement que j'escrirois à Vostre Altesse le bien qu'elle vouloit me procurer pour l'amour de vous ; que je luy disois la mesme chose, et que je ne pouvois rien accepter que par vostre moyen et par vostre agrément, et voilà où nous sommes et sur quoy j'attendray vos ordres.

« On me vient dire que le capitaine Lespion avoit pris un brigantin de Blaye et la chalouppe de la Lune qui s'estoit rendue, il y a quelques jours ; il y avoit cinq hommes sur chacun, qui tous ont esté pris ou noyés.

« On vendangera dans dix jours ; il me tarde qu'ils soient passés et dix autres au delà ; car voicy d'estranges gens, complotant de l'autorité dont j'ay tant rêvé toute l'année. Ceste mauvaise disposition de beaucoup d'esprits me fait fort appréhender. Le coup d'hier contiendra un peu le parlement ; je n'oublieray rien de ce qui dépendra de moy.

« Il feroit bon que Vostre Altesse escrivit un mot de lettre aux Jurats pour leur mander qu'elle a trouvé fort estrange l'insolence d'Austaing et de Prades, qui pour continuer leur cabales dont vous avez des lumières certaines, avoient fait courir le bruit que la lettre de Vostre Altesse qui ordonnoit qu'on les fit sortir de Bordeaux étoit supposée, comme les Mazarins ont toujours fait pour empescher l'effect de vos ordres, et encore que Vostre Altesse voulut exciter contre elle la hayne et pousser à bout leurs mauvais desseins.

« M. de Marsin m'escrit quatre fois le jour que les ennemis joints auront trois mille chevaux et près de quatre mille hommes de pied et que si Vostre Altesse n'envoye icy quinze cents ou deux mille chevaux, qu'il est impossible qu'il ne succombe bien vite. Mandez-moy aussy ce que vous voulez faire avec M. de Vatteville pour cette augmentation de la conversion des monnoyes qu'il prétend et que je luy conteste.

« Il a certainement de l'argent qu'il me cache; les banquiers à qui il le veult vendre me l'ont dit, la résistance que je fais cause cette chicanerie. Je luy ay proposé de me servir de tout et qu'à la fin du traité nous terminerons cela. J'ay peur que comme il est très-ferme là dessus, il n'y aye quelque intérêt particulier. Cela mérite que vous m'en mandiez votre volonté, afin que je n'y face que ce qu'il vous plaira.

« Je ne scay si je vous ay mandé que l'on a donné de bonne grâce le prieuré de Saint-Pierre du Mas à M. de Marsand-Fleury et j'en suis fort aise. S'il nous vient de l'argent, comme je crois, ceste semaine, je vous envoyeray tout ce que je pourray pour ne pas succomber. Le chevalier de Thodias est à Bourg pour l'affaire de Blaye dont j'espère bien. Dans huit jours je vous en manderay d'autres nouvelles.

« En fermant mon pacquet je viens de recevoir celle-cy jointe de Longchamps [1]. Vous ne sauriez croire qu'il est punctuel et nécessaire où il est. Il n'y peut avoir que quatre mille patagons sur chaque mulet et tout au plus. M. du Dognon nous retient Enguien [2] sans nécessité et cela nous fait grand besoing [3]. »

Cette dépêche est certainement l'une des plus remarquables et une des plus intéressantes que Lenet ait écrites, tant par l'importance des faits, que par la vigueur de certains passages. De l'examen de quelques-uns des points qu'elle touche, ressort l'évidente démonstration que la dénonciation anonyme envoyée au prince de Condé au nom des bourgeois de l'Ormée n'était pas l'œuvre d'un seul mécontent, comme Lenet l'avait supposé d'abord ; mais qu'elle était l'œuvre collective d'un certain nombre d'Ormistes, puisque ces mêmes incriminations contre Lenet furent publiquement formulées dans les assemblées. De plus, nous avons vu que de nombreuses accusations contre lui étaient parvenues à Paris. Avec

---

[1] Agent du prince de Condé en Espagne.
[2] Le régiment d'Enghien.
[3] Dépêche inédite, papiers de Lenet; Bibliothèque nationale, Fonds français, 6710, f° 158.

son indomptable énergie, Lenet, déclarant qu'il irait se placer au milieu de tous ceux qui avaient perdu le respect, dont pas un n'aurait la hardiesse de le regarder au front, réussit à faire reculer les plus audacieux. Le torrent de l'Ormée fut de nouveau enserré dans ses digues, avec réserve pour Lenet d'y faire des brèches lorsqu'il pourrait y trouver quelque avantage. En attendant, cet endiguement lui permit de noyer au berceau ce dangereux comité des capitaines de la ville, affreux germe des corps armés qui délibèrent [1].

Quelle serait la satisfaction de Lenet qui a le malheur dans sa lettre de qualifier de bonhomme l'affreux boucher Dureteste, de sortir de cet enfer de Bordeaux dont il a lui-même attisé les flammes; mais sa punition sera de s'être rendu trop nécessaire à son poste pour en être relevé.

Les cabales de Mlle de Cossé avec les villes protestantes de Guyenne étaient d'une gravité extrême par les conséquences qui pouvaient en résulter; elles se compliquaient d'une entente avec les protestants d'Angleterre et le but, comme nous le verrons plus tard, n'était rien moins que le renversement de la monarchie et l'établissement d'une république.

---

[1] Ce germe, pour n'avoir pas été étouffé à Paris dès sa naissance, a produit le comité central de la garde nationale pendant la trop récente et sanglante commune de Paris.

Des lettres de Lenet il est naturel de rapprocher la réponse du prince de Condé, également une des plus intéressantes de sa correspondance :

« A Paris, ce 30ᵉ septembre 1652.

« La maladie de Caillet m'empeschant de me servir de luy pour vous escrire et la mienne de le faire de ma main, je le fais faire par Guitaud ne voulant point confier à d'autres que luy ce qu'il faut que je vous escrive. Je respons par ceste lettre à vos trois dernières, c'est-à-dire à celles du 19ᵉ et du 23, et celle que Prunier m'a rendue de vostre part. J'ay veu par celle du 19ᵉ la disposition des deniers ainsi que vous l'avez résolue à Libourne avec M. de Marchin, à quoy je n'ay rien à dire, et j'aprouve absolument tout ce que vous m'en avés escrit. Il faut bien tenir la main que la remonte soit complète et que les officiers n'en profitent pas. Pour l'article qui concerne M. de Marchin, vous pouvés penser que je n'y trouve aucune difficulté non plus que celui du remboursement des debtes, prests et advances de bonne foy, à moins que quelqu'un de ceux à qui il est dû consentit qu'on retardast son payement ; celui des gratifications est aussi fort raisonnable. Pour le pain de munition, il me semble que si vous envoyés en Bretagne comme vous en avés une entière facilité, les vaisseaux de M. de Vendosme ayant esté pris, pour acheter des bleds de ma part, vous en auriés beaucoup meilleur marché, outre que cela feroit craindre à Durant[1] que vous voulés vous passer de luy et cela pourroit l'obliger de se relascher. Vous pourriés aussy envoyer du costé d'Hambourg ou de Pologne, il n'y a seulement qu'à prendre garde que M. de Vendosme a encore onze vaisseaux. Il est vray qu'ils sont escartés tellement que je crois qu'il seroit à propos d'équiper dix ou douze vaisseaux qui, sans aucune crainte, pourroient aller partout. Quand le vaisseau dont vous me parlés sera arrivé, faites moy scavoir ce qu'il y avoit sur tous les deux et s'il y a de l'argent de reste ; après que vous en aurés distribué aux troupes et aux affaires pressées, il faudra que vous songiés à m'en envoyer. Il est bon que vous disiez à tous les généraux que lorsque j'ay dit que je leur ferois donner par mois et à proportion aux lieutenants généraux et mareschaux de camps, c'estoit dans la croyance que j'avois que les Espagnols tiendroient leur traité avec moy et que je pourrois donner douze monstres aux troupes ; mais que ne l'ayant pas faict, je ne suis pas en pouvoir de leur tenir ce que je leur ay promis, puisque ce n'a jamais esté qu'à ceste condition. Il faut donc qu'ils se reiglent sur

---

[1] Munitionnaire des troupes du prince de Condé, en Guyenne.

les troupes, et lorsque je ne leur donneray qu'une demie monstre, ils n'en doibvent pas prétendre davantage. Encore je veux qu'on ne paye que ceux qui serviront. Voilà ma volonté sur ce subject, après laquelle je vous prie de vous raccomoder avec M. de Gondrin le plus tost que vous pourrez et d'avoir de la modération à son esgard; c'est une personne de condition que je ne veux pas désobliger. Je tascheray dans peu de jours de le faire venir icy. Pour ce qui est de rendre compte, je n'entens point que personne ait droit d'en avoir connaissance que Madame[1], mon frère et ma sœur. Les généraux peuvent dire leurs sentimens pour la distribution des deniers pour les troupes; mais comme l'argent qui est à Bourdeaux n'est pas seulement pour elles; mais qu'il est pour la subsistance des maisons[2], ce n'est point à eux à s'en mesler. Je ne vous parle pas de la proposition que vous me faictes de vous rappeler, parce qu'elle est ridicule. J'ay grand peur pour le voyage de M. de Guise et puisqu'il avoit résoleu de l'hazarder, il debvoit partir incontinent après la résolution prise pour ne pas donner le temps aux ennemis de se préparer à le prendre en chemin. Je le prie de bien prendre garde à luy pour le petit homme

---

[1] Le nom de cette princesse avait été oublié ; il est placé dans l'interligne.
[2] Les maisons des princes et princesses.

dont vous me parlés ; il m'a veu et s'est séparé de moy fort satisfaict. J'espère que toutes les choses réussiront comme vous vous l'estes proposé.

« On ne scauroit trop bien traiter les jurats de Villeneuve, ni M. de Théobon ; faites tous vos efforts pour les rendre contents. J'ay esté bien aise d'apprendre le traitement qu'ils ont receu à Bourdeaux. Escrivez à M. de Marchin afin qu'il vive avec M. de Théobon le plus obligeamment qu'il pourra et qu'en cas il veuille servir à l'armée, il luy donne de l'employ. Si les ennemis faisoient quelque démarche du costé de Villeneuve, il est tout à fait à propos qu'on le prie de se remettre dedans.

« Pour responce à celles du 20 et du 23 auxquelles je responds ensemble, je vous diray que j'aye une extrême joye de l'accouchement de ma femme ; elle seroit parfaite si elle se portoit bien et si j'estois asseuré que son enfant deust vivre. Je la prie de se mesnager. Elle a fort bien fait d'avoir parlé au Corps de la ville comme vous m'exprimés et j'approuve fort vostre pensée sur son baptesme. Parlés en à mon frère et à ma sœur et voyés ensemble comme il faut que vous fassiés pour le faire tenir par ma sœur et par la ville. Je trouve bon que vous fassiés toutes les réjouissances publiques ainsi que vous me le proposés. Pour le nom que je veux qu'on luy donne, je croy qu'il faut que ce soit celuy de duc de Bourbon, tous mes amis et Monsieur mesme me l'ayant ainsy conseillé ; pour son nom propre, je veux que ce soit Louis ; et comme ma sœur fit donner, pendant la guerre de Paris, le nom de Paris au petit comte de Saint-Paul, je croy qu'il ne seroit pas mal qu'on luy fît donner celui de Bourdeaux. Bien que je veuille qu'on l'apelle duc de Bourbon, on ne doibt pas croire que je songe à en avoir le duché, au contraire c'est une affaire rompue depuis la mort de M. de Bouillon, et je suis entièrement résolu à conserver l'Albret ; mais je seray bien aise qu'il porte le nom de la maison plutost que tous autres, le sentiment de tous mes amys étant tel.

« J'ay esté fort aise d'apprendre que vous soyés venu à bout de faire sortir Hostein et Prade, faites voir ceste lettre à tous mes amis, afin qu'ils ne croyent pas que ce que vous avés faict ayst esté sans mon ordre et sur un simple soubpçon ; assurés les que je suis convaincu de l'intelligence qu'ils avoient avec le cardinal Mazarin et le *cardinal de Retz*, et le parti qu'ils ont pris de faire les derniers efforts pour demeurer dans Bourdeaux en est une preuve certaine, y ayant bien aparence que s'ils feussent innocents, ils auroient plutost pris celuy de venir se justifier vers moy. Je vous prie d'observer soigneusement ce marchand dont vous me parlés dans vostre lettre et si vous découvrés quelque chose donnés m'en advis.

« Quant au fermier de Coutras, aussi tost que son terme sera expiré, il faut le chasser l'ayant remarqué fort mal intentionné en deux ou trois occasions. Je croy que pour l'affaire de la demoiselle de Cossé, il faudroit en escrire à Barrière[1] qui estant sur les lieux pourroit plus facilement descouvrir toutes choses. Je ne pense pas qu'en l'estat où sont les affaires, ne pouvant avoir aucun port considérable d'asseuré, ils se veuillent contenter d'occuper la rivière. En tous cas, si ceste demoiselle alloit vers le pays haut et que vous jugiez que son voyage peut estre dommageable, il faudroit y remédier.

« Il seroit assez important que M. de Guyse demeurast en ce pays-là jusques à ce que les vendanges fussent achevées, toutefois il est le maistre. Je vous envoye une lettre pour les jurats conformément à ce que vous souhaités. Désabusés une fois pour toutes M. de Marchin du secours qu'il attend de moy, afin qu'il ne m'en demande plus ; car quand il seroit tousjours à me persécuter, en l'estat où je suis, je ne peux pas lui en envoyer, et si j'estois en pouvoir de le faire, je n'attendrois pas qu'il m'en escrivit, tellement que tout ce qu'il m'escrit sur ce subject est inutile. Il faut qu'avec l'argent qu'on peut avoir d'Espagne et tout ce qu'on peut ménager de secours d'un autre costé,

---

[1] Agent du prince de Condé à Londres.

il songe à subsister et qu'il n'espère rien de moy, estant impossible que je luy puisse ayder. Advertissés le aussy que depuis quelque temps j'ai subject de n'estre pas satisfaict de 87 [1], afin que sur cela, il prenne ses mesures et vous aussy. Je ne vous en escris pas le détail parce que c'est une affaire d'une trop longue discussion et de laquelle vous serez un jour pleinement instruict. Donnés vous bien de garde de lui faire scavoir que je vous en aye jamais rien tesmoigné.

« Je croy que le meilleur expédient pour avoir contentement de Vatteville seroit de luy proposer la moitié du gain pour la conversion des monnoyes, et que l'autre moitié nous revint. Ménagés cela de la façon que vous le jugerés.

« Je suis en toutes les peines du monde de la maladie de mon frère et de ma sœur, apprenés m'en fort soigneusement l'estat et asseurés les tous deux de l'inquiétude où je suis. Je suis fort obligé à mon frère du prieuré qu'il avoit donné à ma prière à M. de Machault, la grâce qui lui a faicte

---

[1] Il nous paraît de toute évidence que ce chiffre désigne le comte de Dognon dont Lenet avait écrit dans sa lettre du 12 septembre : « C'est un homme à se servir de l'amnistie de Pontoise, » et sur le compte duquel toute sa correspondance formule de nombreuses plaintes. Le prince de Condé, par prudence, ne nomme pas le comte du Dognon, quand il exprime son mécontentement ; plus loin, au contraire, il le nomme en toutes lettres quand il recommande de le ménager.

luisera inutile, car l'homme est aussi peu mort que M. de Châlons.

« Je vous ay escrit sur toutes les choses que vous m'aviés mandées, il me reste encore à vous dire que M. du Dognon est une personne qu'il m'est tout à fait important de conserver, c'est pourquoi vivés avec luy selon cela et faites une amitié plus grande que celle qui me paroist. Terminez l'affaire de M. de Gondrin, je lui escrirai conformément au [1].....

« Pour l'affaire de Provence dont vous m'escrivés que mon frère et ma sœur vous ont desjà parlé, dites-leur bien qu'ils sont absolument les maistres; mais je croy que dans l'estat où sont présentement les affaires de cette province, il est bon qu'ils scachent que c'est un médiocre secours, Toulon ayant desjà capitulé et ne restant plus de ce parti que la tour de Bouc. Le chevalier de La Ferrière est tousjours en ces quartiers-là et M. de Mercœur est presque maistre du pays par les troupes qu'il y a, qui empescheront asseurément d'y faire des levées pour les desseins de mon frère, à moins d'y envoyer un homme comme pourroit être M. de Guise. Toutefois quoy qu'il veuille faire, dites luy et à ma sœur aussy que je n'ay rien qui ne soit à eux.

---

[1] Ici manque une page.

« J'ay esté bien aise d'apprendre ce qui se passa le 15ᵉ à l'assemblée de l'Ormée. Pour l'affaire de M. de Gondrin, j'aprouve entièrement ce que vous avés faict. J'ai trouvé fort estrange son procédé. Mon intention sur cela est que vous taschiez d'assoupir ceste affaire le plus tost que vous pourrez. Cependant j'entends que vous soyez authorisé et que personne ne parle d'insulte, auquel cas je vous permets non seulement d'en user comme bon vous semblera, mais je prie tous mes amis de se joindre à vous pour l'empescher, et surtout s'il luy arrivoit d'entreprendre sur les coffres, ce dont il vous a menacé; car je n'entends point de villenie en ce rencontre. Vous pouvés dire à ma sœur que je la prie de faire en sorte que mon frère se donne un peu plus d'application qu'il n'a acoustumé dans les affaires, que le parti qu'il prend de ne vouloir se mesler de rien est tout à faict préjudiciable; qu'il se doibt résoudre à un peu plus de fermeté et à se soucier moins de satisfaire cinq ou six personnes, que de mestre les troupes en bon estat; je la supplie d'y vouloir contribuer. Je luy suis infiniment obligé de la manière dont vous m'avés escrit qu'elle avoit agy dans vostre demeslé; mais aussy vous debvés vous porter à tout ce que vous jugés qui peut oster tout subject de division.

« Je vous envoye des lettres pour le parlement et pour l'Ormée. Louis de Bourbon.

« Les ennemis sont tousjours à Villeneuve-Saint-Georges, et ma maladie est cause qu'ils ne sont pas si pressés qu'ils seroient si je me portois bien. Toutes les choses de ce pays icy penchent plus à la guerre qu'à la paix. Travaillés sur ce pied-là[1] ! »

Parmi les points nombreux qu'aborde cette dépêche, il faut remarquer certains détails de famille auxquels le prince de Condé, attentif à toutes choses, attachait une grande importance.

Remarquons encore combien ce prince désirait que le duc de Guise se fixât en Guyenne pour y soutenir son parti ; et, pour l'y faire demeurer, à quel point il appuie sur les dangers qu'il court d'être enlevé sur la route, s'il tente de se rendre à Paris. Pour cet ingrat la route était plus sûre que ne le pensait le prince de Condé. Si le duc de Guise ne veut absolument pas rester en Guyenne, tout au moins, il devrait se rendre en Provence où une situation désespérée ne demande pas moins pour se relever qu'un chef désireux de gloire et d'aventures. Ainsi qu'on le verra dans la dépêche qui suit, le prince de Conti nourrissait aussi quelque chimérique projet de se rendre lui-même en Provence pour y relever la cause perdue par le duc d'Angoulême. Nous avons vu pourquoi le duc de Guise

[1] Lettre inédite; papiers de Lenet, Bibliothèque nationale, Fonds français, 6710, f° 200.

resta sourd à toutes les insinuations, comme toutes les prières ¹. Quant aux projets du prince de Conti, ils n'étaient que des velléités, sans volonté sérieuse, aussi n'eurent-ils pas de suite.

Le prince de Condé est en proie à une hallucination bien étrange lorsqu'il prétend que les deux derniers suspects expulsés de Bordeaux par ses ordres, sont de connivence avec le cardinal Mazarin et le cardinal de Retz, les deux irréconciliables rivaux ; évidemment son état d'irritation l'amène à croire que tous ses ennemis s'entendent entre eux.

La grande préoccupation du moment est l'intérêt des vendanges ; Lenet voudrait avoir dépassé de dix jours cette terrible époque et le prince de Condé s'associe à ces appréhensions partagées par le comte de Marsin. La dépêche qui suit de Lenet au prince de Condé nous apprendra si elles étaient fondées :

« A Bordeaux, ce 30 septembre 1652.

« J'ay reçu celle dont il a plu à Votre Altesse m'honorer du 22 du courant avec toute la joie possible de la savoir au bon estat qu'elle me marque, et tous les ressentiments que je dois aux bontés qu'elle me témoigne. Je vais l'envoyer à

___
¹ Voy. tom. IV, chap. xxxviii.

M. de Marchin comme je fais toutes les autres, afin qu'il voye vos volontés dans leurs sources.

« M. le Prince de Conty a toujours sa fièvre double tierce, ayant un jour plus mauvais que les autres. Les médecins disent qu'ils n'y voyent aucun péril; mais je vous asseure que je lui trouve la poitrine fort engagée; et Madame de Longueville qui est aujourd'huy dans son mesme accèz de fièvre tierce, m'a commandé de vous faire beaucoup d'amitiés de sa part, j'ay cognu que ce que M. Viole luy a mandé de vostre part, toujours la proposition que Madame vous a fait faire par M. de Lorraine, n'est pas trop de son goût.

« Ils ont toujours ceste affaire de Provence dans la teste, en suivant ce qu'on leur a escrit; c'est, sur ma vie, une pure chimère, n'y ayant que Toulon pour eux, c'est-à-dire contre les Mazarins, et ne voyant pas un homme de grande considération dans cette province pour y ménager quelque chose de grand, ni de quoy en envoyer assez promptement pour soustenir le peu de gens qui y sont pour eux, et on ne pourrait y envoyer de l'argent dans un temps que Votre Altesse en a besoin où elle est; c'est que nous sommes icy dans une disette épouvantable. Si la paix se fait, l'affaire de Provence qui n'est nullement propre à M. le Prince de Conty, doit estre une affaire à achever par négociation telle que Votre Altesse le commande ; et si la guerre dure, il faut qu'il y aille lui-mesme ou pour la conquérir ou pour s'en désabuser, ou bien y laisser aller M. de Guise qui lui donnera toute parolle et toute asseurance et qui est le seul, à ce que les correspondants de M. le Prince de Conty lui mandent, qui y aye du pouvoir. Mandez-moi s'il vous plaît, Monseigneur, vos volontez là-dessus ; c'est-à-dire sur l'argent ; car c'est de cela qu'il est question. Madame de Longueville a eu un peu moins la fièvre cette nuit qu'à l'ordinaire. Je ne la trouve point en bon estat. Le jeune prince donne plus d'espérance de vie que l'on ne pensoit, les médecins disent toujours qu'il n'a que sept pleneurs de lune, je prie Dieu qu'il le conserve, il est tout à fait jolly. Quant aux affaires de Bordeaux, elles sont comme par le précédent courrier ; il ne s'y est rien passé de considérable, depuis ma dernière lettre, de la part du Président Austaing et de Prades ; on a abattu le caquet de ceux qui nous troubloient le plus dans l'Ormée et ceux qui restent paraissent tellement bien intentionnez qu'ils parlent de jetter dans la rivière tous ceux qui voudront préférer les vendanges à vostre service, maintenant que j'ay signé l'union avec eux ils me témoignent grande créance ; je la maintiendray tant qu'il me sera possible.

« On a commencé aujourd'hui vendanges, les ennemis qui sont, à ce que l'on asseure, quatre mille hommes de pied et deux mille trois cents chevaux sont à Castillonnets où les habitants les ont reçus à bras ouverts. Un capitaine de Saint-Martin, de cavalerie, s'est porté dans l'église où il se défendoit encore hier matin. M. de Marchin me mande qu'ils sont en estat de faire semblant de vouloir assiéger Villeneuve, et de courir droit à Marmande si elle n'ouvre ses portes; qu'il croit qu'ils viendront en Grave, dont on est asseurément fort allarmé. Icy nous avons avec les Espagnols autant d'infanterie qu'eux; mais ils auront mille chevaux pour le moins plus que nous et nos troupes ne feront guère moins crier qu'eux. Ce sera à M. de Marchin de les chicanner tant qu'il pourra et de prendre tous les avantages possibles de la situation des lieux. Nous leur prenons force prisonniers. Il n'y a point encore de pont à Marmande. Ils auront mesme assez de peine d'en faire; il leur manque plus de vingt bateaux. Je sçay bien qu'ils pourront passer sous Marmande sans pont; mais c'est une estrange chose que de s'embarquer en guerre sans avoir de porte de derrière : le pays d'entre deux mers qu'ils pourroient plus vraisemblablement incommoder n'est pas trop propre à la cavalerie pendant la pluye. Huit jours nous rendront savants de tout cela; on y fera tout ce qui se pourra, l'on se consolera du reste. La venue dont on nous parle icy de M. de Candale en ceste province ne nous fera point de mal; je suis d'advis d'amplir l'estage bas de Cadillac [1] de fagots goudronnez et le menacer, s'il vient, de brusler sa maison, peut-être cela le fera-t'il différer sa marche; mais le mal est qu'il n'est pas encore venu. Le chevalier de Guet qui est allé voir M. le comte de Lislebonne, n'est pas encore de retour.

« Le bruit de la paix ne nuit encore de rien, ou je ne vois personne qui la souhaite; il sera bon aussy de m'escrire de Paris icy que Vostre Altesse pourroit venir dans quelque temps, pour suspendre un peu les mauvaises volontez de ceux qui sont las de la guerre ou qui sont Mazarins.

« M. de Baltazard est retourné à l'armée; on dit qu'il parle de vendre son régiment. Le gros Plessis est allé se jeter dans Villeneufve où il est aimé et considéré. M. de Théobon est icy où le peuple le courre par les rues. Il ne veut plus aller à Villeneufve, ni ceux de Villeneufve le recevoir.

« Nous ayant envie de restablir quelque commerce avec le pais hault, ceux de l'Ormée disent qu'il fault que ce soit généralement de toute chose, et que si les villes rebelles ne reviennent dans le giron de l'Église, les empescher de vendre leurs vins, tabacs, prunes, eaux-de-vie, etc., et les ruiner par cette voie. Nous ferons au premier jour une

---

[1] Le splendide château de Cadillac, possession du duc d'Épernon, père du duc de Candale.

assemblée de deux marchands de chaque manière de marchandise pour adviser là-dessus. La nouvelle de la défaite de l'armée navale a donné une grande joie en cette ville.

« Je l'ay envoyé dire de votre part à M. du Dognon et à M. de Vatteville, et j'ay mandé à M. de Saint-Agoulin d'en donner la nouvelle au Roy d'Espagne. Verbaquet qui avoit porté ma despêche à M. Dom Louis a failly à périr à son retour. Vous verrez son roman dans la lettre qu'il a escrite de Massa où il est venu aborder. Vous verrez aussi l'estat des affaires d'Espagne et la disposition des esprits dans les lettres de M. Dom Louis de Haro, marquis Mathey, Saint-Agoulin et de Longchamps, que j'envoye à Votre Altesse afin que les voyant en original elle puisse prendre des mesures plus certaines que j'exécuteray en la manière qu'il vous plaira me le commander, et par ainsy je ne dispenseray Votre Altesse escrire autre chose sur ce sujet.

« M. du Dognon a désarmé la *Lune* et m'a renvoyé aujourd'hui un ambassadeur me demander de l'argent; vous pouvez croire que luy ayant envoyé huit mille escus depuis quinze jours, m'estant engagé icy pour lui pour plus de cinquante mille, ayant tout le monde sur les bras comme j'ay, s'en fallant plus de deux cent mille escus qu'on n'aye de quoy satisfaire aux demandes extravagantes des uns et des autres, que j'ay esté ferme sur la négative. En effet, Monseigneur, je puis jurer que nous n'avons pas deux mille livres de fonds; qu'au lieu d'acquitter ces dettes qui ont tant fait de bruit, on en a contracté d'autres; le convoy n'a pas encore reçu un teston depuis six mois; le parlement demande ses gaiges, tantôt de trois quartiers. Il fault de l'argent à tant de monde et à tant de debtes, que je ne sçay que devenir, ny où me mettre. Ce qui me fâche le plus c'est la nécessité en laquelle Votre Altesse me mande estre là bas. Sitôt que la cavalerie sera arrivée, je pourvoiray le mieux qu'il me sera possible à tout; je courray au plus pressé, et laisseray crier les crieurs tant qu'ils voudront. Si l'on avoit soutenu les choses aussi fort qu'on debvoit tout se passeroit plus doucement. Il faudra aller jusques au bout et reconfirmer les serments que j'avois fait autrefois de ne me mesler jamais d'affaires d'argent qui ne font qu'attirer tout le monde, alors particulièrement quand on agist sous ces gens-ci que Votre Altesse cognoist. N'importe pourveu que vous soyez content, je seray satisfait de tout ce que je souffre dont je ne me sentiray guère quand je verray vos affaires aller aussi bien que je le souhaite.

« Anguien[1] est toujours à Brouage. Je l'ay envoyé réquérir avec la civilité la plus grande du

---

[1] Le régiment d'Enghien.

monde et le tout sous le bon vouloir et plaisir de Monseigneur le comte [1] qui a peur des régiments de la Meilleraye et de Saint-Maur qui sont encore en Saintonge. Folleville est repassé en Angoumois avec quatre cents chevaux.

« Je n'ay pas ouy parler de ces plaintes d'Anguien ; il faut que ce soit contre M. de Marchin contre lequel il a toujours quelque aigreur depuis cette affaire du chevalier de Roquelaure, etc., et pour le reste. Jamais infanterie n'a esté si bien traictée que la vostre, tout le monde n'ayant pas perdu un jour de paye, depuis le maistre du camp jusques aux moindres goujas, dont j'ay esté assez embarrassé [2]. »

Un point capital entre tous ceux abordés par la dépêche qu'on vient de lire, est donc acquis pour la cause des princes en Guyenne : les vendanges ont pu être commencées. Il faut se rappeler que cet intérêt majeur des vendanges est celui qui a forcé de conclure la paix, lors du siége de Bordeaux, en 1650 ; les craintes étaient donc plus que fondées d'un dénoûment identique amené par des circonstances identiques. Les bourgeois de Bordeaux, comme producteurs et consommateurs,

---

[1] Le comte du Dognon que Lenet qualifie ironiquement de monseigneur.

[2] Dépêche inédite ; papiers de Lenet, Bibliothèque nationale, Fonds français, 6710, f° 208. Ce document se termine par des détails peu importants que nous supprimons.

les Ormistes comme spécialement consommateurs, eussent oublié toutes leurs haines, calmé toutes leurs passions politiques, abandonné tous leurs projets, déserté le parti des princes, acclamé le roi, plutôt que de risquer leur précieuse récolte. Le désarroi dans lequel le départ du comte d'Harcourt avait laissé l'armée royale en Guyenne ne permettant pas d'inquiéter les vendanges, sauva la situation au point de vue des intérêts de la Fronde des princes.

La sécurité des vendanges étant assurée, une vigoureuse offensive eût enlevé un grand succès ; mais cette offensive vigoureuse n'était possible qu'avec un concours plus actif de l'Espagne pour fournir des subsides; aussi le baron de Vatteville devenait d'autant plus le bouc émissaire sur lequel retombaient toutes les récriminations. On l'accusait sans pitié auprès du roi d'Espagne et de son premier ministre ; on le harcelait lui-même sans relâche et nous détachons le paragraphe suivant d'une lettre qu'il écrivit à Lenet pour repousser les accusations dont il était l'objet, en faisant ressortir les besoins auxquels il était obligé de pourvoir :

«....Je vous supplie de considérer que j'ai entre l'infanterie et les matelots plus près de cinq mille que de quatre mille hommes à nourrir tous les jours, et que nonobstant que tout ce monde n'est pas de service, ils ne laissent pas que de manger, et vous savez que c'est un abus qui a esté de tout temps et qui jamais n'a eu remède ; et que pour avoir quatre mille hommes de service entre matelots et infanterie, ce n'est pas trop d'en nourrir sept ou huict cents de plus, car il y en a de malades, il y en a de peu capables et de tous potages comme vous scavez.

« VATTEVILLE [1]. »

Si l'armée des princes était paralysée dans son action, l'armée royale était non moins incapable de tenter aucune entreprise considérable. L'examen de cette situation nous ramène au moment où nous avons laissé cette armée, lors du départ soudain du comte d'Harcourt.

[1] Lettre inédite, Bibliothèque nationale, papiers de Lenet, n° 6711, f° 5.

CHAPITRE XL.

Défense aux généraux de l'armée royale de Guyenne de tenter aucune entreprise importante. — Appréhensions du comte de Marsin. — Le chevalier de Vivens rend compte au cardinal Mazarin de la prise de plusieurs villes. — Les vendanges bordelaises s'achèvent sans être inquiétées. — Conseil donné pour empêcher l'exportation des vins. — Lettre inédite de M. de Pontac au cardinal Mazarin, du 19 septembre. — Deux lettres inédites du comte de Lillebonne et du marquis de Sauvebœuf à Le Tellier, du 21 et 24 septembre. — Diverses opérations militaires. — Le duc de Candale nommé général en chef de l'armée royale. — Sa distinction physique; son ton et celui de la cour. — Projet du cardinal Mazarin de faire épouser une de ses nièces au duc de Candale. — Il aurait voulu le créer maréchal de France; vers plaisants de la *Muse historique*. — Détails sur la maison du duc de Candale; triste histoire. — Rang de prince donné au duc de Candale; vers plaisants. — Humeur volage du duc de Candale; vers plaisants. — Espérances du prince du Condé fondée sur l'inexpérience du duc de Candale et sur la menace de brûler le château de Cadillac. — Etat actuel du château et de la ville de Cadillac. — Ordonnance royale prescrivant des représailles. — Fausse nouvelle du retour du prince de Condé dans la Guyenne. — Lettre inédite du prince de Condé à Lenet, du 7 octobre. — Lettre de l'évêque de Montauban au cardinal Mazarin, du 17 octobre. — Mauvais effets de la nomination du duc de Candale. — Lettre inédite de M. de Tracy au cardinal Mazarin, du 26 octobre. — Prise de Sainte-Bazeilles. — Deux lettres inédites du marquis du Plessis-Bellière au cardinal Mazarin du 27 octobre et 3 novembre.

— Le marquis de Bougy fait prisonnier. — Révélation d'une tentative d'accommodement, du colonel Balthazar. — Lettre inédite du chevalier d'Aubeterre au cardinal Mazarin, du 3 novembre. — Le comte de Mérinville chargé d'aller renforcer en Guyenne l'armée royale.

(1652.)

Après le départ du comte d'Harcourt, deux des lieutenants-généraux placés sous ses ordres, le comte de Lillebonne, son neveu [1], et le marquis de Sauvebœuf [2] avaient été provisoirement investis du commandement supérieur de l'armée royale ; mais ils avaient reçu l'ordre de ne tenter aucune entreprise importante, sans doute autant en raison du caractère temporaire de leur mission, que par le motif de l'état de désorganisation des troupes royales. Ce commandement partagé avait, on n'en saurait douter, ses raisons de méfiance ; il était dicté par les mêmes considérations qui avaient fait placer à rangégal à la tête de l'armée couvrant Paris, les maréchaux de Turenne et de la Ferté. Quelque fut l'entente entre les deux nouveaux chefs de l'armée de Guyenne, leur association dans le commandement n'en était pas moins un obstacle à l'unité nécessaire pour toute bonne direction ; en outre l'esprit de suite dans la conduite des opérations militaires

[1] Voy. sur lui la note, tome II, p. 378.
[2] De l'ancienne maison de Ferrières-Sauvebœuf, en Limousin. Voy. sur lui, t. I, p. 229.

devait d'autant plus faire défaut qu'ils exerçaient le commandement supérieur chacun leur jour.

Les régiments placés sous leurs ordres étaient incomplets, non-seulement faute de soldats; mais aussi à cause de l'absence d'un grand nombre d'officiers. La cavalerie surtout était réduite au plus piteux état; les compagnies, pour la plupart, n'atteignaient pas le nombre de vingt vedettes, faute d'argent pour les entretenir au complet. Les vivres et les munitions étaient en quantité insuffisante; un accident de bateau avait noyé dans la Garonne un envoi important de ces dernières.

Le comte de Lillebonne et le marquis de Sauvebœuf étaient donc non-seulement dans l'impossibilité de tenter aucun effort sérieux contre l'armée des princes; mais à peine pouvaient-ils essayer d'inquiéter les vendanges bordelaises; irrésistible moyen d'imposer la paix. Néanmoins le comte de Marsin redoutait la jonction avec la petite armée royale de Guyenne, des troupes que le marquis du Plessis-Bellière conduisait de Saintonge en Catalogne. Cette jonction, d'après ses calculs, pouvait produire la concentration momentanée de quatre mille hommes d'infanterie et de trois mille chevaux [1], et il appréhendait que ces forces ne fussent jugées suffisantes par les généraux ennemis pour

---

[1] Voy. au chapitre précédent la lettre du 23 septembre de Lenet au prince de Condé.

leur inspirer la pensée de quelque sérieuse entreprise contre la sécurité des vendanges et contre sa propre armée.

En réalité, la domination des princes dans Bordeaux ne tenait guère alors qu'à un fil que la moindre secousse pouvait rompre. Lenet nous a initié à toutes les difficultés de la situation de leur parti, il a parlé du vin; le pain faillit manquer sans un arrivage survenu à propos; un correspondant du cardinal Mazarin, le chevalier de Vivens, nous fait connaître le péril auquel les princes échappèrent de ce côté :

« Bordeaux a esté prest à chasser de leur ville les princes et la princesse de Condé : six vaisseaux venus de Bretagne chargés de bled ont empêché ce grand bien [1]. »

Le chevalier de Vivens raconte dans sa lettre qu'il a pris possession de la ville de Clérac, poste très-important, dit-il, pour le service du roi ; mais il ne l'a occupée qu'au prix de certaines concessions dont il demande l'acceptation par le roi, concessions auxquelles il ne trouve rien d'exorbitant, tant les immunités municipales entraient encore dans le droit public de l'époque : ainsi les habitants prétendaient ne recevoir aucune garnison, ni

[1] Lettre du 16 septembre 1652; *Archives nationales*, registre KK, 1219, p. 474; publiée par M. Tamisey de Larroque dans les *Archives historiques* du département de la Gironde.

dans l'enceinte de la ville, ni dans aucune paroisse de sa dépendance; ils demandaient le droit de prélever sur le produit de leurs tailles les frais de réparation et d'entretien de leurs fortifications.

Aux alentours de Clérac, le chevalier de Vivens avait fait quelques petites conquêtes; il s'était emparé de Montpezat, fief de la duchesse d'Aiguillon, du temple de Breuil et de quelques autres localités.

En définitive, les troupes royales ne se trouvèrent pas en mesure de porter obstacle aux vendanges; celles-ci s'achevèrent avec sécurité; et, cette crise dangereuse se trouvant conjurée par les circonstances, le parti des princes en Guyenne fut rendu à une vitalité nouvelle. Restait au parti royal la ressource d'empêcher Bordeaux de tirer parti de ses vins par son commerce; cette mesure fut conseillée par un autre correspondant de Mazarin; car si le cardinal s'était éloigné de la cour, il était loin d'avoir quitté la direction suprême. Ses correspondants ne craignaient même pas de l'assurer que lorsqu'ils obéissaient aux ordres du roi, ils songeaient surtout à se conformer aux volontés du ministre. Les correspondants envoyaient leurs lettres à Colbert qui les faisait parvenir dans les lieux où se trouvait le cardinal. M. de Pontac écrivit donc au cardinal Mazarin pour donner ce conseil d'intercepter le commerce de Bordeaux; puis il insistait pour l'envoi d'un général réunissant en sa personne l'unité suprême du commandement ; mais il connaissait assez mal son terrain et faisait assez maladroitement sa cour au tout puissant ministre, pour lui exprimer le désir que ce général fût encore le comte d'Harcourt. Par exemple sa lettre témoigne suffisamment que la nouvelle disgrâce du cardinal Mazarin marquée du sceau d'un exil apparent, était une feinte qui ne le trompait pas :

« Agen, le 19 septembre 1652.

« Monseigneur,

« Je me suis attaché au service de Vostre Éminance avec une fidélité si entière et un zelle si parfait qu'il n'y a point de changemans de résolutions ni d'inconstance dans les affaires du monde qui soient capables de me faire changer, ny d'altérer tant soit peu le vœu et la résolution que j'ay faites d'estre toute ma vie dans les intérets de Vostre Éminance.

« Je sçay que la retraite de Vostre Éminance est un puissant coup d'estat et je ne doubte point que nous ne vous voyons bientost revenir plus glorieux et plus authorisé que vous n'avez esté cy-devant......

« La retraite de M. le comte d'Harcourt hors la Guyenne a apporté beaucoup de préjudice aux affaires du Roy; mais il sera facile de rétablir cette perte pourveu que Sa Majesté nous envoie bientost un général, ce que nous attandons avec grande impatience; mais si mondit sieur comte d'Harcourt pouvoit faire son accomodement avec la satisfaction de Vostre Éminance et revenir en ces quartiers, sa personne et sa réputation feroient plus d'effet qu'une armée sur les esprits des Bourdelois qui l'ont autrefois souhetté avec grand empressement pour gouverneur et qui prendroient encores à présant plus de confiance en luy qu'en tout autre. Je suis plus savant que personne en cette matière à cause de la paranté et de l'intelligence que je conserve toujours en ce pays là.

« Il eut esté très important pour le service de Sa Majesté que les Bourdelois n'eussent pas fait leurs vendanges; mais puisque nous ne sommes pas en estat de l'empescher, il seroit du moings important qu'ils ne tirassent pas profit de leur récolte. Cette diminution de profit ne seroit pas moindre pour eux que de deux ou trois millions.

« La saison estant trop avancée pour former un siège devant Bordeaux, il seroit nécessaire de faire promptement revenir l'armée navalle dans la rivière de Garonne pour empescher la sortie des vins et l'entrée des bleds et avec cela faire deux ou trois forts du costé de la terre et occuper les avenues de ladite ville par de bons postes ou quartiers. Ce seroit le moyen de mettre bientost à la raison cette ville rebelle que les ligues et les divisions intestines ont desjà bien ébranlée.

« La plus grande difficulté sera de faire subsister l'armée autour de Bordeaux et à cause de la licence qu'elle a desjà prise et à cause de la rareté et disette du bled provenant de la dissipation que les armées en ont fait et de l'injure du temps et des débordements des rivières. Pourtant si l'on peut retirer un fonds considérable des tailles de cette année, on pourra treuver moyen de faire fournir le pain de munition pour l'infanterie et du vin suffisamment ; mais pour la cavalerie il seroit absolumant impossible de la faire subsister dans cette province au nombre qu'elle est, n'y ayant plus avoynes, ny fourrages en ce pays ; il seroit donc nécessaire d'en sortir une bonne part.

« Le fonds pour le pain de munition et pour les autres nécessités de l'armée ayant manqué à cause du soing exact que M. de Tracy prend de satisfaire au payement des troupes, je me suis séparé pour quelques jours de l'armée afin de venir travailler en ces quartiers à la levée des deniers royaux pour pouvoir rétablir en diligence un nouveau fonds.

« La cognoissance que Sa Majesté m'a donnée par ses lettres qu'elle désiroit que ledit sieur de Tracy prit soing de la levée des deniers destinés pour la subsistance et pour le payement de l'armée, a faict que je ne puis point informer Vostre Éminance de ce destail, m'en estant entièrement confié à la vertu, aux soings, à la diligence dudit sieur de Tracy, qui est en estat de donner à Vostre Éminance de ce costé-là toute la satisfaction qu'elle sçauroit desirer.

« J'ay receu depuis peu de jours une lettre de cachet de la part de Sa Majesté par laquelle elle me tesmoigne que son intention est que M. du Plessis-Bellière marche, après avoir joint l'armée de Guyenne, droit en Catalogne avec quatre mille hommes de pied et mille chevaux et que je l'y accompagne pour prendre soing en ce pays-là de la subsistance de l'armée et pour faire les autres fonctions de l'intendance; sur quoy je dirai à Vostre Éminance que Sa Majesté me fait trop d'honneur de me croire capable de luy pouvoir rendre des services utiles en ce pays-là; mais j'eusse cru pouvoir estre encore plus utile en celluy-cy. Toutefois je me soubmets aveuglement à tous les ordres de Sa Majesté et de Vostre Éminance. Sy j'estois moings passionné que je ne suis au service du Roy, je m'excuserois volontiers de cet épineux employ de Catalogne sur le deffaut de santé et de bien pour soustenir cette despance et je prendrois cette commission pour un exil honorable; mais si Vostre Éminance juge qu'il soit absolument nécessaire, j'obéiray sans résistance à ce qu'il luy plaira m'ordonner, n'ayant autre desir que de faire paroistre en toutes occasions le zelle, et la fidélité que j'ay pour le service de Sa Majesté et de Vostre Éminance et que je suis de Vostre Éminance,

« Le très-humble, très-obéissant
et très-fidelle serviteur,
Pontac[1]. »

Deux lettres inédites du comte de Lillebonne et du marquis de Sauvebœuf à Le Tellier vont faire connaître la situation militaire au moment du départ du comte d'Harcourt, ainsi que les premiers événements qui suivirent.

Monsieur,

« Nous avons receu la lettre du Roy qu'il vous a pleu nous adresser et celle que vous nous avez fait l'honneur de nous escrire du 25ᵉ du mois passé. Nous pouvons nous estimer heureux d'avoir prévenu les ordres de Sa Majesté pour la conservation des troupes de cette armée, puisque depuis le départ de M. le comte de Harcourt nous nous sommes appliqués soigneusement à les faire subsister dans de bons quartiers, comme Cahusac

[1] Lettre inédite; *Archives nationales*, KK, 1219, p. 477.

et celuy-ci, pour se rafreschir et se remettre des fatigues du siège de Villeneuve. Nous n'avons pas pour cela négligé les occasions de prendre des avantages sur les ennemis et de nous rendre maîtres de la campagne. Nous avons esté chacun à nostre jour les pousser sur les bords de Dordogne et les faire repasser cette rivière avec beaucoup de précipitation, ayant avec nous M. de Bougy, M. de la Roque et M. le chevalier de Créquy. Nous les avons fait pousser aussy dans l'Albret par M. le chevalier de Créquy avec un corps de deux cens chevaux et en avons donné un plus grand nombre à M. de Gouhas, maréchal de camp, pour maintenir le pays de delà la Garonne en l'obéissance du Roy. Nous avions laissé M. de Sainte-Colombe [1] autour de Villeneuve avec cent maîtres, où il avoit esté envoyé par M. le comte de Harcourt pour faire la guerre aux rébelles de Villeneuve; mais comme il s'en acquitoit avec beaucoup de succès, nous avons appris qu'il a esté tué, il y a deux jours, en voulant forcer les ennemis de Villeneuve qui s'estoient retirés dans une église près de Pène; c'est une perte que le Roy faict d'un brave officier qui s'estoit acquis beaucoup de crédit et de réputation parmy les gens de guerre.

[1] Probablement frère de Sainte-Colombe-Marin dont il a été question t. I, p. 408 et t. III, p. 258 et suivantes, et dont nous aurons encore à nous occuper.

« Avant-hier, sur les advis que nous eusmes que le peuple de Marmande avoit tenu quelques discours séditieux sur ce que les ennemis, ayant repris Sainte-Bazeille, ont esté prendre du bestail à leurs portes, et sur des bruits que les partisans de M. le Prince ont faict courir de son retour en Guyenne avec de nouvelles troupes, nous y avons envoyé M. le comte de Vaillac pour tascher de calmer ces espritz et les deffendre des courses qu'on leur faict, avec ordre aux trouppes que commandoit ledit sieur de Sainte-Colombe d'aller recevoir ses ordres.

« Il seroit bien malaisé de faire mieux subsister cette armée que nous faisons, mesmement l'infanterie, M. l'intendant nous ayant dit n'avoir pas un sol pour leur faire fournir du pain et ne voyoit pas d'apparence d'avoir des fonds d'icy à plus de deux ou trois mois; nous ferons prendre du bled aux châteaux et autres lieux où nous en pourrons trouver pour tascher à luy donner quelquefois du pain.

« Cependant M. du Plessis-Bellière nous a mandé qu'il marchoit en deux avec les troupes qu'il commande; mais comme il nous avoit fait proposer de passer la Dordogne et aller sur l'Isle au devant de luy, nous lui avons renvoyé son exprès pour lui faire sçavoir que nous ne pouvions pas abandonner la Haute-Guyenne et toutes les villes qui sont icy près pour passer de delà la Dordogne, à cause de l'inconvénient des pluyes dont la moindre nous osteroit les guays et les moyens de repasser; nous hasarderions visiblement la perte d'Agen, Aiguillon, Port-Sainte-Marie, Marmande, Clérac et quantité d'autres villes que perdroit la cour; que nous ne pourrions peut-estre pas remettre après en leur devoir avec toutes les troupes de M. du Plessis et les nostres, et que, pour cette difficulté, nous nous avancerions, après avoir eu de ses nouvelles certaines, sur les bords de la Dordogne là où il nous mandera, pour luy faciliter son passage et luy donner les mains. Nous envoyerons un courrier en mesme temps pour vous donner advis de nostre jonction dont nous attendons les moyens et les occasions par celuy que M. du Plessis nous envoyera.

« M. de Saint-Abre nous demande le détachement du régiment de cavalerie de Mercœur et de ceux d'infanterie d'Auvergne et de Montauban, afin de les conduire en Provence; mais comme nous n'avons aucun ordre du Roy de les luy bailler, nous vous prions de nous en envoyer un de ce que nous aurons à faire, avec la diligence possible.

« Nous avons témoigné aux officiers des troupes de cette armée la satisfaction que Sa Majesté a de leur fidélité et de leurs services, comme elle nous l'a ordonné et fait entendre le désir que

Sa Majesté a qu'elles soient payées. Elles en ont témoigné beaucoup de ressentiment et nous voyons qu'ils ont tout le zèle et l'affection pour bien servir qu'on peut souhaister. En faisant ce compliment aux capitaines de cavalerie, nous les avons sondés sur les efforts qu'ils peuvent faire moyennant les six mil livres qu'on leur donne. Ils nous ont dit que tout ce qu'ils pourroient faire seroit de mettre vingt védettes à cheval ; le sieur Duhéron nous a dit qu'il vous l'avoit ainsy proposé et que vous le trouviez bon ; nous vous prions de nous en mander vostre sentiment et envoyer des ordres exprez pour le nombre qu'il vous plaira, le jugeant nécessaire afin qu'ilz le fassent plus exactement. Nous leur avons demandé ce qu'ils ont reçeu ; les uns ont dit deux mil et les autres trois mille livres ; nous escrivons à M. de Tracy et à M. de Pontac pour les presser de leur payer le reste, afin qu'ilz soient en estat de faire ce que Sa Majesté désire.

« Vous nous manderez aussy, s'il vous plaist, ce que vous desirez estre payé par les capitaines à leurs officiers subalternes et chevaux-légers pour leurs demy monstres de ce quartier d'hyver, n'ayant rien voulu déterminer sur la proposition qu'on a faite de leur donner trois demy monstres, afin que toutes choses soient faictes ponctuellement par vos ordres.

« Vous nous en envoyerez, s'il vous plaist, pour le détachement de quatre mil hommes de pied et mil chevaux que Sa Majesté désire estre faict pour aller avec M. du Plessis-Bellière en Catalogne et selon le nombre où vous désirerez que les compagnies soient mises, vous pourrez juger combien il faudra de compagnies et nommerez, s'il vous plaist, les régiments.

« Nous vous envoyerons au premier jour, dès que nous aurons joinct M. du Plessis-Bellière, un estat au vray de toutes les troupes, tant d'infanterie que de cavalerie, et les noms des officiers qui servent, afin de faire considération de ceux qui servent à ceux qui ne servent poinct.

« Toute notre infanterie qui est composée des régiments de Champagne, Lorraine, Auvergne, les Galères, Harcourt, Beynac, Giscars, Boisse, Saint-Luc et partie de celuy de Sauvebeuf, l'autre estant avec M. du Plessis-Bellière, ne consiste pas en plus de mil hommes.

« Nous n'avons aucunes munitions de guerre ; nous avons fait ce que nous avons peu envers M. de Pontac pour en avoir. Il nous avoit promis quatre miliers de poudre, autant de plomb et de la mesche à proportion ; mais comme il les faisoit venir de Clérac à Marmande, le bateau a péry ; nous ne croyons pas qu'il veuille s'engager à une nouvelle avance ; c'est pourquoy nous vous prions d'y donner ordre, ce qui nous met en estat, avec la défense que vous nous faites, à ne rien entreprendre. Nous nous tiendrons sur la défensive pour joindre M. du Plessis-Bellière, lorsqu'il y aura lieu.

« Nous attendons les ordres du roy que nous exécuterons avec toute la punctualité possible et nous vous assurons que nous avons tout le ressentiment qui se doit des marques que vous donnez de votre obligeante amityé et que nous sommes avec passion et fidélité,

« Monsieur,

« Votre très-humble et très-obéissant serviteur,

« SAUVEBEUF. »

« Votre très-humble et très-affectionné serviteur,

« LISLEBONNE. »

« Au camp de Monteron, le 11 septembre 1652[1]. »

« Monsieur,

« Nous avons jugé à propos de vous envoyer le sieur de Bréval, capitaine au régiment de Champagne, pour vous donner advis que nous avons

---

[1] Lettre inédite, *Archives du ministère de la guerre*, f° 134.

joinct M. du Plessis-Bellière avec partie des troupes qu'il commandoit. Il passa avant-hier. XXIe de ce mois la Dordogne au guay de dessus Badefou assez heureusement parce que dès le lendemain les pluyes ont grossy extraordinairement cette rivière, en sorte qu'elle n'est plus gueyable, et comme nous n'avions pas jugé que M. du Plessis-Bellière fust asses fort en cavalerie pour passer malgré les ennemis qui cotoyoient sa marche, M. de Sauvebeuf se chargea de l'aller trouver où il seroit afin de le fortifier, ce qu'il fist avec quatre cens chevaux, du lieu de Rouffgnac [1], jusques où M. de Lislebonne le fust escorter avec la pluspart de la cavalerie de l'armée, et l'ayant joint au Pont-de-Vez, ils sont venus avec toute sorte de bonheur, M. du Plessis ayant si bien pris ses postes sur sa marche et ayant usé de la bonne conduite qui luy est si ordinaire, que les ennemis n'ont ozé l'attaquer.

« Nous sommes obligés de vous dire que M. du Plessis-Bellière, en passant auprès de Périgueux, a remis dans leurs maisons deux gentils hommes qui en avoient esté chassez par les ennemis, qui sont les sieurs de Lasbories et de Lardimarie qui occupent deux châteaux fort considérables en Périgord.

[1] Bourg situé sur une colline entre Sarlat et Montignac, en Périgord.

« Le xxe de ce mois nous fusmes trouver M. du Plessis à Miremont d'où nous jugeasmes à propos avec luy de renvoyer en Angoumois M. de Folleville avec la pluspart de la cavalerie qu'il avoit amenée, suivant les ordres du roy qu'on nous a fait voir, afin d'y maintenir le pays en l'obéissance de Sa Majesté soubz le commandement de M. de Montausier ; et M. du Plessis n'a retenu avec luy que le régiment de cavalerie de Lislebonne, les trois compagnies d'augmentation de celuy de la Meilleraye et les recreües de celuy de Jarnac.

« Nous avons depuis cette jonction résolu de marcher comme nous faisons présentement du costé de Beaumont et de Castillonnez [1] pour tascher de faire donner du pain à l'infanterie qui en manque, il y a déjà quelques jours.

« Nous ne sçaurions nous attacher à quelque entreprise, ny rien résoudre, que nous ne voyons quelque certitude à avoir du pain ; car, comme nous vous avons mandé par nostre précédente dépesche les fonds que M. de Tracy a donnez à M. l'intendant pour cela ne peuvent estre bons que d'icy à deux ou trois mois. Nous avons prié M. de Tracy de venir conférer avec nous pour voir quel moyen il y aura d'asseurer un fondz afin que s'il y a lieu d'entreprendre quelque chose

---

[1] Bourg, aujourd'hui chef-lieu de canton du département de Lot-et-Garonne.

de considérable, nous soyons en estat de le faire.

« Cependant M. de Sauvebeuf ayant quelque intelligence avec les habitans de la Linde[1], qui tenoient pour M. le Prince, les a obligés de se rendre. C'est un poste sur la Dordogne qui est très-important pour incommoder Bergerac; nous y avons mis cent mousquetaires du régiment de Sauvebeuf et vingt maistres soubz le commandement du sieur de Beauchesne[2], lieutenant-colonel de ce régiment.

« Nous sommes fort embarrassés sur ce qu'on nous a rapporté que M. de Tracy a dit à quelques officiers de l'armée qu'il n'avoit plus que mil francs à donner à chaque capitaine de cavalerie pour faire quatre mil du nombre des six mil qu'il leur avoit promis positivement, et comme ils n'ont receu les uns que deux mil, les autres que trois mil livres, ce discours a fait un si mauvais effet dans l'esprit de tous nos officiers de cavalerie que nous en apréhendons quelque résolution bizearre si on n'achève pas de leur payer les six mil livres qui leur ont esté promis dans peu de temps, et moyennant cela nous pourrons avec plus de justice tenir la main à ce que les capitaines rendent leurs compagnies complettes du nombre que vous

---

[1] Bourg, aujourd'hui chef-lieu de canton du département de la Dordogne, à 18 kilomètres de Bergerac.

[2] De la maison de Scepeaux.

aurez ordonné comme nous vous en avons prié.

« Nous ne pouvons vous envoyer encore de quelques jours l'extrait des officiers qui servent, ny la force des troupes, ayans donné toutes nos occupations depuis le départ de notre dernier courrier à la jonction que nous voulions faire des troupes de M. du Plessis, en ayans aussy laissé du costé de Villeneuve et auprès de M. de Tracy pour plusieurs affaires.

« Nous nous avancerons vers la Garonne pour maintenir la haute Guyenne, et nous tascherons de faire tout ce qui sera humainement possible, selon le peu de moyens que l'on nous donne..

« M. de Bougy s'en va trouver M. de Tracy pour luy représenter de quelle importance est la satisfaction des troupes ; nous vous prions de lui escrire qu'il est besoin qu'il tienne la parolle qu'il leur a donnée pour esviter les mauvaises suites qui en arriveroient. Nous luy envoyons aussy deux cens maistres pour ayder à faire payer quelque canton qui a refusé.

« Nous avions une intelligence dans Bergerac, qui a esté descouverte.

« En finissant cette lettre, vous nous permettrez bien, Monsieur, de vous recommander les intérests du sieur de Breval, et de vous prier de luy rendre vos bons offices auprès de Leurs Majestés, sachant que vous aymez ceux qui comme luy sont extrêmement assidus à leurs charges et qui s'y sont acquis l'estime des gens du mestier. Nous l'espérons ainsy des témoignages qu'il vous a pleu nous donner en tout temps de votre sincère amityé, et de la passion et fermeté avec lesquelles nous sommes,

« Monsieur,

« Vostre très-humble et très-obéissant serviteur,

« Sauvebeuf. »

« Vostre très-humble et très-obéissant serviteur.
« Lislebonne. »

« Au camp d'Alles, 24 septembre 1652. »

« Monsieur,

« Vous ne pouvez faire estat que des deux mil cinq cens hommes d'infanterie avec M. du Plessis et de mil hommes avec nous, nous vous prions de prendre là-dessus vos mesures, sur les ordres que vous aurez à nous donner [1]. »

Les forces de MM. de Lillebonne, de Sauvebeuf et du Plessis-Bellière se trouvant fort inférieures aux prévisions de la cour, ce dernier était loin de

[1] Lettre inédite; *Archives du ministère de la guerre*, vol. 134.

pouvoir conduire en Catalogne, suivant les ordres reçus, un effectif de mille chevaux et de quatre mille fantassins. Il semblait même ne devoir pas être difficile à l'armée des princes, malgré sa propre faiblesse, de rejeter hors de la Guyenne ce fantôme formé de régiments si incomplets en officiers et en soldats que l'on décorait du nom d'armée royale. Le comte de Marsin tenta cette entreprise ; il y eût certainement réussi, si l'armée royale n'eût été renforcée au bout de très-peu de temps par le fait même des événements malheureux survenus en Catalogne.

Le lieutenant du grand Condé voulait d'abord s'emparer de Blaye dont la possession aurait rendu plus libres les communications de Bordeaux avec la mer ; mais une dissidence avec le baron de Vatteville l'obligea de renoncer à ce projet. L'amiral espagnol prétendait que cette place fût remise aux mains de l'Espagne, et, sur le refus de Marsin d'y consentir, il se refusa à fournir le concours maritime nécessaire. La politique de l'Espagne de soutenir la Fronde dans une telle mesure qu'elle ne pût se soustraire à sa prépondérance, se montrait au jour une fois encore. Par suite, le comte de Marsin, changeant son plan de campagne, avait marché sur Castel-Jaloux. Les régiments de la Reine et de Montpouillan, qu'il avait détachés, s'emparèrent d'un château qui incommodait la ville de Bergerac, et du château de Pilles, sur la rive gauche de la Dordogne. En même temps, par son ordre, le colonel Balthazar s'avançait près d'Agen, afin d'inquiéter le mouvement de soutien opéré par Lillebonne et Sauvebeuf pour assurer la marche de du Plessis-Bellière [1].

L'armée royale de Guyenne s'était fondue, pour ainsi dire, non-seulement par la nécessité de pourvoir à l'envoi de forces sur les points les plus menacés; mais encore par la politique du cardinal Mazarin qui n'était pas fâché d'affaiblir une armée accoutumée à obéir au comte d'Harcourt; il redoutait que ce général, reparaissant inopinément au milieu d'elle, ne reprît son autorité. Il entrait dans les vues du cardinal de ne rendre un effectif suffisant à cette armée que lorsqu'il pourrait la renouveler sous un chef dont le dévouement absolu lui serait assuré. Bientôt il lui donna ce chef dans la personne du duc de Candale. Ce choix présentait un double aspect : le premier, qui aux yeux d'un grand nombre paraissait impolitique, indiquait la volonté de briser, sans nulles concessions, la résistance des Bordelais ; car nul choix ne pouvait leur être plus antipathique : le duc de Candale, né à Metz le 14 avril 1627, était fils de Bernard de Nogaret, duc d'Épernon, leur gouverneur exécré ; il

---

[1] Voy. les *Mémoires* du colonel Balthazar.

était issu de son mariage avec Gabrielle-Angélique, fille légitimée de Henri IV et de Gabrielle d'Estrées ; le second aspect de ce choix était celui d'une faveur exceptionnelle et prématurée qui devait d'autant plus assurer au cardinal la reconnaissance sans limites de celui qui en était l'objet.

Le nouveau général en chef, pourvu tout récemment du gouvernement d'Auvergne, ne comptait donc que vingt-cinq ans ; il était brave ; mais il n'avait point donné comme le grand Condé les preuves d'un précoce génie. Il s'était fait remarquer surtout par la distinction de sa personne, par l'élégance de sa tenue et de ses manières, par les traits de son visage, qualités dont la réunion l'avait fait surnommer le beau Candale. Son ton, paraît-il, laissait néanmoins parfois à désirer ; même alors les classes supérieures, par un genre déplorable, empruntaient certaines locutions aux classes les plus infimes ; même à la cour, les jurons étaient réputés donner au langage du sel et de la vigueur. Les rois de France n'avaient-ils pas les leurs, à tel point que Brantôme nous a transmis un quatrain qui raconte plaisamment la succession de quatre de nos rois par la série de leurs jurons préférés. Il faut convenir que dans le choix qu'il fit, François Ier avait si bien réussi que le sien aurait pu être reçu à battants ouverts dans le sanctuaire délicat de l'hôtel de Rambouillet, si l'hôtel de Rambouillet eût subsisté de son temps :

> « Quand *la Pasque-Dieu* décéda [1],
> « Par *Jour-Dieu* lui succéda [2],
> « *Le Diable m'emporte* se tint près [3],
> « *Foy de gentilhomme* vint après [4]. »

Nous n'oserions croire que le populaire *Ventre-saint-gris* du vaillant Henri IV y eût été admis.

En grandissant le duc de Candale au delà de sa mesure, le cardinal Mazarin nourrissait l'arrière-pensée d'asseoir plus solidement que jamais son pouvoir sur l'appui d'une alliance de famille dont l'éclat le fascinait alors, mais que sa prodigieuse fortune n'aurait rendu bientôt que presque ordinaire.

Le tout-puissant cardinal avait déjà commencé la série des brillants établissements de ses nièces par le mariage de l'une d'elles, Laure Mancini, avec le duc de Mercœur, fils aîné du duc de Vendôme ; le duc de Candale était aussi, nous venons de le dire, petit-fils de Henri IV, par sa mère, fille de la belle Gabrielle d'Estrées. Le cardinal Mazarin se montrait à ce point captivé par la brillante élégance et le grand air du duc de Candale que le maréchal de la Ferté-Senneterre répétait à la cour ce propos : « Cet homme (le cardinal) perdra la France pour les beaux yeux de M. de Candale. » Il paraît que plus d'une année avant l'époque où

---

[1] Louis XI. — [2] Charles VIII. — [3] Louis XII. — [4] François Iᵉʳ.

nous sommes arrivés, le cardinal Mazarin avait songé à faire du beau duc de Candale, déjà colonel général de l'infanterie, un maréchal de France ; mais l'opinion publique avait été loin de ratifier une telle faveur, et la critique, dont Loret se fit le plaisant écho, empêcha probablement ce dessein de s'accomplir :

> « Quelqu'un, l'autre jour, m'annonça
> « Que depuis quelque temps en ça
> « Son Éminence cardinale
> « Avoit promis audit Candale
> « Eux deux ensemble devizant
> « Que promotion se faisant
> « De plusieurs maréchaux de France,
> « Il luy donnoit toute assûrance
> « Qu'il seroit maréchal aussy ;
> « Or on peut donc jurer cecy,
> « Que Candale, par sainte Barbe,
> « Eût été maréchal sans barbe,
> « Exemple, en France, tout nouveau,
> « Et qui n'eût pas été trop beau ;
> « Mais, enfin, ladite Éminence,
> « Par dessein ou par négligence,
> « Ayant oublié ce vaillant,
> « Il a depuis fait le bouillant,
> « Et dit, avec quelque furie,
> « Qu'étant chef de l'infanterie
> « Il se feroit considérer ;
> « Mais ce ne fut pas sans jurer
> « Quelque mort, ventre, sang, ou teste ;
> « Car le courtisan se croit beste
> « Et ne pas scavoir son métier
> « S'il ne jure comme un chartier ;
> « Jule ayant sceu sa véhémence,
> « Crut qu'elle étoit de conséquence,

« Et que ce colonel Infant
« De monsieur d'Épernon l'enfant,
« Pouvoit du bien et du mal faire ;
« Si bien que jugeant nécessaire
« De r'engager dans le filet
« Ce courtizan à poil folet,
« Quelqu'un des siens alla lui dire :
« Hé quoy ? vous vous fâchez, beau Sire,
« Apaisez-vous, *ne fumetis,*
« Tenez, on vous donne *gratis*
« Non pas mademoiselle Lavergne
« Mais le gouvernement d'Auvergne ;
« Ce gouvernement est fort bon,
« Et vaut mieux qu'un coup de bâton.
« Candale, qui n'est pas inepte,
« Luy dit tout soudain : Je l'accepte ;
« Et vous direz à Monseigneur
« Que puisqu'il me fait cet honneur,
« Il n'en recevra point de honte :
« C'est ainsi que finit le conte [1]. »

En définitive, à part les agréments de sa personne, le neveu en expectative du premier ministre n'offrait guère que le prestige d'appartenir à une maison comblée de royales et récentes faveurs ; car elle était de petite et peu ancienne origine. Elle remontait seulement à Jacques de Nogaret, capitoul de la ville de Toulouse, anobli par Charles V. Jean-Louis de Nogaret de la Valette, bisaïeul du duc de Candale, était le premier de sa famille arrivé sans transition aux plus hautes dignités ; mais il avait eu la bonne fortune

---

[1] *Muse historique,* Lettre VIe, *instructive,* du 4 février 1651.

de compter au nombre des mignons les plus aimés de Henri III. Ce monarque l'avait nommé duc d'Épernon, amiral de France, premier gentilhomme de la chambre, gouverneur de plusieurs provinces ; il lui avait fait épouser Marguerite de Foix, comtesse de Candale et d'Astarac, fille aînée et héritière de Henri de Foix et de Marie de Montmorency. Cette alliance ne manqua pas de donner au nouveau duc d'Épernon les prétentions les plus exagérées. Le but de Henri III avait été de grandir son favori par l'éclat du grand nom de la maison de Foix, et par l'immense fortune dont Marguerite était l'héritière ; mais cette fortune était le prix d'une violence dont voici la déplorable histoire :

Marguerite de Foix avait une sœur connue sous le nom de madame de Candale, destinée à prendre le voile, afin qu'elle ne pût distraire, en se mariant, aucune partie des biens de sa maison réservés à l'établissement de sa sœur aînée. Comme la jeune fille ne manifestait aucune vocation pour la vie monastique, aussitôt après le mariage de sa sœur avec laquelle elle avait été élevée, elle en fut séparée et fut conduite à Angoulême, ville du gouvernement du duc d'Épernon ; elle y fut gardée deux ans séquestrée. En 1590, on la mena à Saintes et on la contraignit à faire profession l'année suivante et à abandonner tous ses biens à la duchesse d'Épernon, sa sœur, avec la seule réserve d'une pension de six cents écus. En 1600, on la conduisit à Metz, au couvent de Sainte-Glossine, dont on la fit abbesse, sans qu'elle cessât de protester contre la violence qui l'avait mise et qui la retenait dans l'état monastique. Trois ans après, elle s'échappait de son couvent ; mais elle était reprise, et enfermée par ordre au monastère de Moncel. Enfin elle obtint, en 1610, de se faire séculariser par un rescrit du pape. En 1611, elle se fit protestante et intenta au duc d'Épernon une action en partage avec sa sœur, action dont elle fut déboutée [1].

La faveur dont jouissait la maison d'Épernon, continuée et augmentée, dès le commencement du règne de Louis XIV, par les ambitieux projets que nourrissait le cardinal Mazarin pour l'établissement de ses nièces, ne connaissait pour ainsi dire plus de bornes ; le duc de Candale avait obtenu le rang de prince. La noblesse et le public même s'offusquaient de prérogatives que rien ne justifiait, et la presse dont la liberté était grande à ce moment, s'associant à ces sentiments, poursuivait encore le beau duc de Candale de ses épigrammes :

« Ce jeune duc de grand renom,
« Seul fils de monsieur d'Épernon,

---

[1] Voy. l'*Histoire généalogique* du P. Anselme, art. de la seconde maison de Foix, issue des Grailly, dans le pays de Gex.

« Qu'on nomme monsieur de Candale,
« Aimé de la maison royale,
« Maintenant qu'il est à la cour,
« Marquant son logis, on met Pour,
« C'est-à-dire le voilà prince ;
« Mais s'il fallait que je soutince
« Qu'il l'est vraiement et justement,
« Certes, je ne scay comment
« Je m'y prendrais de bonne grâce,
« Car, ma foy, cela me passe[1] ! »

Si le brillant favori auquel était réservé l'honneur de devenir, concurremment avec le duc de Vendôme, le pacificateur de la Guyenne, paraissait se prêter de bonne grâce à son alliance projetée avec Anne-Marie Martinozzi, nièce du cardinal, l'ambition y avait certainement plus de part que son cœur. Ce papillon, qui se laissait volontiers saisir un instant par de belles mains, considérait quelque peu le mariage comme un filet à mailles importunes auquel il était plus prudent de se soustraire. Il avait passé voltigeant de mademoiselle Lavergne[2] à madame de Saint-Loup de la maison de Chastaigner de la Roche-Posay[3], pour arriver

[1] Loret, *Muse historique*, lettre du 27 août 1652.
[2] Voy. les vers de la *Muse historique* précédemment cités.
[3]
« Saint Loup, votre esprit s'embarrasse
« Entre l'amourette et la grâce,
« Ce qui cause votre chagrin.
« Car vous aimez le beau Candale,
« Et craignez le père Sainglin,
« Le Port-Royal et sa cabale. »

Historiettes de Tallemant des Réaux ; édit. de MM. Montmerqué et Paulin Paris.

à la comtesse d'Olonne [1], et courir à d'autres encore. Cette humeur explique avec quelle facilité, à la fin de cette guerre, il se désistera d'une alliance qui lui offrait de si magnifiques avantages ; mais l'ambition, qui était son guide, trouvera son compte encore à céder la place à un prince du sang royal.

Le prince de Condé fut persuadé que l'inexpérience militaire du duc de Candale et l'impopularité qui s'attachait à sa famille seraient d'un effet utile à sa cause dans la proportion du tort qu'elles apporteraient à la cause royale ; aussi s'empressa-t-il d'écrire à Lenet de ne pas manquer de tirer parti de ces nouvelles conjonctures. Lenet, de son côté, lui avait manifesté la même manière de voir ; il se félicitait de ce choix comme d'une maladresse commise par le cardinal Mazarin, et il était convaincu que la menace de mettre le feu au château de Cadillac suffirait, pour empêcher toute lutte sérieuse de la part du duc de Candale [2].

Ce château ne fut point brûlé ; il existe même encore. Le 30 juillet 1875, l'auteur de ces *Souvenirs*, se rendant à Cadillac, partait du château de Grignols [3] ;

---

[1] Voy. l'*Histoire amoureuse des Gaules*, par le comte de Bussi-Rabutin.

[2] Voy. la dépêche de Lenet datée du 30 septembre 1652, chap. xxxix.

[3] Ce château, situé dans le Bazadais, appartient aujourd'hui

ancien marquisat de la maison d'Aubeterre, qu'Angélique de Cosnac[1], qui en avait hérité de sa mère, apporta en dot au comte d'Egmont, duc de Gueldres. Il tenait à se rendre compte par lui-même de l'importance du château de Cadillac, telle que la menace de le détruire fût jugée capable d'empêcher un général en chef de remplir son devoir, parce que ce château appartenait à son père. S'arrêtant à la station de Cérons, sur le chemin de fer du Midi, l'auteur vint traverser la Garonne sur un pont en fil de fer jeté en face de la petite ville de Cadillac. Tout d'abord il fut frappé de l'aspect de cette ville placée à cent mètres environ de la rive droite du fleuve, sur un plan incliné. Elle forme un carré que bordent de fortes murailles flanquées par des tours à trois des angles saillants. Sur deux faces de ces longues courtines s'élèvent, au point central, deux hauts donjons carrés, couronnés de machicoulis et de créneaux, sous lesquels s'ouvrent les arcs en ogive de deux portes de la ville. Ces deux entrées, celle surtout qui regarde la Garonne, sont d'une belle architecture militaire et d'un aspect impo-

à M. le comte de Sabran-Pontevès, père de la vicomtesse de Cosnac, belle-sœur de l'auteur.

[1] Voy. sur elle les *Mémoires* du duc de Saint-Simon, ceux de Daniel de Cosnac, et les *Lettres* de la princesse des Ursins, publiées par M. Geffroy.

sant. Un large boulevard ombragé de grands arbres, sur l'emplacement de l'ancien fossé, forme une promenade silencieuse bordant, du côté du fleuve, la ville que l'on soupçonnerait à peine derrière ces murailles, si une brèche malencontreuse n'était ouverte, non loin du donjon. Cette coupure donne issue à une rue nouvelle qui laisse entrevoir des maisons trop pressées de se montrer, car elles n'ont aucun caractère. A part ce vandalisme commun aux édilités modernes, l'antique capitale du vieux comté de Benauges semble braver encore un coup de main du comte de Marsin, du chevalier d'Aubeterre ou du colonel Balthazar, et paraît capable d'obtenir, comme en 1652, son traité de neutralité [1].

Le château occupe l'angle supérieur à gauche du carré que forme la ville; mais, plus moderne que l'enceinte dont nous venons de parler, il l'a brisée sur ce point, entraînant la destruction de la quatrième tour qui devait exister dans l'origine; les hautes terrasses qui servent de piédestal au château continuent, de ce côté, le périmètre de la ville. A leur base coule lentement un large et limpide ruisseau qui va non loin se perdre dans la Garonne, en formant un petit port. Ces terrasses, aux quatre angles desquelles s'élèvent

[1] Voy. t. IV, p. 400; et voy. ce traité lui-même à l'*Appendice* du t. V.

quatre pavillons symétriques posés en sentinelles avancées, dominent la ville et la riche vallée de la Garonne ; elles portaient au-dessus d'elles les jardins suspendus qui environnaient le château d'arbustes, de fleurs et de fraîcheur ; au milieu se dresse dans toute sa splendeur le château lui-même. Par ses vastes dimensions, par sa majesté, c'est plus que le château d'un grand seigneur, c'est un château royal. Il fut bâti, en 1543, par le duc d'Épernon, bisaïeul du duc de Candale, qui avait voulu faire porter à sa demeure l'empreinte de la puissance et de la richesse auxquelles l'avaient élevé la faveur d'Henri III. et son mariage avec l'héritière de la maison de Foix.

Quelle tristesse aujourd'hui a succédé à ces splendeurs, à ces fêtes d'autrefois ; l'aspect de la noble demeure la raconte dans son langage. Elle n'est pas délabrée, mais on le regrette ; elle est, au contraire, quant à ses murailles, à ses brillantes toitures en ardoises qui reflètent les rayons du soleil, dans un état parfait de conservation ; mais sa majestueuse entrée est masquée par un mur affreux dans lequel s'ouvre un guichet ; les baies de ses hautes fenêtres sont les unes murées, les autres grillées. Le château splendide semble vous dire lui-même avec douleur : Je suis devenu une prison ! Voilà le secret de sa conservation.

Voyageur, qui n'avons passé qu'un instant, nous ignorons si ces vaillants magistrats municipaux de 1652, qui savaient allier la défense des intérêts et des franchises de leur ville au respect pour leur seigneur, auraient pour leur succéder aujourd'hui quelque municipalité radicale. Nous pensons, dans ce cas, qu'elle doit s'applaudir hautement de n'avoir plus de seigneurs dans le château et d'y avoir à la place quelques centaines de condamnés captifs, criminels dont le nombre croissant représente les résultats les plus nets de la liberté, de la moralité, acquis par ce que l'on appelle le progrès moderne, progrès qui n'existe en réalité que dans les applications matérielles de la science. La ville de Cadillac, à défaut de la prospérité qu'elle devait à ses anciens seigneurs, outre sa prison, possède une autre institution pour faire fleurir son commerce ; elle a une maison de fous d'une grande importance. Heureuse ville ! Si elle n'est plus la capitale d'un comté, elle possède d'appréciables compensations ; elle a échappé à l'étreinte de la féodalité ; espérons, pour ceux qui ont le goût du pittoresque et de l'archéologie, qu'elle n'échappera pas à l'étreinte de ses murailles.

La menace de brûler le château de Cadillac, en 1652, était sérieuse ; elle fut accompagnée de préparatifs d'exécution, et cette demeure eût infailliblement péri dans un immense auto-da-fé, si la cour n'eût arrêté ces fatals projets par la menace des représailles les plus rigoureuses. Une ordonnance royale prescrivit que toutes les résidences des princes de Condé et Conti seraient remises aux mains du duc d'Épernon pour qu'il en fît suivant son bon plaisir[1]. Cette ordonnance de 1652 a sauvé le château de Cadillac, une première fois ; l'ordonnance de 1717, qui l'a converti en prison, l'a sauvé une seconde fois, mais moins heureusement que la première.

Pour faire concourir tous les moyens au résultat qu'il attend de la faute commise par le choix du duc de Candale, le prince de Condé fait annoncer sa prochaine arrivée dans la Guyenne. Il est vrai qu'il n'en a pas la moindre intention ; sa campagne entreprise contre le maréchal de Turenne et la complication des événements de Paris ne sauraient le lui permettre. Enfin il trouve que Lenet n'apporte pas assez d'empressement à raccommoder ensemble Marsin et Balthazar, et il lui enjoint en outre les meilleurs procédés pour le comte du Dognon. Sur ces objets et sur quelques autres, nous reproduisons les passages les plus essentiels de la lettre du prince à Lenet :

[1] Voy. cette ordonnance à l'*Appendice*.

« De Paris, ce 7ᵉ octobre 1652.

« ... Je vous diray seulement que je me porte mieux et que j'espère sortir demain. Ma maladie a esté considérable ; mais je voudrois que mon frère, ma sœur et ma femme en feussent si bien sortis que moy ; faites-leur à tous bien des amitiés de ma part et continuez à m'escrire soigneusement l'estat de leur santé. Je vous ay desjà faict scavoir ma volonté sur les affaires de Provence et sur ce que je veux que vous disiez à mon frère et à ma sœur sur cet article. Je suis bien aise que le départ de ces gens qu'on a chassés aist faict l'effet que je souhaitois. Il n'y a plus qu'à prendre garde qu'il ne se fasse une nouvelle cabale puisque celle-là est entièrement détruite, et haster les vendanges le plus qu'on pourra pendant que les ennemis nous en donnent le loisir. Quoyque vous me mandiés qu'ils ont le dessein de venir en Grave, je ne pense pas qu'ils s'y hazardent s'ils ne sont pas beaucoup plus forts d'infanterie que nous, le païs estant fort rude et tout à fait difficile pour la cavalerie. En tout cas, c'est à M. de Marchin à prendre les postes le plus advantageusement qu'il pourra et à donner les ordres qu'il jugera pour faire observer une exacte discipline à nos troupes et telle qu'il faut pour empescher Bourdeaux de crier. Songés

à profiter de l'arrivée de M. de Candale, je croy
que vous pourrés en tirer du bien.

« Guitaud vous escrit dans une lettre particulière que vous pourrez monstrer, le dessein que je fais d'aller bien tost en ce pays là, quoique je n'y pense pourtant pas.

« Faictes tous vos efforts pour empescher Balthazar de vendre son régiment, vous n'entrés pas dans cette affaire comme je voudrois, car je vous prie encore une fois de faire en sorte que M. de Marchin se raccommode avec luy. C'est un homme de service que j'ayme et à qui j'ay obligation, qui ne me peut jamais qu'estre fort utile. Travaillés à ceste affaire avec attachement ; et parce que M. de Marchin trouve quelquefois estrange qu'on se presse trop de se raccommoder, ne lui monstrés pas cest article de ma lettre. Souvenés vous aussi de vivre avec M. du Dognon comme je vous l'ay escrit par Grossolles ; c'est une affaire que je désire.

« Louis de Bourbon [1]. »

La mauvaise impression produite par le choix du duc de Candale ne se borna pas aux seuls habitants de la Guyenne ; sa nomination reçut un froid accueil dans l'armée royale elle-même. La lettre

[1] Lettre inédite ; papiers de Lenet, Bibliothèque nationale, Fonds français 6711, f° 43.

qu'on va lire de l'évêque de Montauban au cardinal Mazarin témoigne des sentiments peu favorables manifestés par certains chefs militaires, et, tout au contraire, des dispositions empressées du prélat à faire sa cour au futur oncle en s'inclinant devant la faveur du futur neveu. Les tendres affinités conjugales qui peuvent naître de la similitude de la couleur des cheveux, ne sont pas une des moins curieuses particularités de sa lettre.

« A Montauban, ce 17 octobre 1652.

« Monseigneur,

« La lettre dont Vostre Eminence m'a honoré, du 13 septembre, de Bouillon, a trouvé en cette ville les fortifications discontinuées depuis le 12 du mesme mois et le bruit que les factieux avoient fait que Vostre Eminence leur avoit donné ordre de les continuer, discrédité; leurs députtés qui sont à la court n'ayant pas eu assez d'impudance pour soutenir ce qu'ils avoient commencé. M. de Saint-Luc qui les a favorisés par une foiblesse estrange a esté fort surpris des lettres de Vostre Eminence ; car, à ne lui rien feindre, il ne s'estoit pas opposé à ce qu'on publioit si insolamment comme de vostre part, et il tesmoignoit par son stille qu'il en estoit persuadé et qu'il vouloit que la ville le feut aussi.

« Il se pleint fort hautement du commandement donné à M. le duc de Candalle dans la Guyenne et publie qu'il ne le visitera point, ni n'aura aucun commerce avec lui ; il adjoute encore qu'il sçait qu'Agen se déclarera pour les princes dès que M. de Candalle sera dans la province et cent aultres choses de cette force que mesme il m'a dittes. Pour moi, Monseigneur, je ne fais ni pronostics, ni almanachs sur l'advenir; mais je croy que M. de Candalle, ayant des forces suffisantes, achèvera de ranger la Guyenne, et je ne manqueray point à lui rendre et à lui faire rendre tous les devoirs et les honneurs qui dépendront de moi, me souvenant de ce qu'il me dit à Bourg qu'il desiroit l'alliance de Vostre Eminence ; qu'estant blondin il avoit inclination pour celle de Mesdemoiselles vos niepces qui estait blondine comme lui ; de sorte que je promets à Vostre Eminence qu'il sera traitté à mon esgard comme son nepveu.

« Je parle de cette sorte, à cause que j'ai maintenant un peu plus de voix que je n'avois, M. de Montauban, mon prédécesseur, m'ayant laissé la sienne avec sa succession le 8ᵉ du mois dernier, auquel jour il mourut en la cinquante-septième année de son pontificat et de son sacre, ce qui m'oblige, Monseigneur, à offrir de nouveau mes très-humbles respects et mes fidèlles obéissances à Vostre Eminence.

« Je trouve une pansion sur cet évêché de quatre mille livres en faveur d'un nepveu ; mais j'espère que Vostre Eminence qui m'a tant promis de faire quelque chose pour moi lorsque j'estois évêque affricain, me le tiendra plus volontiers maintenant que je suis évesque françois, comme je l'en supplie, afin que j'aie plus de moyen de servir Dieu, l'Eglise, le Roy et Vostre Eminence.

« Je ne scai qui a donné advis à Vostre Eminence d'une vacance de quelque bénéfice de Toulouse qu'elle me dit avoir eu la bonté de me destiner, car rien n'a vaqué que je sache depuis un an dans ce diocèse-là ; mais il est bien vrai que ayant résigné, il y a deux ans, un canonicat et un archidiaconé de Toulouse que j'avois despuis l'âge de quinze ans à un mien beau-père qui, estant devenu veuf, s'est fait d'église, il a esté fort mal et est maintenant en parfaite santé, et la crainte que j'eus qu'on ne troublât la résignation qu'il avait faite en court de Rome à un sien frère, sous prétexte de Régale, m'obligea d'escrire à M. l'évesque d'Alby de me faire cet office que de veiller sur les demandeurs en cas de mort ; et il a eu la bonté et la prudence d'agir en la manière qu'il a fait. Je remercie néanmoins Vostre Eminence de la continuation de ses bonnes volontés, et je la conjure de les rendre effectives et de me considérer comme un homme tout à elle et parfaitement invariable.

« Je conjure aussi Vostre Eminence, qui, comme abbé de Moissac, est patron de beaucoup du cures dans mon diocèse, lesquelles sont de peu de valleur, de me donner le choix des personnes pour les remplir en cas de vacance.

« Je lui demande aussi en la mesme qualité d'abbé de Moissac de me donner son consentement pour establir mon séminaire dans l'église de Saint-Sauveur avec le curé et le supérieur de laquelle je suis d'accord. Leurs deux bénéfices ne valent pas mieux de six cents livres que j'entends de leur laisser durant leur vie. Si Vostre Eminence me donne le moyen de faire cette bonne œuvre, elle en sera la principale gloire et cette action de piété ne sera pas sans récompense devant Dieu et sans aprobation devant les hommes.

« Je vous supplie, Monseigneur, de me donner sur ce dernier article une response précise, affin. qu'elle serve de fondement à mon traitté pour establir un séminaire si nécessaire dans un diocèse gasté d'hérésie et qui a peu de bons prestres.

« Si Dieu n'avoit donné à Vostre Eminence des tallens extraordinaires pour lui faire souffrir les importuns, la longueur de cette lettre me fairoit craindre de l'avoir beaucoup ennuiée ; mais j'espère au contraire qu'elle l'aura soufferte patiament et qu'elle agréera qu'en finissant je lui jure une éternelle fidélité à estre,

« Monseigneur,
 « de Vostre Eminence,
 « le très-humble et très-obéissant serviteur,
 « Pierre, évêque de Montauban[1]. »

La lettre suivante de M. de Tracy au cardinal Mazarin prouve encore à quel point la nomination du duc de Candale avait été mal accueillie; car il ne s'engage à lui obéir et à lui faire obéir, que comme témoignage très-marqué de sa propre soumission envers le cardinal. Il se plaint, en outre, de la dureté avec laquelle les agents des finances pressurent la Guyenne et le Languedoc, non-seulement pour pourvoir sur place à l'entretien des troupes, mais encore pour répondre aux autres nécessités du gouvernement, en envoyant de l'argent à la Cour :

[1] Lettre en entier de la main de son auteur, *Archives nationales*, KK, 1219, p. 482; publiée par M. Tamizey de Larroque dans les *Archives historiques* du département de la Gironde.
L'auteur de cette lettre est Pierre de Berthier, évêque de Montauban du 8 septembre 1652 au 25 juin 1674. Il venait de succéder à Anne de Murviel dont il avait été sacré coadjuteur, sous le titre d'évêque d'Utique, le 6 avril 1636.

« A Auch, ce 26ᵉ octobre 1652.

« Monseigneur,

« J'ai receu aujourd'hui deux lettres dont il a plu à Vostre Eminence m'honorer, du 13 et du 17ᵉ de ce mois. J'escris à M. de Colbert pour le prier de faire tenir la présente à Vostre Eminence par laquelle elle sera, s'il luy plait, assurée de la continuation de mes respects et de ma fidélité et que je feray icy toutes les choses possibles non seulement pour maintenir l'armée, mais pour la fortifier, puisque c'est le seul service effectif qu'on puisse rendre à Leurs Majestés et à Vostre Eminence; mais à dire la vérité messieurs des finances me donnent eux seuls plus d'inquiétude que l'armée et la Guyenne ensemble; car ils prétendent, outre l'entretien de tant de troupes, tirer des sommes si considérables que dix autres provinces ne les fourniroient pas si elles avoient été foulées un an sans relâche à l'égal de ce pays. De plus, Monseigneur, ils agissent de sorte et si ouvertement qu'ils donnent entier dégoût aux officiers qui croient à tous moments qu'on veut envoyer à la court ce qui leur a esté promis pour leur solde. J'en ay escrit à M. Le Tellier de la bonne sorte et n'ai pas aussi célé mes sentiments à M. le Surintendant qui ruineroit à la fin l'armée dans l'espérance de tirer quelques fonds de ces deux généralités. Il estoit expédient de me laisser satisfaire les traités sans qu'il parut à tous moments des émissaires et puis en suitte je luy aurois envoyé tout l'argent que j'aurois pu.

« Je ne manquerai pas de rendre et de faire rendre à M. le duc de Candale toute l'obéissance possible, puisque Vostre Eminence me fait l'honneur de me le commander. Je serois ravy de pouvoir aussy donner marques effectives à M. de Saint-Luc de l'entière soumission que j'aurai toute ma vie à ses volontés ; mais certes, Monseigneur, il est impossible qu'une province où sont présentement la guerre, la peste et la famine puisse satisfaire tous ceux qui souhaittent encore un tiers de l'argent, et quoique la netteté de mes mains et fidélité que j'ai eue dans mes emplois m'aient mis à bout, j'ay montré l'exemple à tous ceux qui ont des intérests particuliers, car j'ay renvoyé une assignation de soixante mil livres que Vostre Eminence m'avoit fait donner sur la généralité de Montauban, affin que l'armée ne puisse pas m'imputer que je me sois préféré à leur satisfaction. J'ay aces de connaissance des guerres civiles pour savoir que si celle de France continue, qu'il faut des armées pour remettre l'autorité du souverain et qu'on ne peut les maintenir qu'avec de l'argent. Les vieilles compagnies ont touché quatre mil francs chacune et les nouvelles deux ; et si l'on m'envoye non pas une augmentation de fonds, mais un ordre pour prendre les derniers cinquante mil écus qui me sont accordés par préférence à la maison du Roy, le reste leur sera payé sans remise et tout comptant pour les mettre en estat de marcher partout où Vostre Eminence l'ordonnera. La seule cavalerie a desjà touché six cent vingt-deux mil livres, sans l'infanterie qui est payée sans le pain, et toutes les autres despenses et les officiers généraux ; et j'ose dire à Vostre Eminence que je suis moi-même estonné d'où je puis avoir tiré tant de fonds sans avoir esté secouru de quoique ce soit et dans les désordres des troupes que j'ai plus à combattre que les peuples.

« Je suis avec toute la fermeté et la passion que je dois

« de Vostre Eminence,

« Monseigneur,

« très humble, très obéissant, très fidèle serviteur,

« TRACY[1]. »

Chemin faisant à travers la Guyenne, en dirigeant sa marche vers la Catalogne, le marquis du

---

[1] Lettre inédite écrite en entier de la main de son auteur, Archives nationales, KK, 1219, p. 479.

Alexandre de Prouville, marquis de Tracy, était lieutenant-général des armées et conseiller du roi en ses conseils. Voy. sur lui, t. III, p. 235.

Plessis-Bellière avait mis le siége devant Sainte-Bazeille [1], et s'en était emparé à discrétion ; ensuite il séjourna à Agen pour y attendre la concentration des divers corps qui devaient former le secours destiné à la Catalogne. Il apportait particulièrement ses soins à rétablir la discipline parmi les troupes. Ce chef militaire n'avait garde de ne pas correspondre avec le cardinal Mazarin; nous extrayons d'une de ses lettres inédites les passages les plus importants :

« J'ai trouvé l'armée de Guyenne dans une si grande licence que ce ne sera pas un petit miracle si je la puis faire obéir promptement pour l'exécution de ce voyage et supplie très-humblement Vostre Eminence de voir que quand je debvrois y aller seul, je ne manqueray pas à faire toute la diligence imaginable et que je n'y perdray aucun moment. Messieurs le chevalier de Créquy et de Bellefond ont accepté la fatigue de ce voyage de fort bonne grâce et servent beaucoup pour la consolation des troupes qui doibvent marcher. Je la supplie très-humblement de leur en tesmoigner gratitude. Je serois parti plus tost si j'avois eu les ordres positifs du destachement des troupes lesquelles n'ont esté rendues ni à M. de Sauvebeuf,

---

[1] Sainte-Bazeille, petite ville de 2,000 habitants, située près de la rive droite de la Garonne à 6 kilomètres de Marmande, fait aujourd'hui partie du département de Lot-et-Garonne.

ni à moy, que le quinze courant devant Sainte-Bazeille dont j'ay fait le siége en attendant lesdits ordres, afin que mon passage en cette province ne fut pas inutile au service du roy. Nous l'avons prise à discrétion et toute la garnison qui estait composée du régiment de Galapian et de cent cinquante hommes destachés de Conty, lesquels faisoient en tout trois cents hommes de pied et quarante officiers.

« Depuis ce temps nous avons passé la Garonne et tousjours marché pour aller à Grenade où M. de Tracy se doibt retrouver pour exécuter les promesses qu'il a ce jour d'huy faictes aux troupes, y travaillant de fort bon pied, et quoique ce soit le service du roy, je ne laisse pas de lui estre obligé en mon particulier des soings et du tracas qu'il se donne pour cette affaire. J'espère, Monseigneur, que ce voyage ne sera pas une des moindres preuves de mon obéissance, et n'estoit la confiance que j'ay en la bonté de Vostre Eminence, j'aurois eu peine à l'entreprendre, estant tout à fait contraire à mon tempéramment et la ruine de ma famille, etc. [1].

Cette lettre était promptement suivie de cette autre :

[1] Lettre inédite datée d'Agen, le 27 octobre 1657, *Archives nationales*, KK, 1219, p. 485.

« Monseigneur,

« Quoiqu'il n'y aît que deux jours que je me suis donné l'honneur d'escrire à Vostre Eminence,
ne puis m'empescher de donner la présente à M. du Coudret qui s'en va la trouver, et luy apprendre la prise de M. de Bougy et le préjudice qu'elle apporte aux affaires du roi. Il est fort à propos que Vostre Eminence fasse réflexion sur toutes les choses qu'elle apprendra de sa bouche et qu'elle le renvoye au plus tost. Je la puis assurer qu'il n'y sera pas inutile et que l'on a besoin icy d'estre bien secondé.

« Le bruict est fort grand dans ce pays icy de la prise de Barcelonne, cela n'empeschera pas que je ne marche droit en Roussillon suivant ses ordres que j'en ay eu cy-devant. Je supplie très-humblement Vostre Eminence d'estre persuadée que je ne trouveray jamais rien de difficile lorsqu'il s'agira de son service ou de sa satisfaction ; elle me considérera, s'il lui plaist, en cette manière en me faisant l'honneur de croire que je suis,

« Monseigneur,
« Votre très-humble, très-obéissant et très-fidelle serviteur,

« Plessis-Bellière. »

« A La Chapelle, ce 3 novembre 1652. »

« Vostre Eminence verra par la copie que je luy envoye du refus qu'a fait le régiment de Lorraine signé des officiers, combien sont nécessaires les ordres que j'ay demandés. Champagne fait aussi quelques difficultés ; mais j'espère qu'on le pourra résoudre. Mes ordres estant de prendre les troupes après qu'elles auroient receu ce qui leur estoit deub, et jugeant bien qu'elles ne marcheroient pas volontiers sans cela, j'ay pris de petites villes et je travaille depuis que je suis en Guyenne à leur faire payer. Enfin je puis asseurer Vostre Eminence que je n'ay rien négligé [1]. »

Pendant la marche à travers la Guyenne du marquis du Plessis-Bellière, l'armée royale fut en effet privée de l'un de ses plus braves et brillants officiers : le marquis de Bougy croyait rejoindre un corps de cavalerie auquel il avait donné rendez-vous au Port-Sainte-Marie, lorsqu'il tomba au milieu d'un escadron du colonel Balthazar qui avait prévenu dans ce poste le détachement de la cavalerie royale. Le marquis fut envoyé prisonnier à Bordeaux où il reçut du prince de Conti le meilleur accueil. Ce prince le traita splendidement à souper et lui rendit sa liberté, avec faculté d'aller à la cour ; mais à la condition qu'il ne porterait plus les armes dans la Guyenne.

[1] Lettre inédite, *Archives nationales*, KK, 1219, p. 489.

La prise du marquis de Bougy était importante, parce qu'au milieu de l'état de désorganisation où le départ du comte d'Harcourt avait laissé l'armée royale en Guyenne, il était presque le seul officier d'un mérite supérieur qui fût resté dans cette armée [1].

Le colonel Balthazar auquel ses différents avec e comte de Marsin inspiraient le désir de vendre son régiment et de servir sous un autre chef, chargea le marquis de Bougy, que son voyage à la cour allait rapprocher du prince de Condé, d'obtenir de ce prince l'autorisation de rejoindre sa personne. Les communications fréquentes des deux armées rendaient cette commission facile.

---

[1] Jean Révérend, marquis de Bougy, d'une noble et ancienne famille de Basse-Normandie, était le plus jeune de seize frères ou sœurs. Après la paix de 1653, il servit en Catalogne sous le prince de Conti jusqu'en 1657, où il alla à Montpellier se faire soigner d'une maladie de poitrine contractée pour avoir passé une nuit sur les montagnes où pendant son sommeil il avait été tout couvert de neige. Il n'y trouva point la guérison, et mourut à Callonge, en 1658, n'étant âgé que de quarante ans. Il était alors lieutenant général, et son mérite l'eût poussé plus loin encore s'il n'eût appartenu à la religion protestante. Aux instances de la reine-mère et du cardinal Mazarin pour le faire changer de religion, il avait répondu : « Que s'il pouvait se résoudre à trahir son Dieu pour un bâton de maréchal de France, il pourrait trahir son roi pour beaucoup moins; et qu'il était incapable de l'un et de l'autre, se contentant de voir que l'on était satisfait de ses services et que sa religion empêchait seule qu'il en reçût la récompense. Voy. la *Nouvelle Biographie générale*, et sur son mariage avec mademoiselle de Callonge, la *note* du tome I, p. 377.

Balthazar ne dissimule aucunement cette démarche dans ses *Mémoires;* mais il se garde de dire que, dans le même temps, il avait entrepris des pourparlers avec le marquis de Saint-Luc pour abandonner les princes et même pour entraîner dans sa défection une partie de leur armée. Nous en devons l'intéressante révélation jusqu'ici tout à fait ignorée, à cette lettre du chevalier d'Aubeterre au cardinal Mazarin :

« Monseigneur,

« Je me suis desjà donné l'honneur d'escrire à Votre Eminence de quelle importance estoit l'arrivée de M. de Candale. Je la puis assurer qu'il n'y a rien de si nécessaire après la séparation des troupes qui vont en Catalogne. Il ne nous reste à nous commander que M. de Sauvebeuf, Bougy ayant esté fait prisonnier s'en allant à Marmande. De ma part, je contribueray de mes soings, tout autant qu'il me sera possible, afin que les choses aillent bien et que les ennemis ne se prévalent point de nostre faiblesse. Il ne nous reste peu ou point d'infanterie, c'est-à-dire un régiment nouveau de Bresse où il n'y a quasi personne. Pour la cavallerie, nous avons mille chevaux de reste à peu près. Il est nécessaire que Vostre Eminence soit advertie que le régiment de Champagne refuse de marcher en Catalogne, cela fait balance. Le reste de l'infanterie, mesme le régiment de Lorraine, s'est joint avec luy. Cela retarde jusques icy la marche de M. du Plessis-Bellière qui sans cela seroit desjà bien advancé. Il y a déjà deux jours que je suis à Montauban pour les affaires de mon régiment ; peut-estre que depuis ce temps là, il les aura peu résoudre. Je n'ay pourtant reçeu aucunes nouvelles.

« M. de Saint-Germain-Dachon [1] qui commande depuis cette année la cavallerie de M. de Saint-Luc, me donne un advis que je trouve bien important. Il m'a dit qu'il a un moyen fort assuré pour retirer Balthazar du parti de M. le prince. Balthazar a un prétexte spécieux pour le quitter, à ce qu'il luy mande; de plus, il se fait fort d'enmener une grande partie des troupes de ce parti. Il demande que Vostre Eminence fasse quelque chose de solide pour luy. Si Vostre Eminence ne veust point négliger cet advis, il faut qu'en toute diligence elle me fasse savoir de ses nouvelles et me fasse l'honneur de me mander à quoy je puis engager sa parolle sur ce subject.

« Je supplie très-humblement Vostre Eminence de mander à M. le surintendant de me changer l'assignation que j'avois sur la généralité de Mon-

[1] De la maison de Saint-Germain d'Apchon citée dans le P. Anselme.

tauban, sur celle de Bordeaux ; c'est pour une de mes compagnies nouvelles. Je ne doubte point que M. le surintendant n'en soit bien ayse, espérant toucher de l'argent de celle de Montauban et n'ayant rien à espérer de celle de Bordeaux.

« Pour le coup mon régiment est tout à fait remis de l'échec que messieurs nos généraux luy avoient causé, je puis dire assez mal à propos, durant le temps que j'estois à la cour. J'y employeray le tout pour le tout comme aux choses qui regarderont Vostre Eminence, puisque je suis à elle contre toutes les personnes du monde,

« De Vostre Emminence
le très-humble, très-obéissant et très-fidelle serviteur,
Le chevallier d'AUBETERRE. »

« A Montauban, ce 3 novembre 1652 [1]. »

Sur ces entrefaites, le bruit qui commençait à courir de la prise de Barcelone, ne tarda pas à se confirmer. Don Juan d'Autriche, après avoir repris la majeure partie de la Catalogne, en assiégeait la capitale depuis quinze mois. La disette des vivres contraignit le maréchal de La Motte-Houdancourt à capituler, le 12 octobre. A l'exception du port et de la place de Rozes et de quelques localités

[1] Lettre inédite, *Archives nationales*, KK, 1219, p. 419.

peu importantes, la Catalogne fut perdue pour la France, après une possession de douze années [1].

Les troupes qui marchaient au secours de Barcelone arrivaient trop tard; et presque toute l'armée française de Catalogne repassant les Pyrénées, vint sous la conduite du comte de Mérinville [2] se placer, en Guyenne, sous les ordres du duc de Candale.

[1] Voy. les *Mémoires* de Monglat.
[2] Le comte des Monstiers-Mérinville, d'une ancienne maison de Limousin; son fils fut un des prétendants à la main de Mlle de Sévigné.

CHAPITRE XLI.

Opérations militaires dans l'Aunis et la Saintonge après le départ du marquis du Plessis-Bellière. — Renseignéments tirés de la correspondance inédite de MM. d'Estissac et de Jonzac. — Difficultés sur le rang entre les régiments de la Meilleraye et de Montausier. — Combat sur les bords de la Seudre entre les troupes des comtes d'Estissac et du Dognon. — Pointe poussée en Saintonge par le comte de Marsin. — — Sa rapide retraite. — La place de Saint-Seurin escaladée par surprise. — Prise de Mortagne. — Mécontentement du marquis de Montausier contre le comte d'Estissac. — Indiscipline du chevalier d'Albret. — Expédition demandée en Périgord. — Inquiétudes causées par la présence du prince de Marcillac dans l'Angoûmois. — Lettre inédite du marquis de Montausier à Le Tellier, du 14 novembre. — Circulaire inédite du gouverneur d'Angoulême. — Lettre inédite du marquis de Montausier à Le Tellier, du 18 novembre. — — Satisfactions données ou refusées aux demandes ou aux plaintes de M. de Montausier. — Le comte d'Estissac privé de son commandement. — Ses troupes, à l'exception d'un régiment, envoyées au duc de Saint-Simon, gouverneur de Blaye. — Ordre inédit, du 21 décembre, prescrivant ces mesures.

(1652.)

L'Aunis et la Saintonge s'étant trouvés dégarnis de la majeure partie des forces qui les occupaient par le départ pour la Catalogne du marquis du

Plessis-Bellière, le comte de Marsin crut le moment favorable pour y faire une diversion. Son but était de dégager définitivement la place de Brouage toujours menacée. Il nous faut donc remonter aux faits qui se passèrent dans ces deux petites provinces. Le marquis du Plessis-Bellière n'y avait laissé qu'un corps d'observation sous les ordres du comte d'Estissac subordonné à la direction supérieure du marquis de Montausier toujours retenu à Angoulême par sa convalescence.

Le comte d'Estissac voulut saisir cette occasion d'illustrer la période de son commandement par une notable expédition; et, sans ordres bien précis, il passa du rôle de l'observation à celui de l'agression. La plume de nul historien, nous ne croyons pas nous tromper, n'a raconté les faits qui se sont passés dans ce coin du théâtre de la guerre civile; mais ce récit ignoré existe retracé de la main même des acteurs principaux qui y ont participé.

Nous regrettons que le cadre de notre ouvrage, quelque étendu qu'il soit déjà, ne nous permette pas de donner les lettres de MM. de La Rochefoucauld d'Estissac et de Jonzac; mais nous raconterons d'après eux, et nous donnerons en entier deux lettres écrites par le marquis de Montausier.

Dans ce petit corps d'armée, comme parmi toutes

les troupes, à cette époque, les difficultés entre les régiments n'étaient pas une des moindres à surmonter pour les généraux. Ceux-ci n'étaient même pas investis de l'autorité nécessaire pour trancher ces difficultés, les régiments n'acceptant volontiers qu'une décision émanant du roi lui-même. Quelques fâcheuses que fussent ces rivalités, elles avaient néanmoins un brillant côté d'honneur et de valeur militaire, car ces contestations étaient basées sur le droit réclamé de marcher au feu les premiers. Ce droit n'était pas toujours bien clairement défini : il résultait tantôt de l'ancienneté des régiments, tantôt de l'éminence plus ou moins considérable des mestres du camp ou des colonels dont ils portaient le nom. Or des rivalités de cette nature existaient entre les régiments de La Meilleraye et de Montausier. La cour se croyait à tel point obligée, dans un but dont l'utilité ne saurait échapper, à ménager ces susceptibilités, qu'elle ne prit sur elle de trancher la difficulté que pour un mois, en sorte que le mois écoulé, rien n'empêchait qu'elle ne pût renaître.

Le comte d'Estissac assigna à ces deux régiments, ainsi qu'à quelques autres corps de troupes, pour point de concentration le village de Champaigne, près de Pont-l'Abbé, à mi-chemin entre Soubise et Marennes. Il ne put obtenir de faire passer la Charente aux deux régiments rivaux, qu'après l'arrivée de M. de Villoutreys porteur du règlement de leur contestation arrêté par la cour. Après une journée de rafraîchissement pris à Champaigne, le 24 octobre, le comte d'Estissac fit marcher ses troupes la nuit, espérant enlever par surprise une ligne de retranchements qui couvrait Brouage, en s'étendant depuis les marais salants de la rivière de Seudre, jusqu'à ceux de Brouage ; mais n'ayant pu y arriver avant le jour, il se résolut à une attaque à force ouverte. Ce retranchement fort large relevé du côté de la défense d'un bon parapet, était gardé au lieu dit du Pas-de-Marennes par un détachement de soixante hommes du régiment d'Enghien commandés par un capitaine ; à l'endroit de l'écluse ou de la chasse, ce retranchement était gardé par un capitaine du régiment du Dognon avec cinquante hommes de ce corps. Soixante maîtres, des gardes du comte du Dognon, disposés en deux escadrons, étaient placés comme soutien un peu en arrière. Le reste des troupes du comte, au nombre de sept cents hommes d'infanterie, formait une ligne de bataille à cinq cents pas du marais et de la chaussée qui va à Hiers.

Le comte d'Estissac confia l'attaque sur sa droite, du côté de la chasse, au marquis de Breval, à la tête des régiments d'infanterie de Montausier, d'Estissac, de Rouannès et du régiment de cavalerie de Villevert, lui donnant l'ordre d'opérer un mouvement tournant à l'effet de couper la retraite à l'ennemi du côté du marais. Cette opération avait été confiée au marquis de Breval, en raison de la connaissance particulière du pays qu'il avait acquise, ayant servi sous le marquis du Plessis-Bellière. Le comte d'Estissac prit lui-même le commandement de sa gauche formée du régiment de la Meilleraye, de la compagnie des gens d'armes de Rouannès et d'un débris de la compagnie franche de Noailles, gardant auprès de lui Villoutreys [1] comme maréchal de bataille. Toutes les dispositions étant arrêtées, la prière fut ordonnée, digne préliminaire d'un combat ; quand elle fut finie, les soldats jetèrent leurs chapeaux en l'air aux acclamations répétées de : Vive le roi ! suivies d'une impétueuse attaque. Cet élan jeta la panique dans les rangs ennemis qui lâchèrent pied trop vite pour donner à Breval le temps nécessaire pour effectuer le mouvement tournant destiné à couper leur retraite. Les fuyards vivement poursuivis, se jetèrent dans le marais, laissant vingt prisonniers dont un officier entre les mains des troupes royales. Resté maître du terrain le comte d'Estissac garda ses troupes en bataille, le reste du jour, escarmouchant de loin avec l'ennemi

---

[1] Le comte d'Estissac avait épousé la sœur de M. de Villoutreys. Voy. l'*Histoire généalogique* du P. Anselme.

qui n'osa tenter aucun retour offensif. A la nouvelle de ce combat engagé, le comte du Dognon qui se trouvait à Oléron, revint à Brouage, en toute hâte, mais il ne put arriver que lorsque l'affaire était terminée [1].

Cette rencontre dont les résultats eussent été plus considérables si la retraite des troupes des princes eût été coupée, assura néanmoins la possession de Marennes au comte d'Estissac ; mais son plus grand avantage fut de remonter l'ardeur et la confiance des troupes royales. Cet échec ne laissa pas d'inspirer dans le parti des princes des inquiétudes pour la sécurité de la possession de Brouage, et détermina la tentative d'expédition que le colonel Balthazar rapporte en deux lignes dans ses *Mémoires*, en disant que le comte de Marsin quitta un instant la Guyenne avec de l'infanterie et du canon pour s'avancer jusqu'à Antignac, dans la Saintonge. Les documents authentiques et inédits sur lesquels nous appuyons ce récit, établissent qu'il s'avança de Bourg jusqu'à Montendre ; mais il fit suivre ce mouvement rapide en avant, d'un mouvement non moins rapide de retraite sur

---

[1] Nous rapportons ces faits d'après un rapport inédit du comte d'Estissac à Le Tellier, daté de Marennes, le 26 octobre 1652. *Archives du ministère de la guerre*, vol. 134. Nous devons aussi à M. Audiat, bibliothécaire de la ville de Saintes, communication d'une relation de cette affaire imprimée en 1652, conforme en tous points au rapport de M. d'Estissac.

Guitre [1] et Libourne. Général habile et prudent, il s'aperçut certainement qu'il aurait à soutenir une lutte plus longue et plus difficile qu'il ne lui eût convenu. Il ne voulut rien hazarder sur ce terrain, afin de revenir dans la Guienne parer à des éventualités que rendait redoutables la rentrée en France de l'armée royale de Catalogne.

Cette retraite précipitée laissa Brouage sans soutien et dut avoir une influence décisive sur la conduite ultérieure du comte du Dognon; elle délivra la Saintonge de toutes sérieuses inquiétudes, ne la laissant plus exposée qu'aux désordres que commettaient malheureusement les troupes royales elles-mêmes.

Néanmoins sur la rive droite de la Gironde le parti du roi perdait la petite ville de Saint-Seurin enlevée par une ruse de guerre. Des marchands de Bordeaux y étaient venus sous le prétexte d'acheter du blé; pendant le mesurage, deux hommes, qui les accompagnaient déguisés en matelots, prirent la hauteur des murailles. Au milieu de la nuit suivante, une frégate débarque une soixantaine d'hommes munis d'échelles de la longueur nécessaire. La muraille du château est escaladée, la sentinelle surprise, le gouverneur sautant au bas de son lit pour accourir au bruit qu'il entend, est

[1] Ce bourg est aujourd'hui chef-lieu de canton dans le département de la Gironde.

saisi et fait prisonnier. La garnison n'était composée que de huit hommes, bien que le gouvernement de la place d'un revenu de dix à douze mille livres fût attribué à Château-Chesnel [1] à la condition d'entretenir cinquante soldats.

Mortagne [2] venait d'être pris, n'ayant pour défense qu'une garnison moindre encore ; à la première approche, les trois hommes qui la composaient s'étaient enfuis d'épouvante [3].

La perte de cette petite place conservait à l'ennemi un accès dans la Saintonge et contribuait surtout à lui assurer sur la Gironde la liberté de la navigation que Blaye était loin d'intercepter suffisamment ; aussi le marquis de Montausier engagea vivement M. d'Estissac à la reprendre. Le gouverneur d'Angoulême aurait voulu encore qu'un effort fût tenté du côté du Périgord, afin de soustraire entièrement cette contrée à la domination de la Fronde de Bordeaux. Il se tient pour assuré que les intelligences qu'il y possède et qu'il énumère suffiront à ce résultat, pour peu qu'elles soient appuyées. Enfin il considère comme

[1] D'une famille alliée à la maison de La Rochefoucauld. Voy. l'*Histoire généalogique* du P. Anselme.

[2] Petit port au-dessus de Royan, sur la rive droite de la Gironde.

[3] Fait tiré d'une lettre inédite du comte de Jonzac à Le Tellier, datée de Marennes, le 11 novembre 1652. *Archives du ministère de la guerre*, vol. 134. Voy. sur le comte de Jonzac, la *Note* du tome 1er, p. 337.

un danger sérieux pour la conservation d'Angoulême sous l'autorité du roi, la présence dans ses terres du prince de Marsillac, fils du duc de La Rochefoucauld, qui, sous prétexte de chasse, entretient avec la noblesse du voisinage des rapports qui peuvent devenir dangereux. Il redoute plus encore l'arrivée annoncée du duc de La Rochefoucauld lui-même; bien que celui-ci soit imparfaitement rétabli de la blessure qu'il a reçue au combat du faubourg Saint-Antoine. Sur toutes ces demandes, sur toutes ces plaintes, sur tous ces faits et sur toutes ces craintes, le marquis de Montausier s'explique en ces termes, avec le ministre Le Tellier :

14 novembre 1652.

« Monsieur,

« Les dernières lettres que je me suis donné l'honneur de vous escrire estoyent si longues que j'ay peur que leur longueur ne vous ayt empesché de les lire, car je n'en ay point eu de responce. Je voudrois bien ne vous pas tant importuner; mais je vous assure que je ne le fais que quand la nécessité des affaires m'y oblige, comme à présent que je suis obligé de vous faire sçavoir que les ennemis, sous la conduite de Marchin, s'estoyent avancés pour entrer en Xaintonge du costé de Bourg avec cavalerie, infanterie et canon; mais M. d'Estissac et moy ayant aussy fait marcher nos troupes pour les joindre ensemble, les ennemis se sont retirés; ainsy nous en voilà quittes pour cette fois; mais cela n'a pas laissé de nous attirer une ruyne espouventable par nos troupes mesmes qui ravagent et désolent tout le pays; à quoy il n'y a nul remède qu'en les en esloignant; car ceux qui les commandent font pis que les moindres soldats. C'est pourquoy, Monsieur, je vous supplie très-humblement de ne nous point donner de quartiers d'hyver en ce pays pour les raisons qui ne sont que trop longuement déduites dans mes lettres précédentes, ce qui n'empesche de vous en importuner encore par celle-cy.

« Je ne dois pas vous laisser ignorer non plus que le sieur de Chasteau-Chesnel, gentilhomme de ce pays, qui pour avoir bien servy dans Coignac durant le siège, avoit obtenu du Roy le gouvernement de Saint-Seurin qui est un chasteau de Xaintonge scitué sur la Gironde quatre lieues au-dessus de Royan, s'est laissé surprendre avec sa place par les ennemis qui, estant venus la nuit par eau avec soixante hommes seulement, l'emportèrent par escalade, ce qui marque qu'il entretenoit fort peu de gens dans sa garnison, quoyque le Roy luy en payast cinquante. Il rejette sa perte sur la négligence de quelque sergent et de quelques soldats; mais quoy qu'il en soit, il a fait une estrange faute, laquelle coustera la ruyne à la moitié de la Xaintonge; mais pour l'éviter, autant qu'il sera possible, j'ay sollicitté M. d'Estissac de l'attaquer avec les troupes que nous avons ensemble; c'est une chose facile et dont je ne voys aucune raison qui l'en puisse empescher. Je n'ay pas encore eu de responce de luy là-dessus; mais, Monsieur, soit qu'il fasse cette petite entreprise, soit qu'il la néglige, il seroit tout à fait important pour le service du Roy que nos troupes jointes ensemble marchassent en Périgord; il y a dans cette province plusieurs communautés [1] et quelques-uns de la noblesse qui me demandent cela avec une ardeur qui n'est pas imaginable, m'assurant qu'avec quelques ordres et quelques lettres qu'ils ont voulu que j'envoyasse en ce pays-là, on y feroit des progrès considérables pour le service du Roy, me promettant que, pourvu qu'ils se voyent appuyés de quelque corps de troupes un peu considérable, d'y faire joindre pour le moins deux mille hommes pour reprendre toutes les petites places que les ennemis tiennent en Périgord par le moyen desquelles ils assurent

---

[1] Le nom de *communautés* servait souvent à désigner les communes; en Provence, il était même toujours employé; les anciennes assemblées des États y étaient appelées assemblées des Communautés depuis certaines restrictions apportées à leur composition et à leur autorité.

qu'on réduiroit les habitants de Périgueux à se remettre dans leur devoir, et ces propositions ne sont pas sans fondement, car les habitants de Périgueux sont les maistres dans la place, la garnison estant fort peu de chose, ce qui m'a obligé par le moyen de quelques-uns d'eux qui ont esté bannis, de tenter quelque négociation avec les autres à qui je promis de la part du Roy toute sorte de bon traitement. J'y ai fait aussy envoyer quelques copies de l'amnistie; mais je n'ay pas encore de responce du succès que cela aura eu. Ceux qui me servent le plus en cela sont le sieur de Chastillon, président au présidial de Périgueux, le sieur de la Pouyade[1], gentilhomme de ce pays-là, le sieur de Valboulet, vice-sénéchal de Périgueux, et le sieur de Vincenot, receveur des tailles de Périgueux. Il y a encore un conseiller du siège, mais j'en ai oublié le nom. Tous ces gens-là font ce qu'ils peuvent pour servir le Roy dans leur province, et me sollicitent incessamment d'y contribuer; c'est pourquoy, Monsieur, si vous jugiez à propos de m'envoyer une lettre du Roy pour chacun d'eux qui leur tesmoignât que Sa Majesté leur sçait gré de l'affection que je luy ay fait sçavoir qu'ilz avoyent pour son ser-

---

[1] Le château de la Pouyade, près de Nontron, appartient aujourd'hui à M. le marquis de La Garde; il s'agit probablement d'un de ses aïeux.

vice, cela leur donneroit plus de courage de continuer à bien faire qu'une récompence considérable.

« Si vous me faites l'honneur de m'envoyer ces dépesches, je les leur feray tenir. Il y a aussy deux petites villes en ce pays-là de l'affection et du zèle desquelles pour le service du Roy je suis obligé de vous rendre tesmoignage, et vous supplier de tout mon cœur de les considérer en les faisant exempter du logement des gens de guerre et de quartiers d'hiver ; car il ne se peut rien ajouster à la fermeté et à la fidélité avec lesquelles elles ont agy contre les menasses et les attaques des ennemis. C'est Nontron et Thiviers [1] dont je vous supplie de vous souvenir du nom, quand il en sera besoin ; cela servira d'exemple pour les autres. Au reste, Monsieur, si les affaires du Roy pouvoyent permettre qu'on envoyast de l'armée de Guyenne en ce pays-là sept ou huit cens chevaux et mille ou douze cens hommes de pied, avec ce que nous avons de troupes en ce pays icy, le Roy seroit infailliblement maistre de toute cette province là en fort peu de temps ; au nom de Dieu songez-y, car rien n'incomoderoit tant Bourdeaux que cette perte, outre les quartiers

---

[1] Ces deux petites villes étaient alors fortifiées ; aujourd'hui la première est un chef-lieu d'arrondissement et la seconde un chef lieu de canton du département de la Dordogne.

d'hiver qu'y pourroyent prendre les troupes qui seroyent employées à cela.

« Pour ce qui regarde l'Angoumois, la permission que le Roy a donnée à M. de Marsillac de demeurer dans les maisons de son père y est fort nuysible ; car sa présence réveille beaucoup de factieux endormis qu'il visitte et dont il est visitté sous prétexte de chasse et de divertissement. On dit qu'on veut donner une pareille permission à M. de la Rochefoucauld ; si cela est je ne respons pas d'Angoulesme, n'y ayant que des bourgeois pour garder la ville qui sont si las de ce mestier que quelque rigueur dont je me serve, je ne les y puis pas obliger, n'y ayant quelquefois que trois ou quatre bourgeois à la garde. De sorte que le voisinage de M. de la Rochefoucauld et de M. de Marsillac est plus dangereux pour cetté ville que celuy d'une armée ennemie ; car le bruit de celle-cy obligeroit les habitans à se tenir sur leurs gardes par la peur qu'elle leur feroit, à quoy ces deux Messieurs ne les obligeroyent pas faisant semblant de ne s'occuper qu'à la chasse, outre que si les ennemis entroyent en ce pays par quelque endroit, ces gens icy se pourroyent scervir de l'occasion, durant qu'on s'opposeroit à cet orage. Ainsy, Monsieur, la demeure de personnes aussy suspectes que celles-là dans leurs maisons ne peut estre que très-pernicieuse au service du

Roy, et je vous conjure de faire révoquer celle du fils, et refuser celle du père. Ce n'est point mon intérest qui me fait parler en cecy, car j'ay toute ma vie esté leur amy; mais c'est le service du Roy au prix duquel je ne considère personne [1]. »

Le marquis de Montausier pour provoquer l'élan dont il espère obtenir la délivrance du Périgord, fait partir la circulaire suivante pour les châteaux et pour les villes de son gouvernement :

« Messieurs,

« Vous avez donné des preuves si asseurées de vostre zèle et de vostre fidélité au service du Roi contre les attaques fréquentes de ses ennemis, que vous recevrez sans doubte avec joye le commandement que je vous fais de la part de Sa Majesté de faire paroistre ce mesme courage et ceste mesme fidellitté hors de vos murailles, s'agissant de restablir l'authorité du Roy dans sa province de Périgord, afin de vous faire raison des violances de ses ennemis et des pertes que ces rebelles vous ont causées. Je m'asseure que les honnestes gens et les plus braves de vostre commandement seront ceux qui marcheront et qui prendront part dans un dessain sy glorieux et sy légitime. Bien que les troupes de Sa Majesté

---

[1] Lettre inédite; *Archives du ministére de la guerre*, vol. 134.

eussent peu seules chasser les troupes du Périgord, on a jugé en vostre faveur que la trop grande quantité causeroit une famine dans vostre pais qui ne devra son salut qu'à vostre devoir et vostre fidellitté. J'attends incontinent vos députtés pour recepvoir nos ordres sur ce subject, m'assurant que vous n'y manquerez pas et que l'exemple de Paris qui a recogneu ses fautes et fait tous ses efforts pour les effacer par son obéissance, vous donnera autant de courage dans ce dessain qu'il vous a donné de joye quand vous en avez aprins la nouvelle. Sa soubmission et celle de Monseigneur le duc d'Orléans aux volontés du Roy doibt obliger tout le monde à faire son debvoir. Je m'assure que vous ferez le vostre et que vous me croirez comme je vous escripts,

« Messieurs,
Vostre très-affectionné serviteur
MONTAUSIER. »

« D'Angoulesme, ce 14 novembre 1652 [1]. »

La circulaire du marquis de Montausier fut impuissante à produire les résultats qu'il en avait espérés ; d'ailleurs la condition essentielle, le mou-

---

[1] Circulaire inédite; Papiers de Lenet; Bibliothèque nationale, 6711, f° 196.

vement de soutien par des troupes régulières, ne put avoir lieu par suite de circonstances contraires : le comte d'Estissac refusa de la manière la plus absolue son concours, soit pour reprendre la place de Saint-Seurin, soit pour tenter une expédition en Périgord. D'ailleurs des démêlés entre les régiments et le désordre qui règne parmi les troupes, en font des auxiliaires bien moins utiles que dangereux ; aussi le marquis de Montausier ne pouvant s'en servir pour arriver à ses fins, voudrait-il au moins en délivrer la province qu'il gouverne. Les chefs eux-mêmes donnent l'exemple de l'insubordination. Un acte de désobéissance commis par le chevalier d'Albret[1] qui ne peut pas détacher sa vue des girouettes du manoir de Pons, exaspère le gouverneur d'Angoulême ; il exhale ses plaintes à Le Tellier dans cette seconde lettre :

---

[1] Henri, chevalier d'Albret, d'une branche bâtarde, porta dans la suite le titre de marquis et les armes d'Albret, sans brisure de bâtardise. Le chevalier d'Albret était arrière petit-fils d'Henri d'Albret, baron de Miossens, issu du mariage de Jean d'Albret avec Suzanne de Bourbon-Busset. Il épousa Antoinette de Pons, comtesse de Marennes ; ce motif était certainement celui pour lequel le chevalier ne voulait pas détacher sa vue des girouettes du château de Pons. Voy. sur la généalogie des bâtards d'Albret les *Mémoires du duc de Saint-Simon*.

« Monsieur,

« Quelque dessein que j'aye de ne vous point importuner, je ne puis m'empescher de le faire souvent ; et après de si longues lettres que je me suis donné l'honneur de vous écrire depuis peu, j'espérois de vous laisser quelque temps en repos ; mais je suis obligé de vous dire que quelques raisons que j'aye alléguées à M. d'Estissac et quelques instances que je lui aye faites pour attaquer le chasteau de Saint-Surin, je n'ay jamais seu l'y obliger, quoy que ce dessein fust absolument nécessaire par les raisons que je vous en ay mandées et qu'il n'y eust rien au monde si aisé que de l'exécuter ; c'est une grande pitié que de vouloir avoir des troupes à commander seulement pour manger le peuple, et ne vouloir jamais faire la guerre.

« La cavalerie que j'ay sous ma charge et ceux qui la commandent sous moy en font de mesme, je ne vous dis que ce mot en passant des uns et des autres ; car vous sçavez bien que ce n'est pas mon accoutumance de rendre mauvais offices à personne. Ces derniers demandent fort d'entrer en quartier d'hiver ; si vous le leur donnez en mon gouvernement, il est absolument ruyné et l'on n'en pourra plus rien tirer.

« Puisque j'en suis sur les plaintes, je ne puis,

Monsieur, vous céler le tour que M. le chevalier d'Albret m'a fait en tirant son régiment hors du corps que je commande pour le mettre dans celuy de M. d'Estissac, afin d'avoir moyen par là d'estre plus proche de Pons dont il ne se peut résoudre à quitter la girouette et de piller toute la Xaintonge. Il a fait cela non seulement sans mon ordre; mais encore il a refusé d'y obéir, lui ayant écrit de renvoyer son régiment avec le reste de la cavalerie. Je demande raison de ce procédé ; il n'y a point de troupes qui n'en fassent autant, si elles voyent qu'il y ait de l'impunité pour une chose si extraordinaire dans la guerre. Vous me direz, Monsieur, pour quoy je ne fais pas justice moy-mesme ; à cela je vous respondray qu'il faudroit me servir de moyens à quoy je ne veux avoir recours qu'à l'extrémité, qui seroient de faire prendre les armes aux communes et de tailler ce régiment en pièces, ce qui seroit une chose fascheuse, ou bien de prendre le mareschal de camp prisonnier, ce que j'ay desjà fait une fois ; mais je ne voys pas que cela l'ayt fait changer d'humeur. Ainsy il est besoin que le Roy se serve de son autorité, et je vous supplie très-humblement de vous employer pour cela. J'attends cette justice de Sa Majesté et ce bon office de vostre bonté. On ordonnera ce qu'on jugera à propos là-dessus; mais surtout, Monsieur, je vous conjure avec toute l'ardeur possible qu'on esloigne ce régiment de ces provinces pour l'envoyer en quelque armée esloignée et qu'on ne donne point d'employ à M. le chevalier d'Albret dans mon gouvernement, ny dans les troupes qui y viendront, autrement je ne sçaurais pas servir avec satisfaction. Il me semble que le zèle que j'ay pour le service du Roy et la façon dont j'agis en cela me doivent faire espérer cette petite grâce. En voilà trop dit pour mon intérest particulier, cependant il faut que je vous supplie encore de donner audience à celuy qui vous rendra cette lettre sur le démeslé qui est entre mon régiment et celuy de La Meilleraye pour leur rang, dans lequel les prétentions de ce dernier ne sont pas seulement injustes, mais elles sont encore ridicules. Cependant il en peut arriver de très grands désordres, si on ne les règle promptement, ce que je vous supplie très-humblement de faire, et de me croire,

« Monsieur,

Vostre très-humble et très-obéissant serviteur.
MONTAUSIER. »

« D'Angoulesme, ce 18 novembre 1652. »

« Je vous conjure, Monsieur, de ne pas négliger ce que je vous ay mandé par ma précédente touchant la permission qu'on a donnée à M. de Marsillac de demeurer en ce pays-cy et de celle qu'il dit que M. son père a d'en faire de mesme ; rien n'est plus dangereux en ce pays-cy que cela; c'est pour quoy je vous en rafraischis la mémoire [1]. »

Nous ignorons sur beaucoup de points les satisfactions qui ont pu être données au marquis de Montausier ; mais le document inédit qui va suivre, nous renseigne sur quelques-unes de celles qu'il obtint et de celles qui lui furent refusées.

Le comte d'Estissac se vit enlever toute l'importance de son commandement par l'ordre qu'il reçut d'envoyer ses troupes au duc de Saint-Simon, gouverneur de Blaye[2] ; un seul régiment lui fut laissé avec l'unique mission de conserver La Rochelle. De crainte qu'il n'obéît, des instructions directes avaient été envoyées à chacun des corps désignés. Cette mesure était une satisfaction accordée au gouverneur d'Angoulême contre le comte d'Estissac ; elle comprenait une seconde satisfaction, puisqu'elle expulsait de son gouvernement le chevalier d'Albret avec son régiment. Une troisième satisfaction ressortait encore de cette mesure : son gouvernement se trouvait déchargé du logement des troupes. L'envoi au secours de Blaye de toutes les forces disponibles dans l'Aunis, la Saintonge et l'Angoûmois, entraînait indirectement

---

[1] Lettre inédite ; *Archives du ministère de la guerre*, vol. 134.
[2] Père de l'auteur des *Mémoires*.

le refus d'une des demandes formulées, celle d'une intervention armée en Périgord. Malgré ses avantages, évidemment la cour ne pouvant agir partout à la fois, courait au plus pressé. La retraite de Marsin laissant la Saintonge libre, mais avec des points accessibles, il était nécessaire d'en occuper fortement la frontière contre tout retour offensif, en veillant de près aux rives de la Dordogne et de la Gironde, et surtout il fallait protéger Blaye. Le projet de s'emparer de cette place avait naguère avorté par la mésintelligence des ennemis; mais il pouvait être repris au moment le plus inopiné, soit par l'armée des princes, soit par les Espagnols, soit enfin par leurs forces combinées.

Ce mouvement des troupes royales vers le sud, avait l'inconvénient de laisser au comte du Dognon ses coudées franches autour de sa place du Brouage; mais la cour comptait sur d'autres moyens que sur la force pour vaincre la résistance de futur maréchal.

Voici l'ordre envoyé au nom du roi :

« *A M. d'Estissac pour lui dire d'envoyer à M. le duc de Saint-Simon les régiments d'infanterie de La Meilleraye, de Montauzier, de Rouannois, et quelques autres troupes de cavalerie, du* XIe *décembre* 1652.

« M. d'Estissac, ayant sceu le besoin pressant

qu'a mon cousin le duc de Saint-Simon d'estre fortifié de troupes pour la conservation de Blaye et pour empêcher les entreprises et les courses des garnisons que les ennemis et rebelles tiennent à Bourg et à Libourne, j'ai résolu de lui envoyer les régiments d'infanterie de Montauzier, de la Meilleraye et de Roannois, la compagnie de chevaux légers de Navailles, le régiment de cavalerie de Villevert, celui de Grancey, et celui de........ vous laissant votre régiment d'infanterie pour la conservation de La Rochelle, ce que j'ai bien voullu vous faire sçavoir par cette lettre, et vous dire qu'aussitôt que vous l'aurez receue, vous ayez à faire marcher toutes les dites troupes droit aux environs de Blaye, leur distribuant les ordres que je leur ai fait expédier pour cet effet, et y ajoutant les vôtres, et que vous reteniez seulement votre régiment d'infanterie pour l'employer particulièrement à la garde et seureté de La Rochelle et y apportant de votre part toute la vigilance nécessaire; et la présente n'étant pour autre fin je prie Dieu, etc. »

« Il a été fait des ordres à chacune des dites troupes où Sa Majesté leur ordonne de marcher[1]. »

Avec les troupes qui s'étaient éloignées, les événements militaires avaient disparu de l'Angoûmois, de l'Aunis et de la Saintonge ; ils nous ramènent dans la Guyenne.

[1] Minute inédite ; *Archives du ministère de la guerre*, vol. 136.

CHAPITRE XLII.

Situation de l'armée royale en Guyenne. — Rapport inédit du duc de Candale à Le Tellier, du 14 novembre. — Lettre inédite du comte de Marsin à Lenet, du 15 novembre. — Capitulation de Villeneuve d'Agen. — Lettre de M. de Pontac au cardinal Mazarin, du 19 novembre. — Disgrâce de M. de Pontac suivie d'une éclatante réparation. — La noblesse du gouvernement de Montauban veut se protéger elle-même contre les déprédations des troupes. — Lettre inédite du marquis de Saint-Luc à Le Tellier, du 21 novembre. — Diverses opérations de l'armée des princes. — Prise de Castelnau et de Castel-Jaloux. — Condom refuse d'ouvrir ses portes. — Singulière proposition de bataille du marquis de Sauvebœuf au comte de Marsin. — Lettre inédite du marquis de Sauvebœuf à Le Tellier, du 26 novembre. — Tentative de trahison et dramatique incident à Castel-Jaloux. — Dépêche inédite de Lenet au prince de Condé, du 2 décembre. — Rapport inédit de M. de Pontac à Le Tellier sur l'esprit de diverses villes, du 27 novembre. — Divers succès de Marsin et de Balthazar. — Lettre inédite du chevalier d'Aubeterre au cardinal Mazarin, du 15 décembre. — Lettre inédite du marquis de Saint-Luc au cardinal Mazarin, du 18 décembre. — Le duc de Candale marche à la rencontre de l'armée des princes. — Celle-ci se divise en prenant deux directions différentes. — Le marquis de Chouppes blâme cette résolution stratégique. — Le duc de Candale s'attache aux pas du colonel Balthazar. — Ordonnance fiscale inédite du comte de Marsin, du 21 décembre. — Lettre inédite de mécontentement du comte de Marsin à Lenet, du 24 décembre. — Le duc de Candale vole au secours de Sarlat. — Prise de Sarlat par le comte de Marsin. — L'armée royale prend ses quartiers d'hiver.

(1652.)

Après cette excursion dans les provinces situées sur la rive droite de la Dordogne et de la Gironde, nous revenons aux événements militaires de la Guyenne au moment où le duc de Candale se disposait à quitter son gouvernement d'Auvergne pour venir prendre le commandement en chef dont la faveur du cardinal Mazarin l'avait investi.

Plusieurs des lieutenants généraux qui devaient servir sous les ordres du duc de Candale, lui avaient écrit pour le mettre au courant de la situation. Celle-ci n'était pas brillante : les troupes décorées du titre d'armée royale ne comptaient plus, depuis le secours envoyé pour franchir les Pyrénées, que sept cents hommes de cavalerie et deux cents hommes d'infanterie; en outre, les documents authentiques inédits d'après lesquels nous écrivons constatent que l'indiscipline régnait dans cette armée, et qu'elle manquait de vivres et de munitions [1]; mais le malheur de la perte de la Ca-

---

[1] Il est difficile de concilier ces faits résultant de documents officiels avec cette antithèse à effet de M. Cousin disant de l'armée de Guyenne après le départ du comte d'Harcourt : Il y eut alors une excellente armée sans général, comme auparavant il y avait eu un grand général sans armée (*Mme de Lon-*

talogne, en rendant disponibles les forces qui y avaient été employées sous le maréchal de la Motte-Houdancourt offrait pour contre-partie la perspective de la reconstitution prochaine de l'armée de Guyenne. Jusques-là, la faiblesse numérique de cette armée assurait une supériorité marquée à la petite armée des princes. Le comte de Marsin tenait la campagne avec douze cents chevaux et deux mille fantassins.

Sur les rapports particuliers qu'il avait reçus, le duc de Candale composa un rapport d'ensemble qu'il adressa au ministre Le Tellier. Ce document inédit fournit à l'histoire des renseignements nouveaux :

« Monsieur,

« Sur le chemin d'Auvergne en Guienne, j'ay receu une despêche de M. de Tracy qui m'a envoyé un courrier exprez pour m'informer des affaires de Guienne; M. du Plessis ayant emmené les troupes qu'il a jugées nécessaires pour la conservation du Rousillon, n'a laissé en Guienne que sept cents chevaux : quatre cents fort bons des régiments de Créqui, et du Grand-Maistre, trois cents misérables de quelques-autres corps ; pour toute infan-

gueville pendant la Fronde), c'est ainsi que pour la séduction du style et d'une image, l'histoire est parfois altérée.

terie deux cents hommes, et mal armés. Marsin se servant de la conjoncture de la séparation de nostre armée, se met en campagne avec douze cents chevaux, et deux mille hommes de pied.

« Les officiers généraux sont M. de Sauvebœuf, M. de Biron [1], M. de Vaillac, La Roques-Saint-Chamarant, etc. Vous aurez sceu que Bougi est prisonnier, quasy le seul en qui les troupes eussent confiance. Voilà un destail exact des despêches de M. de Traci, des lettres de messieurs de Marin et de Bellefons, ce qui m'a esté confirmé par le courrier, et le major de Champagne, tous deux fort intelligens. Oultre cela, Agen est comme révolté; Marmande dans une grande consternation; Auch et Cahors prets à faire le sault, s'ils ne sont bientost rassurés. Le seul moyen de sauver la province (et ce sont les mesmes termes de ces messieurs) est d'envoyer ordre à M. de Mérinville qui commande les troupes qui reviennent de Barcelonne, de se joindre à celles qui restent en Guienne, comme aussy aux régiments qui sont demeurés en Xaintonge. En attendant les ordres de la Cour pour cela, j'ay envoyé les miens à M. de Mérinville qui commençant d'entrer en Guienne ne fera peut-estre pas difficulté de se

---

[1] François de Gontaut, marquis de Biron, mestre de camp du régiment de Périgord, marié à Elisabeth de Cossé. Voy. l'*Histoire généalogique* du P. Anselme.

joindre. Je vais faire la mesme chose pour les troupes de Xaintonge ; mais comme je suis incertain sy ceux qui commandent voudront obéir, vous donnerez, s'il vous plaist, des ordres pour eulx au courrier qui vous porte cette despêche. Le major de Champagne m'est venu trouver et me demander des quartiers. Il s'excuse d'aller en Rousillon sur ce que les vieux corps ne changent point d'armée que par ordre de la cour, et que M. du Plessis n'a point pu les emmener de son authorité. Je luy en ay donné jusqu'à ce que j'aye sceu la volonté de la cour, ne voyant pas qu'ils m'obéissent pour quitter la Guienne, surtout M. du Plessis estant party. Je croy que la véritable raison est l'aversion effroyable qu'a ce régiment pour tout ce qui sent la Catalogne et l'impossibilité qu'ilz disent de mener leurs soldats en ces pays là, qui (comme ils en parlent) se jetteroient tous dans les troupes de monsieur le prince.

« Il y a encore deux articles dans la lettre de M. de Tracy, l'un, qu'il est nécessaire d'envoyer un intendant, avec commandement de luy déférer ; de Thersault n'est nullement à son goust, ni au mien, et je ne le puis souffrir, comme je vous l'ai déjà demandé ; M. Ribeyre[1], maistre des comptes,

---

[1] Beau-père de la Bourdonnaie qui lui succéda dans sa charge de conseiller d'État. Voy. les *Mémoires du duc de Saint-Simon*.

est aussy propre à cela que personne. Je croy que M. Tubeuf vous en aura parlé. L'autre et le dernier est que je vous prie d'envoyer un arrest du Conseil par lequel il soit dit que les deniers qui seront destinés aux troupes et autres dépences dans la généralité de Bourdeaux soient levés sur mes ordres, estant impossible d'en tirer davantage par la voie des officiers ordinaires. Il adjouste qu'il n'y a pas cent boulets dans la Guienne, ny cent livres de poudre. Voilà un destail fort particulier de la despêche de M. de Tracy et des lettres des principaux officiers; mais sans particulariser tant de choses, je vous diray en gros et fort véritablement que sy Marsin avec ses douze cents chevaux et ses deux mille hommes de pied se rend maistre de la campagne, vous ne devez faire aulcun fonds sur la Guienne, tout estant disposé à une révolution sy l'on n'y donne ordre.

« Je ne doubte point que mon séjour en Auvergne ne vous ait paru bien long. Je vous supplye de croire que je n'ai pas perdu un moment pour trouver les choses nécessaires pour mon voyage, n'ayant pas tiré un sou, ny des assignations de la cour, ny de mon père, je m'estonne comme j'ay pu seulement me mestre en l'estat où je suis. Je ne vous feray pas un plus long entretien, sinon de vous prier de me faire la grâce de me croire parfaitement, Monsieur,

« Vostre très-humble et très-affectionné serviteur,

Duc de Candalle. »

« De Romegoux[1], ce xiiie novembre 1652[2]. »

Ce rapport présentait l'état des choses sous un jour bien peu favorable; néanmoins le seul fait de la concentration du commandement entre les mains du duc de Candale fut suffisant pour donner plus d'énergie au parti royal, telle ville qui se serait rendue à la première sommation, ne craignit plus de faire résistance; le comte de Marsin le constate dans la lettre suivante adressée à Lenet :

« Hier au soir le chasteau se rendit et aujourd'huy nous attaquons Casteljaloux[3]; sy toutes ces bicoques se deffendent comme elles ont commancé, il sera bien difficile de trouver des quartiers d'hiver. Envoyez-moi, je vous prie, l'argent de mes advances et quelque autre pour la nécessité des affaires présentes, en ayant tous les jours besoin. J'ay un petit page à Bourdeaux, donnez-luy des nouvelles et me le renvoyez à Langon. S'il n'y a rien de considérable, je vous manderay afin

---

[1] Petit village de Saintonge faisant aujourd'hui partie du département de la Charente-Inférieure.
[2] Rapport inédit, *Archives du ministère de la guerre*, vol. 134.
[3] Petite ville aujourd'hui chef-lieu de canton du département de Lot-et-Garonne.

que vous le disiez à Son Altesse. De deux pièces de canons que Watteville nous avait données, l'un est crevé. Voyez si vous en pourriez avoir un austre à Bourdeaux de douze livres, et nous le rendrions quand nous aurions achevé.

« Faict à Atignac, le 15 novembre 1652.

DE MARCHIN. »

« J'ay donné ordre à Armagnet de retirer sa compagnie dans Saint-Surin et prié M. de Watteville d'y faire encore entrer cent hommes s'il est besoing.

« Je vous prie d'assurer Son Altesse de mon obéissance et de mes respects et je suis véritablement très-peiné de la santé de madame de Longueville qu'on m'a dit s'estre trouvée mal ; je crains une rechûte.

« J'ai donné le chasteau de Chastelnau à M. de Saint-Micau [1]. »

L'armée de Guyenne n'a pas encore été renforcée et néanmoins les appréhensions de Marsin se réalisent : l'arrivée du duc de Candale, la nouvelle de la rentrée du roi à Paris, l'amnistie offerte à ceux qui se soumettront produisent, ce résultat que non-seulement les villes du parti royal se

---

[1] Lettre inédite ; Papiers de Lenet ; Bibliothèque nationale, Fonds français, 7711, f° 201. Le *post-scriptum* est seul de la main du comte de Marsin.

défendent ; mais que nombre de villes du parti des princes ouvrent leurs portes sans résistance. Une des plus importantes, Villeneuve d'Agen que n'avait pu prendre un général tel que le comte d'Harcourt après les péripéties d'un long siége, à la seule approche du duc de Candale, se rendit aux cris mille fois répétés par les habitants de *Vive le roi*[1]!

C'est ainsi que la fermeté du pouvoir, l'unité du commandement, et la lassitude de la guerre civile, vinrent couvrir la faute commise dans le choix du général en chef.

M. de Pontac écrivait au cardinal Mazarin :

« Monseigneur, je suis obligé de dire à Votre Éminence que l'arrivée de M. de Candale a eu des effets avantageux et particulièrement sur le sujet de la réduction de Villeneufve au service du Roy ; à quoy j'avais travaillé en mon particulier assez utilement, sans le bruit et les nouvelles qu'on fait courre que la paix de M. le prince s'en va faite et sans l'appréhension que les peuples et les communautés ont de tomber sous la main d'un prince et d'un gouverneur duquel ils auraient abandonné le parti [2]. »

[1] Voy. les *Mémoires du marquis de Montglat*.
[2] *Post-scriptum* d'une lettre, datée d'Agen le 19 novembre 1652. *Archives nationales*, KK, 1219, p. 502.
Cette lettre a été publiée par M. Tamisey de Larroque dans les Archives historiques du département de la Gironde.

Ce zélé correspondant du cardinal était mal récompensé de ses services, car il venait de perdre son emploi d'intendant de l'armée de Guyenne. Dans cette même lettre il s'exprime en ces termes au sujet de sa disgrâce :

« Le Conseil du Roy ayant trouvé à propos, en l'absence de Vostre Éminence, de me sortir de l'employ de l'intendance de l'armée de Guyenne pour m'envoyer en Catalogne avec M. du Plessis-Bellière et despuis m'ayant ordonné de me rendre auprès de Sa Majesté pour faire place au sieur Riber[1], maistre des comptes, qu'on envoye en ces quartiers, je me trouve malheureux d'estre privé de rendre mes services au Roy dans un pays où ma naissance et mes habitudes me pouvaient rendre plus nécessaire que tout autre... etc. »

M. de Pontac, président de la cour des Aydes de Guyenne, dont les fonctions à la tête de cette cour avaient été réduites à néant par les événements, rendait depuis l'organisation de l'armée royale en Guyenne d'importants services comme intendant de cette armée ; il avait même fait des avances considérables dont sa lettre réclame le remboursement ; mais la disgrâce qui le frappait était commune à tous ceux qui avaient servi sous le comte d'Harcourt, la défection du chef les avait rendus sus-

[1] C'est-à-dire Ribyere ; la lettre précédente du duc de Candale, du 14 novembre, nous indique cette rectification.

pects. Néanmoins cette injustice qui atteignait un serviteur si zélé de la cause royale, ne tarda pas à être réparée avec éclat par la nomination de M. de Pontac aux hautes fonctions de premier président du parlement de Guyenne.

Nous avons trouvé la confirmation des faits contenus dans le rapport du duc de Candale à Le Tellier dans une lettre adressée par le marquis de Saint-Luc au même ministre; mais en outre, ce général signale un mouvement de la noblesse de son gouvernement de Montauban, offrant quelque rapprochement avec celui de la noblesse de Poitou pour se protéger elle-même contre les déprédations des troupes ; ce passage mérite d'être reproduit en entier :

« La noblesse a fait une assemblée sous prétexte d'une querelle, où plus de cent gentilshommes s'estant trouvés, résolurent qu'on ne devoit plus souffrir les violences et les oppressions des troupes du roy, et qu'ils députeroient à la cour pour supplier Sa Majesté de trouver bon qu'ils gardent eux-mesmes la province sans gens de guerre; c'est un assez grand commencement de Fronde. Ils m'ont fait pressentir si je voulais autoriser leurs belles résolutions, et me mettre à leur teste pour les faire exécuter, dont ils m'ont veu très-éloigné. J'ay cru estre obligé de vous donner cet advis, et de l'estat de la province, ne doubtant point que vous n'apportiez les remèdes nécessaires pour sa conservation[1]. »

Les chefs de l'armée des princes redoublaient leurs efforts pour profiter de la désorganisation de l'armée royale. C'était le colonel Balthazar, dont la tentative d'accommodement n'eut pas de suite évidemment parce que les conditions offertes ne furent pas au niveau de ses prétentions, qui venait de prendre Castelnau [2], château qui incommodait la ville de Bazas, et que Marsin avait donné à Saint-Micau [3]. Balthazar avait fait dresser deux batteries dont le feu bien dirigé l'avait rendu maître de la place en quatre jours. Après ce succès, il avait prévenu le comte de Marsin qu'il lui était loisible de porter ses armes partout où il voudrait, les troupes royales ne lui paraissant nulle part en mesure de lui résister. Sur cet avis, le général en chef de l'armée des princes avait remonté le cours de la Garonne, en détachant deux régi-

[1] Fragment d'une lettre inédite du marquis de Saint-Luc à Le Tellier, datée de Montauban, le 21 novembre 1652. *Archives du ministère de la guerre*, vol. 137.

[2] Ce château, situé près de Bazas, avait déjà soutenu des siéges en 1574, 1577 et 1592, où il avait été pris. Ses ruines appartiennent aujourd'hui à M. le comte de Sabran-Pontevès.

[3] Pierre-Emmanuel Roger, comte de Saint-Micau, qui s'était distingué au siége de Collioure, en 1642, à la bataille de Fribourg, en 1644, où il fut blessé, à la bataille de Lens, en 1648, où il fut blessé encore. Il était gouverneur de la ville de Bazas pour le parti des princes. Il fut nommé mestre de camp du régiment de Condé lors de son rétablissement, en 1660.

ments, ceux de la Reine et de Montpouillan, pour réduire le château de Pilles et un second château qui inquiétaient les habitants de Bergerac. Ces régiments après s'en être emparés, allèrent mettre le siége devant Castel-Jaloux. Le colonel Balthazar s'y rendit pour prendre la direction des opérations. Le régiment de Rouillac ayant fait une sortie, Balthazar le repoussa avec tant de vigueur qu'il faillit entrer dans la place avec les fuyards; les habitants effrayés capitulèrent une heure après cette infructueuse sortie. Le château néanmoins refusa de se rendre. Balthazar laissa pour le réduire du Plessis, maréchal de camp, et alla avec sa cavalerie rejoindre le comte de Marsin, dans l'intention, l'un et l'autre, de surprendre et d'enlever Condom[1]. Le marquis d'Aubeterre avait des intelligences dans cette ville; mais elles furent déjouées par de Gouhas, officier de l'armée royale. Les consuls prévenus de l'approche d'un corps d'armée arrivant au secours de leur ville, refusèrent d'en ouvrir les portes. Contre l'avis de Balthazar qui voulait marcher au-devant des troupes royales, Marsin se replia sur Castel-Jaloux. Du Plessis chargé du siége du château venait d'y être tué. Les troupes royales sous les ordres du marquis de Sauvebeuf, suivirent de près l'armée des princes

[1] Aujourd'hui chef-lieu d'arrondissement du département du Gers.

dans sa retraite ; mais, pour l'attaquer sous les murs de Castel-Jaloux, elles avaient un défilé à franchir.

Ce défilé couvrait l'armée des princes de telle sorte que l'attaque offrait des désavantages difficiles à braver sans imprudence ; le marquis de Sauvebeuf eut alors recours à un défi porté par un trompette au comte de Marsin, d'oser livrer la bataille en avant du défilé. Un général expérimenté ne devait pas se croire tenu d'obtempérer à une provocation semblable ; un refus fut la réponse. Le colonel Balthazar mentionne dans ses Mémoires cette singulière proposition de bataille ; de plus nous allons produire une lettre inédite du marquis de Sauvebeuf à Le Tellier dans laquelle il raconte son défi. En insérant ce document, nous procurerons au lecteur l'avantage de lui permettre de contrôler par un document officiel l'exactitude des curieux mémoires de Balthazar complétés par des détails plus circonstanciés :

« Monsieur,

« En partant de Fleurance[1], je me suis donné l'honneur de vous escrire comme nous allions aux ennemis, présentement je vous diray comme quoy

[1] Petite ville aujourd'hui chef-lieu de canton du département du Gers.

après qu'ils eurent assiégé Casteljaloux, ils laissèrent l'infanterie et l'artillerie, et s'en vindrent investir avec toute leur cavalerie Mézin et Condom. Comme j'avais envoyé M. de Gouhas avec cent cinquante maistres vers cette contrée, appréhendant que les ennemis y pouvoient entreprendre quelque chose, il me donna advis à mesme temps de tout ci-dessus qui m'obligea de marcher droit à Condom comme j'ay eu l'honneur, Monsieur, de vous en advertir. M. de Gouhas qui rompist les menéés qu'ils avoient en ce lieu là, les fist retirer à Castel-Jaloux, à six lieues de là, là où estoit leur siége, infanterie et canon ; ils vinrent au milieu, ce qui nous a empesché d'aller à eux. Nous voyant en cet estat, afin que toute la Guyenne vist, sans gazette contraire, que c'estoit le seul obstacle qui nous empeschoit d'aller à eux et de les combattre, je me résolus de leur envoyer offrir de les laisser passer le défilé sans les combattre, puisque je ne pouvois aller à eux, et qu'ils n'eussent point de raison qui les peut empescher de venir à moy, et mesme de les laisser mettre en bataille, afin qu'ils n'eussent nulle excuse d'entreprendre ce qu'ils avoient emprosné de nous pousser jusques à Thoulouze, sy nous faisions nulle desmarche pour aller à eux. Nous nous engagions aussy que, s'il osoit venir, nous les pousserions jusques à Bourdeaux. M. de Marchin me fist reponce qu'en commandant des armées il faisoit ce qu'il devoit et que je ferois comme je l'entendrois ; ce qui nous obligea de nous en retourner du lieu où nous estions partis.

« Nous fismes quatorze lieues jour 'et nuict pour les joindre croyant les trouver occupés à ces lieux cy-dessus nommés ; mais nous scachant dans l'estat et la résolution où nous estions, ils passèrent deux rivières et à la troizième ils se retirèrent derrière Casteljaloux et offrirent toutes les compositions imaginables aux assiégés, voyant bien qu'il falloit qu'ils se retirassent du dit Casteljaloux comme ils avoient faict de Mezin[1] et de Condom, ce que ledit gouverneur accepta avec infamie et honte, n'ayant rien qui l'y obligeast ; et mesme après avoir mandé par des lettres qu'il n'avoit pas affaire de rien de dix jours. Nous y sommes arrivés cinq ou six heures après la rendition. La lascheté de cet homme nous a empesché de délivrer la Guyenne d'une grande partie des ennemis, leur ayant donné la retraite d'une ville et d'un château. Avant de nous rendre au lieu d'où nous estions partis le jour précédent, dans l'envie que nous avions de faire voir à tout le monde que l'authorité du roy estoit establie, nous y demeurasmes un jour, afin que s'ils changeoient d'humeur nous leur don-

---

[1] Petite ville aujourd'hui chef-lieu de canton du département de Lot-et-Garonne.

nassions le temps de se résoudre et faire voir à tout le monde que nous estions les maistres de la campagne et que sans la lascheté de Deslandes, gouverneur dudit Casteljaloux, qui est capitaine au régiment d'Harcourt, nous aurions secoureu cette place. Nous avons faict arrester ledit Deslandes et lui faisons faire son procès ; cela est extrêmement important pour toute la Guyenne où nous faisons justice dans nostre séjour. Nous avons sceu la marche des ennemis, et voyant qu'ils la prenoient pour aller droit au Mas d'Agenois, j'y envoyai M. de Gouhas avec un party de cavalerie pour y jeter cent mousquetaires, à quoy il réussit aussi heureusement que dans Condom et Mézin. A son retour, il nous a apprins qu'ils marchoient sur la gauche du costé de la Garonne par les lieux où ils estoient venus, ce qui nous faict voir qu'ils n'ont pas trouvé leur route de deçà : qu'ils se résoudront à repasser la Garonne, ce qu'ils croyoient nous faire faire. Comme il vous souviendra, Monsieur, que nous l'avons ainsy résoleu, j'ay creu que vous ne trouveriez pas mauvais que nous en fissions plus ; ce qui m'a faict entreprendre tout ci-dessus. La belle résolution que j'ay veu à toutes les troupes que j'ay l'honneur de commander, de combattre, m'a faict réussir à tout ce que dessus, accompagné de MM. de Trassi, de Marin, d'Aubeterre et de Gouhas ; et sans mentionner particulièrement la belle résolution du régiment du Grand-Maistre, qui ont donné un fort bel exemple pour ce suject.

« Je me remets de vous mander au long les quartiers que nous allons prendre ne le sçachant pas encore, et ce que feront les ennemis, par un courrier exprès que je vous envoiray, Monsieur, au premier jour, le croyant important. Sur le retardement qu'on faict des quartiers d'hyver, M. de Trassi les remet à l'arrivée de M. de Candale. Ils commencent à se fascher de n'en avoir pas de certitude. J'attends tousjours mon congé, sy M. de Candale vient, lequel, je vous supplie très-humblement, Monsieur, de me vouloir envoyer comme j'ay eu l'honneur de vous escrire par plusieurs fois et de croire que je ne manqueray jamais en tous lieux et en toutes rencontres d'employer ma vie et tout ce qui en despend avec la passion et fidélité que je dois au service du roy ; et, en vostre particulier, je demeureray toute ma vie au delà de tout ce que je peux dire avec le respect que je dois,

« Monsieur,
Vostre très-humble et très-obéissant serviteur,
SAUVEBEUF. »

« Au camp de Barbazan[1], ce 26ᵉ novembre 1652[2]. »

[1] Petit village de Languedoc, à quinze kilomètres de Saint-Gaudens, faisant aujourd'hui partie du département de la Haute-Garonne.
[2] Lettre inédite, *Archives du ministère de la guerre*, vol. 137.

La prise de Castel-Jaloux par le comte de Marsin, fut suivie des plus déplorables et des plus dramatiques conséquences pour les deux gouverneurs de la place au nom des deux partis opposés : Deslandes, gouverneur pour le roi, fut mis en jugement pour avoir capitulé ; La Madeleine, son successeur pour le parti des princes, voulut trahir et fut le héros et la victime d'un drame ignoré par un oubli de l'histoire que va réparer la publication de la dépêche suivante de Lenet au prince de Condé :

« Aujourd'huy Vostre Altesse saura deux choses assez considérables [1], la première est qu'après la prise de Casteljaloux M. de Marchin en donna le commandement à **La Madeleine**, premier capitaine de Conty ; le malheureux à l'instant même prit dessein de se saisir de M. de Marsin et de le livrer avec la place. Il le manda ainsi aux ennemis et conduisit si mal son entreprise qu'elle fut descouverte. Son lieutenant et quelques autres entrèrent dans sa chambre, le trouvèrent couché avec une fille, ils luy tirèrent plusieurs coups de fusils, le blessèrent, le crurent mort, cassèrent une cuisse à la demoiselle et se retirèrent pour adviser au corps de garde. Le traistre eut assez de vi-

---

[1] Voy. la seconde nouvelle au chapitre relatif à la conspiration de Massiot dans lequel nous donnons la suite de cette dépêche inédite de Lenet au prince de Condé.

gueur pour porter son matelas par la fenestre et se jeter dessus, comme il fist. Il se traisna quelques quarts d'heure croyant gaigner Marmande; mais M. de Marchin mit tant de monde après qu'il le fit reprendre et passer par les armes. Il fut sans vouloir qu'on lui bandât les yeux, et dit que dans la croyance que toutes vos affaires estoient en aussi mauvais estat qu'on en fait courir le bruit en Guienne, il avait voulu faire sa fortune par cette voie et obtenir sa grâce[1]. »

Si Castel-Jaloux s'était si facilement rendu au comte de Marsin, il est probable que la négligence apportée à secourir la place par les chefs de l'armée royale fut pour beaucoup dans ce résultat. Le marquis de Sauvebeuf fait retentir bien haut son défi au comte de Marsin ; mais il ne paraît pas qu'il eût tenté tout ce qu'il aurait pu faire pour forcer le défilé. Il était du nombre des généraux mécontents de la nomination du duc de Candale ; il le témoigne assez par la demande de son congé dès que le nouveau général en chef commandera lui-même, car il paraît qu'il ignorait encore son arrivée dans la Guyenne; il tenait donc fort peu à lui préparer des succès. Telle est du moins l'opinion de M. de Pontac, l'intendant de l'armée royale, qui, en attendant son successeur, conti-

[1] Dépêche inédite datée de Bordeaux, 2 décembre 1652 ; papiers de Lenet; Bibliothèque nationale, Fonds français, 6712.

nuait à remplir ses fonctions avec zèle et qui adressait à Le Tellier un rapport dont nous extrayons ce passage :

« A ne point flatter, la négligence a esté un peu grande de nostre part à secourir cette place et ces progrès qui ne sont pas pourtant de grande conséquence ont tellement refroidy les serviteurs du Roy dans les villes voisines et encouragé les partisans de Messieurs les princes que d'avoir sceu que l'armée du Roy a esté proche de Castel-Jaloux en présence de celle des ennemis, sans combattre, cela fait dire aux uns et aux autres que cette guerre ne se fait que pour piller, et à dire vray les lieux où elle passe sont des lieux déserts et entièrement abandonnés. On ne scait pas un quart d'escu dans une communauté (commune) qu'on n'y courre aussitost dessus. Les uns font les mescontents et voudroient commander seuls, les autres ne veulent servir que sous certaines personnes et tous voudroient avoir des armées séparées et des commandements à part [1]. »

Dans ce même rapport, M. de Pontac signale le mauvais esprit de la plupart des habitants d'Agen et plus particulièrement des Consuls. Comme contraste, il fait connaître les bonnes dispositions de Villeneuve d'Agen, de La Réole, de Saint-Macaire,

---

[1] Rapport inédit de M. de Pontac à le Tellier daté d'Agen, 27 novembre 1652. *Archives du ministère de la guerre*, vol. 134.

à se ranger sous l'obéissance du roi. Il fonde de grandes espérances sur la présence du duc de Candale ; mais il y a des approvisionnements dont l'armée est absolument dépourvue, blé, poudre, boulets, toutes choses que la ville de Toulouse pourrait fournir abondamment. Il sollicite à cet effet l'envoi d'une lettre de cachet au premier président du parlement de cette ville ainsi qu'aux capitouls, afin de faire sortir cinq ou six pièces de canons de gros calibre avec des munitions à proportion, et de révoquer, en faveur de l'approvisionnement de l'armée, l'arrêt qui interdisait, sous peine de mort, d'exporter du blé hors du ressort de ce parlement.

Après la prise de Castel-Jaloux, le comte de Marsin s'empara par assaut du Mas d'Agenais [1] ; puis il força à se rendre prisonniers de guerre les régiments de Biron et des Galères qui s'étaient enfermés dans le château de Gontaut [2]. Au sixième jour de siége, la petite ville de Montségur [3] se rendit au colonel Balthazar.

Le chevalier d'Aubeterre renseigna directement le cardinal Mazarin sur ces revers par la lettre sui-

---

[1] Petite ville faisant aujourd'hui partie du département de Lot-et-Garonne.

[2] Château et bourg faisant aujourd'hui partie du département de Lot-et-Garonne ; berceau de l'illustre maison de Gontaut-Biron.

[3] Elle fait aujourd'hui partie du département de l'Ariége.

vante dans laquelle il lui annonce en outre que le duc de Candale est venu prendre possession effective de son commandement :

« Monseigneur,

« Je m'estois donné l'honneur d'escrire à Vostre Éminence après la prise de Casteljaloux et luy mender comme toutes choses s'estoient passées, particulièrement sur la lâcheté du gouverneur qui assurément ne peut estre assez puni. Depuis ce temps-là nous avons perdu Le Mas d'Agenois par le plus grand malheur du monde, les ennemis l'ayant emporté par assaut, sans cela il put estre infailliblement secouru. Dans ce mesme temps et sans perdre un moment les ennemis repassèrent la Garonne et furent investir Gontaut où estoient les régiments de cavallerie et infanterie de Biron. Ce mesme jour M. de Candale arriva à l'armée et se mist en devoir de l'aller secourir; mais le mesme malheur nous arriva que dans les autres endroits. Je puis assurer Vostre Éminence que nostre général agist d'une manière à se faire aymer et estimer de toutes les troupes. Il faut que Vostre Éminence luy donne les moyens de se faire valoir et pousse cette guerre à bout ; car si l'on le lesse en l'estat où il est, nous ne ferons jamais que jouer aux barres, c'est-à-dire passer et repasser des rivières sans avancer rien pour le bien des affaires. Je supplie très humblement Vostre Éminence de mestre un petit mot de recommandation pour moy à M. de Candale. Depuis mon retour en Guyenne, je commande la cavallerie ; je la supplie très humblement que cela continue. J'espère le faire avec quelque approbation et que cela me donnera le moyen de luy acquérir des serviteurs, ma principalle pensée estant de luy tesmoigner que personne n'est avec tant de respect que moy,

« Monseigneur,

Vostre très humble et très obéissant et très fidelle serviteur,

Le chevallier d'Aubeterre. »

« Au camp de Bruch [1], 15 décembre 1652 [2]. »

Peu de jours après, le marquis de Saint-Luc toujours mécontent de toutes choses, écrivait au cardinal Mazarin :

« A Moissac, le 18 décembre 1652.

« Monseigneur,

« Je ne doubte point que Vostre Éminence n'ayst esté surprise par les artifices et la malice de

---

[1] Bruch ou Bruck, bourg de l'Agenois, à douze kilomètres de Nérac.
[2] Lettre inédite ; *Archives nationales*, KK, 1219, p. 510.

l'Archevêque d'Auch qui a obtenu un ordre du Roy pour luy remettre entre les mains l'authorité entière dans la ville. C'est une chose d'aussy mauvais exemple qui se voie jusqu'à cette heure, de donner les clefs à celuy qui a faict tous ses efforts pour la livrer à M. le prince auquel il a presté cinquante mille escus, et dix mille à M. de Gondrin. Il n'y a point en France un plus grand ennemy du Roy et plus passionné frondeur. Je ne dis rien que je ne vérifie par tous les habitants d'Auch qui sçavent toutes ses pratiques et intelligences. Le nom du gouverneur que j'avois mis dedans cette place est fort cogneu de Vostre Éminence qui m'a faict l'honneur de me dire qu'elle avoit fort aymé Giscarrau qui fust tué à Yviers[1]; celuy-cy a esté mareschal des logis des mousquetaires du Roy et capitaine au régiment de Picardie. C'est me fort maltraitter que d'envoyer un ordre à M. le duc de Candale pour ce qui regarde les villes de cette province. Son employ de l'armée le doit occuper assez et j'aurois bien sceu exécuter ce que vous m'auriez sceu commander sur ce subjet. Je ne réponds point que cette ville ne se révolte bien tost, et je suis asseuré qu'ils verront plustot leur ville en cendre que d'endurer l'oppression et la tyrannie de l'archevesque.

---

[1] Bourg de Saintonge.

« Je supplie très humblement Vostre Éminence de croire qu'il n'y a que la passion seule du service du Roy qui me fasse parler en cette occasion.

« Je suis avec respect,

« Monseigneur,

de Vostre Éminence très humble, très obéissant et très obligé serviteur

SAINT-LUC [1]. »

La faveur dont jouissait le duc de Candale auprès du cardinal Mazarin lui faisait-elle conférer, au détriment des attributions d'un gouverneur de province, une autorité territoriale contre laquelle protestait le marquis de Saint-Luc ; mais cette autorité territoriale n'était-elle pas le complément nécessaire des attributions d'un général en chef, plutôt qu'une faveur exceptionnelle ?

L'irascible marquis protestait non moins contre l'autorité de gouverneur de la ville d'Auch conférée à Dominique de Vic, archevêque de ce siége de 1629 à 1662, qu'il accuse d'être lié d'intérêts avec les ennemis du cardinal.

Depuis le départ du comte d'Harcourt, la guerre se faisait des deux côtés en courant d'un lieu à un autre, sans avoir, pour ainsi dire, ni base

---

[1] Lettre inédite ; *Archives nationales*, KK, 1219, p. 514.

d'opérations, ni plan de campagne, véritable jeu de barres, d'après la caractéristique observation du chevalier d'Aubeterre. La lutte se continua de la sorte pendant toute la fin de l'année 1652 ; l'année suivante seulement elle sera reprise, suivant les règles militaires, avec un objectif principal et déterminé.

Renforcé par le retour de l'armée de Catalogne, le nouveau général en chef de l'armée royale se disposait à prendre une vigoureuse offensive contre l'armée des princes, espérant l'anéantir d'un seul coup ; mais celle-ci, à son approche, se divisa en deux corps, le laissant dans l'embarras de savoir auquel des deux il devait attacher ses pas. Le comte de Marsin se dirigeait sur Sarlat, le colonel Balthazar sur Mont-de-Marsan. Le marquis de Chouppes blâme vivement dans ses *Mémoires*, la résolution prise, contre son avis, par le comte de Marsin de diviser son armée dans le but de la faire mieux subsister en occupant le plus d'étendue de pays possible ; c'était, dit-il, offrir à l'armée royale la facilité de battre en détail l'armée des princes. L'événement donna en partie raison à ses prévisions. Le duc de Candale s'étant résolu à faire converger ses premiers efforts sur le corps commandé par le colonel Balthazar, dirigea sur lui une vive poursuite dans laquelle il lui enleva les régiments de Guitaut et de Leyran. Quoique ce succès ne fût pas en lui-même d'une importance considérable, il produisit néanmoins une telle impression sur l'esprit des habitants de la ville de Mont-de-Marsan, dans laquelle Balthazar avait placé son quartier, que le colonel jugea prudent d'en déloger pour se retirer à Tartas. Le duc de Candale l'y suivit et se présenta le jour de Noël devant la place pour l'y forcer ; mais le froid fut si vif que, dans la même journée, il fut obligé de revenir sur Mont-de-Marsan, vivement harcelé dans sa retraite par le colonel Balthazar.

Le comte de Marsin rendu libre de ses mouvements en raison de la détermination prise par le général en chef des troupes royales de s'attacher aux pas du colonel Balthazar, se mit en mesure d'occuper fortement les rives de la Dordogne et de lever des impositions, afin d'assurer la solde et la subsistance de ses troupes. Il rendit une ordonnance, datée du camp d'Allemans[1], le 21 décembre 1652, sous cet audacieux intitulé : « Le comte de Marsin, capitaine général des armées du Roy, sous l'hautorité de Son Altesse. »

La disposition fiscale la plus essentielle de cette ordonnance taxant les saumons, les moutons et les porcs suivant leur poids au-dessus ou au-dessous de douze livres, est celle-ci :

---

[1] Allemans, village sur la Dordogne, à sept kilomètres de Ribeirac.

« Nous, en vertu du pouvoir à nous donné par sa dictte Altesse, nous avons ordonné et ordonnons sous son bon plaisir que dans la présante et urgente nécessité des affaires et seulement pendant ces mouvements et sans tirer à conséquence, il sera levé sur chasque pourceau de douze livres en bas, dix sols, et vingt sols sur les aultres, et sur les moutons dix sols, qui entreront et passeront tant par ladicte ville de Libourne, que rivières de Dordogne, de l'Isle, et ailleurs, et dix sols sur chaque saumon qui se peschera et transportera par les dictes rivières, mesme par terre et qui se deschargeront sur le port et hâvre de la ville de Libourne et ailleurs [1]. »

Ces mesures fiscales étaient peu faites pour attacher les populations à la cause des princes; mais le comte de Marsin, plus homme de guerre que de politique, songeait avant tout à pourvoir aux nécessités de ses troupes.

La petite ville de Sarlat [2], importante par ses fortifications et que n'avait pu prendre, du temps de la Ligue, le vicomte de Turenne, après la bataille de Coutras, était à peu près la seule qui tînt pour

[1] Document inédit; Papiers de Lenet; Bibliothèque nationale; Fonds français, 6712, f° 95.

[2] Aujourd'hui chef-lieu d'arrondissement dans le département de la Dordogne. Cette ville qui s'est groupée autour d'un monastère de bénédictins, avait été érigée en évêché, en 1317, par le pape Jean XXII.

le roi en Périgord ; le comte de Marsin en forma le siége. Pendant qu'il dirigeait cette entreprise, il apprit que des pourparlers étaient engagés à son insu pour la remise au parti du roi du château de Castelnau. A cette nouvelle, d'autant plus furieux que nous avons vu qu'il en avait disposé en faveur de M. de Saint-Micau, il adressa à Lenet cette lettre courroucée :

« A Bergerac, ce 24 décembre 1652.

« Je viens d'apprendre tout présentement que M. le duc de Candale et M. le marquis de Rabat[1] avoyent envoyé vers Son Altesse pour ravoir le chasteau de Castelnau. Je vous prie, mon cher compère, de veoir Son Altesse là-dessus et vous opposer fortement de ma part à ce qu'elle n'accorde aucune chose à ces messieurs sans ma participation, puisqu'il est vray que je perds mes biens pour son service et que ce chasteau avec les choses quy y sont dedans que j'ay faict conserver, peuvent estre des moyens pour me les faire rendre. Je vous supplie encore qu'il ne soit faict aucune chose en cette affaire que jusqu'à ce que nous nous voyons et que nous en ayons conféré ensemble.

« *Je jure Dieu que si l'on ne fait les choses dans*

---

[1] De la maison de Foix. Voy. *L'Histoire généalogique* du P. Anselme.

les formes que je ne me mesleray plus de rien, ny de commander, ny d'obéir.

DE MARCHIN[1]. »

Cette lettre peint bien le caractère altier, peu traitable et en même temps intéressé, du comte de Marsin, voulant ne rien perdre et dominer dans toutes les choses de la guerre de la manière la plus absolue.

Marsin, poursuivant avec ténacité le siége de Sarlat, força cette place à capituler le 1er janvier 1653. Le duc de Candale, à la nouvelle de ce siége, avait cessé de s'attacher à combattre le colonel Balthazar, et accourait à grandes journées au secours de Sarlat. Il ne put arriver à temps. Il apprit sur sa route la capitulation et fut informé que le comte de Marsin s'était mis à couvert avec son armée contre toute surprise. Alors, suspendant sa marche, le duc de Candale mit l'armée royale en quartiers d'hiver. Il prit le sien à Agen; plaça Marin auprès de Mont-de-Marsan, le baron de Montboissier-Canillac[2] en Quercy, et il envoya le

---

[1] Lettre inédite ; Papiers de Lenet ; Bibliothèque nationale, Fonds français, 6711, f° 3. Le commencement de la lettre est de la main d'un secrétaire ; les mots en lettres italiques sont de la main du comte de Marsin.

[2] De la maison de Beaufort-Montboissier Canillac, en Auvergne, qui a fourni plusieurs générations de vicomtes de Turenne. Voy. tom. Ier, chap. II.

comte Gaspard de Chavagnac prendre ses quartiers dans la partie du Périgord que n'occupait pas l'armée des princes [1].

[1] Voy. les *Mémoires* du comte Gaspard de Chavagnac.

CHAPITRE XLIII.

Retour aux affaires intérieures de Bordeaux. — Lettre du prince de Condé au parlement de Bordeaux, du 15 octobre. — Il interdit à ce corps l'enregistrement de l'amnistie royale. — Tentative du comte de Maure et du président d'Affis pour cimenter une alliance entre le parlement et l'Ormée. — Dépêche inédite de Lenet au prince de Condé, du 24 octobre. — Lettre inédite du baron de Vatteville à Lenet; du 26 octobre. — Nouveaux excès de l'Ormée ; le procureur général et un conseiller au parlement courent risque de la vie. — Lettre inédite de Lenet au prince de Condé, du 31 octobre. — Lettre inédite de félicitations du baron de Vatteville à la princesse de Condé, à l'occasion de la prise de Barcelone. — Dépêche inédite de Lenet au prince de Condé, du 14 novembre. — Analyse de cette dépêche. — Dangers surgissant de toutes parts. — Projets socialistes de l'Ormée. — La voie périlleuse des concessions. — Entente entre les protestants de France et d'Angleterre.

(1652.)

Reprenant le cours des événements intérieurs de Bordeaux au point où nous l'avons laissé, nous nous retrouvons en présence des aspirations du Parlement pour le rétablissement de la paix. Ce corps, qui, à l'origine, avait servi de levier au mouvement, était outré de se voir bafoué par la Fronde bordelaise qu'il avait créée, et de se sentir joué par les princes qui ne se servaient de lui que comme d'un instrument, afin de tirer parti de l'autorité de son nom et de sa présence à Bordeaux. Le prince de Condé, dont la politique était de subordonner le Parlement à la prépondérance de l'Ormée, redoutait néanmoins de pousser les conseillers aux mécontentements extrêmes ; afin de les maintenir à la fois par des paroles de douceur et par un acte de fermeté, il adressa une lettre à *Messieurs de la cour du Parlement de Bordeaux*[1], dans laquelle, après avoir déploré la division de la grande et de la petite Fronde, il excuse l'Ormée sur ses intentions, et recommande à tous la modération. La mesure d'autorité qui suivit cette lettre fut l'interdiction formelle faite au Parlement de Bordeaux d'enregistrer l'amnistie publiée à la suite de la rentrée du roi à Paris.

En même temps deux des plus chauds partisans des princes, le comte de Maure et le président d'Affis, tentèrent de cimenter une alliance entre l'Ormée et ceux des membres du Parlement qui professaient des opinions que l'on appellerait avancées aujourd'hui, c'est-à-dire plus ou moins sympathiques aux hommes de désordre, de pil-

[1] Lettre datée de Paris, 15 octobre 1652 ; publiée dans la collection Michaud.

lage et de sang. Chez ces conseillers, un dévouement inconsidéré et la passion de l'esprit de parti étouffaient assez le sentiment de la conscience pour que tout moyen leur parût légitime, afin d'empêcher les aspirations pacifiques de prévaloir à Bordeaux. Les autres conseillers, avertis de cette intrigue, en conçurent une irritation plus vive que jamais. Lenet dut se livrer d'autant plus au jeu difficile du maintien de l'équilibre entre les partis ennemis; mais, dans la dépêche suivante au prince de Condé, il est contraint de lui avouer que, malgré ses efforts, le Parlement et l'Ormée persévèrent dans des haines mortelles :

« Voilà deux ordinaires passez sans que nous ayons receu des nouvelles de Vostre Altesse ; sur quoy ces Messieurs icy, suivant leur coustume, tirent les plus fortes conséquences du monde, aussy bien que sur les affaires de Paris, sur M. le duc d'Orléans, etc.

« Le Parlement et l'Ormée sont tousjours dans des haines mortelles ; je travaille autant que je le puis vers le premier pour le porter à dissimuler jusqu'à la paix, auquel temps toutes choses naturellement reprendront leur place. Je leur remonstre que vostre auctorité est plus blessée que la leur, que vous restablirez l'une et l'autre en mesme temps ; mais les diverses factions les empeschent de prendre le bon party qui est asseurément celluy-là. Ilz songeront quatre fois avant que de cesser le Parlement à la Saint-Martin, ou, le tenant, de rien pousser contre l'Ormée.

« Quant à ceux-ci, j'ai commencé à prendre des mesures pour faire en sorte qu'ils laissent entrer le Parlement en toute liberté, sans s'informer de ce qu'ils feront ou de ce qu'ils ne feront pas; au contraire de leur porter honneur pourveu qu'ils n'attentent rien contre eux; et je croy qu'on pourra, entre cela, en venir à bout. Je vous envoye une lettre de Dureteste ; je supplie Vostre Altesse de luy faire un mot de response et de luy mander que vous approuvez fort les pensées que j'ay eues pour sa seureté et son employ.

« M. le comte de Maure et M. le président d'Affis sont allés minutter je ne sçai quelle manière de traicté entre le Parlement et l'Ormée; le reste du Parlement l'a sceu, qui en est dans une colère non pareille; enfin, pour dire le vray à Vostre Altesse, cette ville icy est extrêmement divisée d'intérais et d'affections, et tout y tend à la paix; je dys avec le Cardinal et avec quoi que ce soit que Vostre Altesse la puisse faire, tout vat qu'on n'en veuille entendre parler que par vous et avec vous, et c'est à quoy j'employerai le vert et le sec, et à quoy ceux qui sont de nostre dépendance dans l'Ormée s'appliqueront avec soing. Il y a tousjours à craindre que ceux qui y sont gaignez de la cour n'agissent dans un sens contraire; mais on y opposera tout ce que la force, l'intérest et l'industrie pourront, afin de donner à Vostre Altesse le temps d'agir en ses affaires comme elle trouvera bon.

« Je n'ai point quitté la maison restant avec une extrême faiblesse; mais par tout ce qui vat et vient de madame de Longueville à moy, ou par messages ou par escript, me fait voir qu'elle agit fort bien et fort nettement; elle est tout à fait guérie. M. le prince de Conty est toujours en mauvais estat; sa fiebvre changeant tous les jours de nature, il l'a maintenant quarte. Je vous ay tousjours mandé que la maladie de Madame ne me plaisait point du tout, je vous le mande encore; elle a tous les jours la fiebvre qui ne l'à quitte quasi point. Son Altesse fut seignée hier et aujourd'hui au pied. Monseigneur le duc de Bourbon est tousjours fort petit; mais sain et vigoureux. Il faut laisser faire vandange pour le baptesme, c'està-dire que cela ira à la Saint-Martin.

« J'ai desjà mandé à Vostre Altesse le peu d'argent qui est venu sur cette caravelle et les sommes énormes qui nous sont nécessaires pour satisfaire aux parolles qu'on a données aux uns et aux autres, et aux dettes passées: Je ne me suis jamais trouvé si empesché que je le suis et que je le vas estre. Je ne ferai distribuer ce peu d'argent que comme M. de Marchin le trouvera à propos, afin qu'il face trouver bon aux gens de guerre tousjours déraisonnables, du moins quelqu'uns, la distribution qu'on en fera et le retardement de leur satisfaction.

« Votre Altesse verra par les lettres que je viens de recevoir de M. de Saint-Agoulin l'estat de vos affaires d'Espagne, afin que sur ces originaux, elle prenne des mesures certaines. Je leur écris tout le plus fortement qu'il m'est possible et continuerai tousjours; mais par le passé il fault juger de l'advenir. Ces messieurs là font leurs affaires, celles de Vostre Altesse tout comme elles pourront après; et, à les entendre, ilz préfèrent celles ici à icelles, de tous leurs estatz.

« M. de Marchin va coucher ce soir à Libourne et va conférer avec M. de Vatteville. J'espère que je vous envoyerai Groussollas assurément d'aujourd'hui en huit jours; si j'avois la teste assez forte, je vous chiffrerais ici cinq ou six lignes, mais je ne puis. M. de Marchin ne vous escrira plus que pour vous demander du secours; car il en est rébutté. Mais il est persuadé que si Vostre Altesse prend des quartiers où elle est, elle peut lui faire passer de la cavallerie; car, à ne se point flatter, si Barcellonne est pris et que les ennemis démeurent en Guienne aussy forts qu'ils y sont, il fault mettre toute notre infanterie dans nos places et y entretenir, comme on a fait, toute l'armée avec une despence non pareille. Il faudra aussy y jectter toute nostre cavallerie et à ce que m'escrit M. de Marchin y faire des magasins de foing et d'avoyne et luy donner le pain, ce qui est tout à fait impossible et par le manque de fourage en espèce et par le deffault d'argent; adjoustez à cela l'estat de Bourdeaux et faites vostre compte comme il vous plaira, pour moy je ne me lasseray asseurément que le dernier. Ces multiplications de charges génerálles désespèrent tout le monde. Le convoy ne produit pas un teston; le parlement crie après trois quartiers de gages; plusieurs réclament des grattiffications disant qu'ils meurent de faim, et certainement elles sont nécessaires. M. du Dognon en veult et cela est quant à présent impossible. Jugez s'il en a grand besoing puisqu'il fit convertir les 80,000 livres que je lui fis donner, il y a un mois, en or. Vous ne sauriez concevoir la multiplicité de prétentions imaginaires des uns et des autres; c'est-à-dire de tout le monde. Jugez de là, Monseigneur, en quel estat je suis. Tout cela m'importe pourvu que vous ayez tout le loisir qu'il fault pour terminer vos affaires à vos souhaitz; qui est tout ce que je désire aux monde.

« J'oubliois à vous dire pour respondre à ce que

Votre Altesse m'escrivit, il y a quelques jours que je n'entrois pas, comme vous le souhaitteriez, dans vos sentimens sur le sujet de MM. de Marchin et de Baltazard, que ce sont de ces hommes qui se sont tousjours dit et qui m'ont toujours dit qu'ils estoient les meilleurs amys du monde. Au surplus ilz vivent bien et le premier a tourné la chose d'une manière que vous estes maistre de toute la brigade, en telle sorte que M. de Baltazard l'est de son régiment seul.

« Quant à M. de Gondrin, comme je ne suis ny pour vostre auctorité, ny pour mon particulier, en reste de rien du tout, quand il voudra que nous vivions bien ensemble, j'en suis d'accord et ferai le premier pas, puisqu'il vous le plaist et que Vostre Altesse croit que les affaires le désirent. Je l'ay fait dire ainsy à madame de Longueville ; car, pour luy devoir rien, Vostre Altesse me fera bien la justice de croire que j'en suis fort persuadé.

A. S. A. du 24 octobre 1652 [1]. »

La conférence pour laquelle le comte de Marsin s'était rendu auprès du baron de Vatteville devait se rapporter au fait relaté dans la lettre suivante écrite par l'amiral espagnol à Lenet. Ce fait avait causé de part et d'autre une violente animosité :

[1] Lettre inédite; Papiers de Lenet; Bibliothèque nationale, Fonds français, 6711, f° 105.

« Monsieur,

« Si tout Bordeaux crie contre moy et mes gens, il est certain que l'on s'imaginera d'avoir raison, et néantmoins ils ont grand tort; car le vesseau que l'on a pris à Saint-Sébastien, le mesme marchant dit qu'il n'avait point de passeport de Son Altesse, ny de moy; qui est le seul prétexte que peut avoir pris celluy qui l'a arresté nonobstant venant pour Bourdeaux. J'ay escrit que l'on le relâche, et ne suis pas informé que l'on aît pris aucune chose à M. Dognon; et lorsqu'il sera à Saint-Sébastien, il ne faut pas douter qu'on ne le relâche aussy tost. Mais il n'est pas juste que l'on se plaigne de tous les Espagnols en général pour la faute de quelque particulier, ny que l'on me rende responsable des désordres d'autruy; et enfin il faut tomber d'accord que vous scavez mieux vous plaindre que nous, et mieux exagérer les choses et en trouver justice. D'autre costé, lorsque je vous ay escrit sur les Espagnols que l'on reçoit à Libourne et autres choses semblables, vous y avez si bon remède que vous n'y avez jamais fait de responce. J'en devrois faire de mesme.

« Au reste je ne suis point du tout estonné de vos plaintes, quand je voy que vous les faites sans estre informé des choses, puisqu'il y a quinze jours que j'ay fait sortir cinq frégates, et je l'ay escrit à messieurs de la ville de Bordeaux, leur disant que si bien l'Espion n'estoit pas prest, les miesnes sortoient. Ils n'y firent pas d'autre responce; car ils n'avoient affaire d'autre chose pour lors. Vous me dites que tout tombe sur moy, et que les Espagnols ne seront pas asseurés de leur vie à Bordeaux. Vous scavez que j'ay toujours apporté bon ordre à toutes choses, procédant comme je dois pour moy mesme, sans m'arrêter à ce que l'on fait avec moy, et de la mesme sorte, je la continueray sans que le danger que les Espagnols courent à Bordeaux y avance ny diminue aucun soin, d'autant que la substance de l'affaire, l'intention de Sa Majesté et mon devoir sont la satisfaction de Monsieur le prince, et, en mon particulier, estre tousjours,

« Monsieur,
Vostre très-humble serviteur,
VATTEVILLE. »

« A Bourg, ce 26 octobre 1652.

« Vous trouvez estrange qu'on donne des passeports pour deux mois ; l'on les donne pour trois, pour dix, selon qui les demande ; mais tout est un, car il ne fault qu'un pirate qui prenne une barque pour ruiner toutes les affaires et le bien qu'on auroit fait en cent ans. C'est pourquoy je trouve que vous avez plus affaire à mettre ordre à cet abus que moy pour la restitution de la barque[1]. »

Ces difficultés avec l'Espagne aggravent d'autant plus les difficultés intérieures. Sur ces entrefaites, la nouvelle que l'amnistie royale est parvenue à Bordeaux chez le procureur général Dussaut soupçonné d'en vouloir donner communication au parlement, ranime les fureurs de l'Ormée : le procureur général est menacé de mort ; un conseiller au Parlement chevauchant paisiblement dans la rue est assailli à coups d'épées et de pistolets. Ce conseiller se sauve ; et trouve prudent de ne faire aucune poursuite à l'occasion de l'attentat qui a failli lui coûter la vie. Lenet adresse au prince de Condé le récit de ces déplorables faits :

« De Bourdeaux, le 31 octobre 1652.

« La nécessité que M. de Marchin a eu d'esloigner les trouppes et de les jetter au delà de la Dordogne a faict naistre un bruit public qu'il alloit assiéger Blaye, de sorte qu'on se précautionne dans cette place comme s'il estoit vray. Hier sur un autre faux bruit que le procureur général avoit receu l'amnistie de la part du roy, l'Ormée fut en son logis luy dire que s'il la recevoit et qu'il ne la portât à Monseigneur le prince de Conty, il n'y auroit

[1] Lettre inédite ; Bibliothèque nationale, Fonds français, 6711, f° 112.

pas un quart d'heure de vie pour luy. De là ils passèrent au Parlement qui s'assembloit, disant à tous les particuliers à mesure qu'ils arrivoient que le bruit estoit qu'ils vouloient vérifier l'amnistie, et que quiconque parleroit de paix ou d'amnistie, que par ordre de M. le prince, seroit jeté dans la rivière. De là passans dans la rue du Parlement, ils rencontrèrent le sieur Dandvant, conseiller, qui s'en alloit à Périgueux; ils luy disent qu'ils avoient advis qu'il aloit en cour contre eux et pour traitter la paix du Parlement, que si cela choit, il n'avoit qu'à s'y tenir et à ne jamais rentrer dans Bourdeaux où il n'y avoit point de seureté pour luy; et sur ce qu'il leur respondit un peu rudement qu'ils passassent leur chemin, ils le querellèrent; il voulut pousser son cheval, on l'arreste; il mit la main au pistolet pour se faire jour; sur quoy quelqu'un de l'Ormée luy tira un coup de pistolet par derrière dont trois balles lui percèrent la casaque; mais ne luy firent qu'une assez rude contusion. Il eut aussi ses habits percés de quelques coups d'épée; mais sans estre offensé à la chair.

« Durant, le mutionnaire passant fortuitement, le délivra et le fit sauver. Il prend bien la chose et la traitte comme une affaire particulière qu'il ne veut pas pousser. Le Parlement est en grande colère de tout ce qui se passa ce jour là.

« L'Ormée veut faire changer les officiers du bureau des courratiers et s'y establir.

« Un de mes amis du Parlement sort d'auprès de moy et m'a prié de la part de plusieurs de ses confrères de voir quelles mesures nous voulions prendre pour remettre les choses en estat qu'ils puissent le souffrir, si non qu'on leur permit de se retirer. Je luy ai respondu tout ce qui se peut là-dessus et l'on y va travailler puissamment; et par effet madame de Longueville va prendre la peine de venir céans pour adviser à toutes choses. J'oubliois à vous dire que l'Ormée prit hier résolution de faire une députation à M. le prince de Conty contre le comte de Maure; ce pauvre homme faict tout ce qu'il peut pour contenter le Parlement, les gens de guerre et les bourgeois et n'y advance rien du tout, ce dont je suis très-fâché [1]. »

A tous ces attentats, à toutes ces difficultés la prise de Barcelone dont nous avons parlé précédemment eut semblé un utile remède au point de vue du parti des princes, si précisément son résultat n'eût été de renforcer l'armée royale en Guyenne. Par compensation, il est vrai, l'évacuation de la Catalogne par les troupes françaises forcées de repasser les Pyrénées rendait la liberté de ses mouvements à l'armée espagnole qui pouvait faire une

---

[1] Dépêche inédite; Papiers de Lenet; Bibliothèque nationale, Fonds français, 6711, f° 145.

diversion en franchissant les Pyrénées. Le baron de Vatteville l'espérait, et écrivit en ce sens une lettre de satisfaction à la princesse de Condé :

« A son Altesse Madame la princesse de Condé, à Bordeaux.

« Madame,

« Je ne veux pas différer plus long temps de tesmoigner à Votre Altesse la joye de ce que Sa Majesté aprez la reddition de Barcellone aura plus de facilité qu'auparavant de satisfaire le désir qu'elle a de secourir Monseigneur le prince. Votre Altesse peut penser combien je reccois de satisfaction de ce que l'obstacle qui retardoit vos contentements est levé. Le plaisir que j'en ay ne se peut connoistre que par la passion infinie que j'ay d'estre,

« Madame, de Votre Altesse le très-humble et très-obéissant serviteur,

VATTEVILLE. »

« Bourg, ce 6 novembre 1652 [1]. »

Tandis que l'amélioration que pourrait apporter aux affaires de Guyenne la prise de Barcelone reste à l'état de problématique espoir; les complications se multiplient autour de Lenet dont la fiè-

---

[1] Lettre inédite ; Papiers de Lenet ; Bibliothèque nationale, Fonds français, 7611, f° 166.

vre double tierce est le moindre des maux, il les expose dans la dépêche suivante adressée au prince de Condé :

« A Bourdeaux, ce 14 novembre 1652.

« Il n'y a rien du tout à escrire depuis le dernier ordinaire sinon que tous les jours on fait cent propositions bizares dans l'Ormée dont nous empeschons l'effect tant que nous pouvons. Ils veulent empescher le commerce et de là leur vient quelque douceur pour ceux qui passent. Ils ont voulu faire un régiment de cavalerie et un d'infanterie ; M. le prince de Conty l'a empesché. Depuis ils sont venus proposer de faire soldoyer vingt-cinq hommes sous chaque capitaine de ville qui sont trente-six ; et c'est ce qu'il faut empescher ; fault les mettre dans le bureau de direction et faire tenir celuy pour la redition des comptes. Il faudra faire tout ce qui sera possible pour filer son licol le plus long qu'on pourra. Je ne crains que leur liaison avec les Huguenots qui poussent toujours leur travail sur l'affaire dont j'ai tant escrit à Vostre Altesse et sur quoy elle ne m'a fait aucune responce, si non qu'elle escriroit à Barrière là dessus. Il n'est pas là en posture pour pouvoir rien descouvrir d'une affaire si importante ; mais Vostre Altesse se souviendra qu'il vous arrivera avec un peu de temps quelque malheur icy et rien ne l'a empesché icy que la partialité. Le Parlement et tous nos meilleurs amys sont enragés; ils ne respirent que la paix d'où qu'elle puisse venir. Tous se plaignent en cette ville de ce que Vostre Altesse ne donne advis de rien, ny de paix, ny de guerre. Envoiés-nous, je vous prie, quelqu'un de qualité qui scache entretenir commerce ; comme il y a plus d'un mois que nous ne scavons de vos nouvelles que ce que la gazette en dit, nous avons mille peines à les désabuser. En un mot Vostre Altesse ne peut s'imaginer quels sont ces gens icy. Prenés-y garde de loin, comme nous taschons à y prendre garde de près.

« Au reste tant que j'ay parlé un mot fermement à M. du Dognon, il s'est assés contenu et on luy fait entendre raison; depuis que Vostre Altesse m'a commandé de luy tesmoigner tant d'amytié et d'attachement, il a esté six mois sans m'escrire et a traicté Bourdeaux et les marchands de Turc à Maure. Je luy ai escrit des lettres plus civiles et pleines d'amitié, d'estime et d'attachement à ses intérests que Vostre Altesse puisse imaginer; car Dieu m'a donné le talent de n'avoir point de volontez que celles du père Gardien. Je le priois par mes cinq ou six dernières de me mander d'où venoit son silence et le priois de m'escrire comme il faisoit auparavant. Il m'a escrit la belle lettre dont j'envoye copie à Vostre Altesse, elle verra des injures contre moy et une espèce de manifeste en sa faveur. Je crains fort les conférences de l'évesque de Xaintes et les bruicts qui courent de son accomodement. Vous verrez aussy la responce que je luy ay faicte. Mandés moy, je vous supplie, Monseigneur, sur toutes choses ce que je dois faire et je vous asseure que je n'y obmettrai rien; et toutes mes actions vous persuaderont combien je suis à vous. Je suis retombé dans ma fiebvre double tierce pour la cinquiesme fois, et c'est ce qui m'empesche de chiffrer beaucoup de choses. M. le comte de Maure est ici qui vous assure de son obéissance.

« M. de Monpouillan, depuis Pille, a encore pris le chasteau de la Rue qui est à M. de Gonor [1]. Au surplus j'envoye à Vostre Altesse mes dernières lettres d'Espagne que je ne trouve point trop bonnes et aussy celles de M. de Marchin. Je ne scay comment diable faire sans argent; le convoy n'a pas un sol. Je suis accablé de toutes parts à un poinct que vous ne sauriez croire; jamais il n'a esté tant de friponneries que j'en descouvre à tous les quarz d'heures du jour. Je résiste et en empesche beaucoup; on s'en met en colère contre moy;

---

[1] De la maison de Cossé. Arthus de Cossé, maréchal de France, portait le titre de seigneur Gonnort. Voy. les *Mémoires de Montluc.*

mais ma foy je ne m'en soucie guaire pourveu que vostre service se face et qu'on vous puisse donner l'aise de vous accomoder avec seureté[1]. »

Ainsi pendant que le marquis de Montpouillan par la prise de nombre de petites places retrécit le cercle dans lequel se meut l'armée des princes, le comte du Dognon, cet ami si coûteux, grandit ses exigences, il devient d'autant plus intraitable que plus d'avances et de concessions lui sont faites ; il apporte au commerce des entraves intéressées ; il injurie Lenet dont le caractère hautain et peu patient s'indigne et s'irrite ; de plus il entretient des relations suspectes avec M. de Bassompierre, évêque de Saintes, et son accomodement avec la cour pourrait bien en ressortir comme fatal dénoûment. Du reste tout le monde soupire après la paix, jusqu'aux meilleurs amis des princes et au Parlement lui-même. A quel point des vœux si universels et si ardents sont difficiles à contenir !

Enfin l'Ormée que Lenet avait assoupli sous son joug, et qui, depuis lors, ne se livrait aux tumultes et aux émeutes que dans la mesure nécessaire pour paralyser par la crainte les partisans de

---

[1] Dépêche inédite ; Papiers de Lenet ; Bibliothèque nationale, Fonds français, 6711, f° 193. Au bas de cette dépêche, comme pour toutes les autres, est inscrit le nom du messager ; celle-ci porte cette mention : *A son Altesse, par la demoiselle.*

la paix, veut excéder la mesure au risque d'amener par ses excès non contenus le triomphe de la réaction qui la guette, ou, si elle écrase la réaction, de jeter Bordeaux dans les horreurs de la plus sanglante anarchie. Cette faction, pour se rendre maîtresse absolue de la situation, prétend lever des troupes régulières à sa solde ; bien plus, dans la garde urbaine, elle prétend soudoyer vingt-cinq hommes par compagnie ; ce ne serait rien moins que la cessation du travail des ouvriers et l'organisation du désordre à beaux deniers comptant [1]. Lenet n'entrevoit que le désastreux moyen de concessions à faire sur d'autres points, particulièrement sur le contrôle des finances, contrôle qui aux époques de troubles et de révolutions, plaît toujours aux gens qui n'ont rien, parce qu'ils ne manquent jamais de retourner les abus à leur profit, en les aggravant encore, et les abus offraient une ample moisson, puisque des friponneries nou-

---

[1] De même que les nobles choses ont leurs précédents, leur généalogie pour ainsi dire, les idées révolutionnaires ont leur filiation : ne dirait-on pas que le Gouvernement du 4 septembre qui a eu l'idée insensée d'enrôler en masse, en la payant, la population ouvrière de Paris dans les rangs de la garde nationale, s'est inspirée, en la dépassant, de la pensée de l'Ormée de Bordeaux. Le Gouvernement créait une armée non contre l'ennemi, mais contre l'intérieur, armée qui n'était propre qu'à fomenter le désordre et à paralyser les efforts des bons citoyens. Les gardes nationaux soldés, après avoir amené le résultat de la capitulation de Paris, sont devenus pour la plupart les prétoriens de la Commune.

velles se découvraient à chaque quart d'heure du jour.

Lenet qui se méfie du prince de Conti qu'il déteste, sollicite le prince de Condé d'envoyer à Bordeaux quelque personnage de qualité inspirant assez de soumission et de respect pour dominer tous ces éléments qui luttent, se divisent et se dissolvent, assez puissant pour conjurer un danger déjà signalé au prince, mais qui va grandissant chaque jour, une entente entre les protestants de France et les protestants d'Angleterre ; entente qui n'allait pas à moins, comme nous ne tarderons pas à le voir, qu'à l'établissement en France de la république.

CHAPITRE XLIV.

La Fronde des princes manque de tout caractère national. — Cette observation conduit à l'étude de la Fronde au point de vue diplomatique. — Service récent rendu à l'histoire par l'ouverture des archives du Ministère des affaires étrangères. — *Advis et Mémoire d'Estat au roi et à son conseil*, 6 janvier 1651. — Les jalons de la politique tracée à cette époque pourraient encore servir de guides. — Conditions de l'équilibre européen. — Nulle nation ne doit être prépondérante. — Les nationalités doivent former les unités des gouvernements. — Supériorité des États de moyenne grandeur sur ceux d'une trop grande étendue. — La question géographique des frontières peut apporter une exception indispensable au principe des nationalités. — La ligne du Rhin est nécessaire pour la France. — Causes d'une solution récente diamétralement contraire. — Louis XIV pendant toute la durée de son règne s'est appliqué à suivre le programme du *Mémoire* de 1651 et l'a réalisé en partie. — Blâme infligé à la politique française, comme à celle de tous les autres États, lorsque des entreprises ont été tentées ou consommées contre l'autonomie des nations. — Nécessité de refouler les Turcs hors de l'Europe. — Nouvelle croisade conseillée. — Opportunité de mettre fin, dans l'intérêt de l'équilibre européen, à toute lutte entre le pouvoir temporel et le pouvoir spirituel. — Nécessité de fixer le mode de l'élection des Papes et de pourvoir à ce que le Pape ne soit pas toujours italien. — Importance majeure qui s'attache à l'élection du roi des Romains. — Origine de la souveraineté temporelle des papes. — Le sceptre du Saint-Empire romain ne doit pas appartenir exclusivement à l'Allemagne.

— Différence en faveur du cardinal Mazarin entre sa politique extérieure et celle du prince de Condé. — Réserve à cet éloge en ce qui concerne la politique du cardinal vis-à-vis de l'Angleterre.

Plus nous avançons dans le cours de cette histoire, plus ressort à nos yeux la constatation du fait suivant : la Fronde a perdu tout caractère du souffle national qui primitivement était en elle, soit que la bourgeoisie fourvoyée en cherchant sa représentation dans les parlements, voulût arriver par eux au contrôle des affaires publiques, soit que la noblesse, se plaçant sur un terrain plus large, réclamât pour ce contrôle l'intervention des États-Généraux. La Fronde a dégénéré en un parti étroit et égoïste qui n'est plus que le parti des princes, et le parti des princes se résume dans un seul parmi eux : le prince de Condé. Or, ce prince, sans souci de la constitution traditionnelle de la France, ni même d'aucun principe gouvernemental, ne poursuit que le but d'arracher le pouvoir absolu aux mains du cardinal Mazarin, afin d'en faire la conquête pour lui-même. Un tel parti n'étant à aucun point de vue un parti national, ne peut plus chercher au dedans son point d'appui ; il est fatalement conduit à le chercher au dehors. Il puise sa force présente dans son alliance avec l'Espagne, il cherche à l'augmenter par la recherche de l'alliance de l'Angleterre.

Cette situation nous conduit à l'étude de la Fronde au point de vue diplomatique, étude nouvelle, qui nous fera connaître en même temps quelle était l'attitude, au dix-septième siècle, de la France elle-même vis-à-vis des puissances de l'Europe. Cette étude trouve mieux sa place ici, que si nous l'eussions abordée plus tôt, et nous n'eussions pas eu alors pour la rendre aussi intéressante, aussi authentique et aussi complète, les précieux éléments que nous devons à la mesure éclairée par laquelle le trésor des Archives du ministère des Affaires étrangères a été ouvert aux recherches historiques [1].

Nous avons trouvé précisément ce coup d'œil d'ensemble sur la situation diplomatique dans le document inédit qui va suivre, il nous fait remonter au commencement de l'année 1651.

---

[1] Cette mesure, on le sait, est due à l'initiative de M. le duc Decazes.

Nous devons ici exprimer nos remercîments à M. Faugère, Ministre plénipotentiaire, Directeur général des Archives du ministère des Affaires étrangères, pour l'obligeance qu'il a mise à faciliter nos recherches.

ADVIS ET MÉMOIRE D'ESTAT AU ROY ET A SON CONSEIL.

« Jamais la Chrestienté n'aura une paix ferme et de longue durée, jamais l'Esglise catholique ne s'augmentera, jamais on ne convertira les payens, les infidelles, les hérétiques et les schismatiques, jamais on ne verra les princes chrestiens bien unis pour conquérir la terre saincte et subjuguer les nations barbares, jamais Rome et le siége apostolique ne seront en liberté, jamais la France, ny les princes d'Italie et d'Allemagne ne seront en repos et seureté tant que l'Espaignol possédera quelques pays et estats au deçà des monts Pirenez ; mais spécialement en Italie. La raison en est évidente ; parce que le Conseil d'Espaigne ayant formé le grand desseing de la monarchie de toute l'Europe, il n'en démordera jamais ; ains fera tous ses efforts pour se l'acquérir à tort ou à droit, et ce qu'il ne pourra faire en un temps pour sa faiblesse ou autre empeschement, il prendra ses mesures pour le faire opportunément en un autre, despouillant tantôt un prince de ses estats, et tantôt un autre, par des usurpations colorées de prétextes spécieux en apparence, comme il a fait par le passé en Italie et ailleurs, tesmoin la Navarre, le Portugail, Monaco, Final, Piombino, l'Elbe, Pothercole, Orbitelle, Babioneta, Naples, Sicile et autres.

« Ce fondement posé, tous les princes d'Italie et d'Allemagne ont droit et intérest de se liguer fortement avec la France pour abattre l'orgueil de cette nation ambitieuse, affin de luy oster plus facilement par de justes conquestes tout ce qu'elle a usurpé, et la contraindre à faire des eschanges ou recevoir des récompenses raisonnables pour les pays, places et estats qui, par des justes titres, lui appartiennent, comme la Flandre, les Pays-Bas et autres.

« Pour y parvenir facilement, il faudrait que le Roy très-chrestien par une générosité et magnanimité à jamais mémorables, se contantât de la France, limitée toutes fois comme on desduira ci-après, et qu'il cédast et distribuât aux princes d'Italie et d'Allemaigne les pays conquis sur l'Espagnol, à chacun selon son droit et sa bienséance, se réservant seulement des hommages et autres droits et devoirs qu'on adviseroit, n'estant pas juste et raisonnable que Sa Majesté employe ses soins et consomme ses travaux, ses biens, et le sang et la vie de ses subjects, en vain.

« Il n'y a point de moyen plus asseuré pour establir une paix ferme et de durée que de faire en sorte que chaque nation soit dominée par des princes de la mesme nation; que les italiens seigneurient l'Italie, les allemans l'Allemaigne, les Espagnols l'Espaigne, et ainsi de tous les autres Estats de l'Europe; car il semble que Dieu et la nature l'ont ainsi disposé par la différence des langues, des mœurs, l'assiette des pays et l'inclination des peuples à estre dominés par ceux de la mesme nation, plustôt que par des estrangers. Il n'y a point d'amorce plus douce, ni de motif plus puissant pour attirer l'affection des princes et des peuples et pour obtenir leur consentement à se liguer et confédérer avec la France, que de leur proposer que le Roy ne se veut réserver la propriété d'auculne chose en Italie, et qu'il la leur veut toute laisser aux conditions que dessus, ne prétendant que les délivrer de la servitude en laquelle l'espaignol les a tenus jusqu'à présent, et les restablir dans une pleine et entière liberté, les rendant maistres et seigneurs de leur propre patrie.

« De fait qu'avons-nous que faire de posséder des places et pays dans l'Italie, pourveu que l'Espaignol n'y tienne plus rien. Les italiens n'ayment voir chez eux non plus les françois que les espagnols, et la domination des françois leur seroit plus insupportable que celle des espagnols. Quel proffict a fait la France d'y faire si souvent la guerre, si ce n'est y prodiguer le sang et la vie de tant de millions de bons et braves françois et y consommer des trésors immenses.

« Que si néantmoins ce Conseil jugeoit nécessaire de posséder quelques places, pays et Estats en Italie, il faudrait qu'ils fussent contigus et unis à la France, comme par exemple le Piedmont, le Milanois et le Gênois, parce qu'ainsi on les pourroit conserver et deffendre, et se pourroient comme jadis appeler la Gaule Transalpine; car de penser à la conqueste des royaulmes de Naples et Sicile pour les garder, c'est abus et pure folie; parce qu'estant trop esloignés et destachés de la France, nous ne scaurions les conserver longtemps, et nous cousteroient-ils des trésors immenses qui espuiseroient le France laquelle n'a point de Pérou ny des Indes pour luy fournir l'or et l'argent; et partant, il faudrait donner au duc de Savoye le royaulme de Naples en eschange de tous ses estats, et partager à plusieurs princes d'Italie la Sicile et la Sardaigne; car de remettre au Pape le royaulme de Naples, il n'est pas expédient. Il seroit trop puissant prince temporel, l'estant déjà assez et ayant le glaive spirituel en main, il ne faut pas qu'il aye le temporel ou matériel en égalité de puissance.

« Mais j'estime qu'il seroit mieux de laisser toute l'Italie aux italiens aux conditions que dessus; cela osteroit toute occasion de jalousie, d'envie, de troubles, maintiendroit l'union et la bonne intelligence entre les princes chrestiens, faciliteroit leur confédération pour faire la guerre au Turc et conquérir la Terre-Sainte, pour subjuguer les nations barbares, destruire les hérésies, les schismes, le paganisme, en un mot avanceroit le royaulme et la gloire de Dieu, et attirerait au Roy et à la France les bénédictions du Ciel et les faveurs des peuples de la terre.

« L'histoire et l'expérience nous ont apprins que les royaulmes et empires les plus grandz et les plus estanduz ne sont jamais de longue durée, surtout s'ils ont des estats destachés et trop esloignés, à cause des faciles et fréquentes révoltes et rébellions que l'ambition et les mescontentements des grands et des peuples suscitent de temps en temps contre les souverains esloignés et estrangers. L'Empire romain le plus grand et le plus puissant qui ayt jamais esté, ne s'est destruit que par sa trop grande estandue, accablé du faix et du poids de sa propre grandeur. Un royaulme de médiocre grandeur, contigu et bien uni, est presque invincible. On le peut facilement maintenir en son entier avec moins de frais et de despenses ; le Roy le peut visiter de temps en temps pour voir et scavoir comme toutes choses se passent et rendre la justice à ses subjects, les consolant de sa présence. Combien ont cousté d'hommes et d'argent les Pays-Bas, la Flandre, Milan et le reste au Roi d'Espaigne ? Incroyablement plus qu'il n'en a tiré de proffict et d'advantage. Combien couste et coustera aux Vénitiens la conservation de la Candie, Dalmatie et autres pays travaillés à présent par la guerre du

Turc ; on ne le scaurait estimer ny comprendre.

« Il faudrait donc limiter la France comme anciennement par les Monts Pyrénées, par les deux mers : l'Océan et la Méditerranée ; par les Alpes et par le fleuve du Rhin, depuis sa source jusqu'à sa triple embouchure dans l'Océan, de sorte que tous les pays qui sont contigus et enfermés dans le pourpris de ces limites s'appelassent France, appartenant en souveraineté à la couronne de France, que le Roy en fût le très-haut, le premier et principal souverain, en la mesme façon que l'Empereur l'est de toute l'Allemaigne, où plusieurs princes souverains, comme les électeurs et autres, relèvent de son Empire. Partant il serait expédient que du costé des Pyrénées qui aboutit à l'Océan, nous eussions Fontarabie, et qu'il fit nostre limite ; du costé des Pyrénées qui aboutit à la Méditerranée, que Roze et Perpignan nous demeurassent et fissent nos limites. Du costé de l'Italie que Nice et Monaco fussent à nous, et tout ce qui est au deça des Alpes jusqu'à la source du Rhin, qui est au mont Saint-Gotard, et despuis la source du Rhin Bicornu jusqu'à sa triple embouchure dans l'Océan.

« La France composée de cette manière seroit le plus beau, le plus florissant et le plus puissant royaume de l'Univers ; qui donneroit la loy à tout le monde, et comme elle auroit tous les plus beaux et meilleurs ports des deux mers, elle se rendroit très-riche par son commerce tant général que particulier, et redoutable par ses forces et armées nouvelles. Dieu fasse la grâce à Louis XIIII de Bourbon, monarque très-heureux des François, et à son très-sage et fidelle Conseil d'exécuter généralement ce grand dessein plus juste, plus raisonnable et plus facile, sans comparaison, que celuy de la monarchie de l'Europe prétendu par les Espagnols. Les moyens de parvenir sont les mariages, les eschanges, les achapts et récompensenses raisonnables, le droit des armes. Par exemple changer le royaume de Navarre qu'usurpe l'Espagnol avec les Pays-Bas et le comté de Bourgogne; bailler au duc de Savoye partie du Milanois pour tout ce qu'il possède deçà les monts, supposé qu'on ne veuille rien retenir en Italie; au duc Charles[1], donner quelque duché au cœur de la France (non pas en souvraineté) et des revenus équivalents de ceux qu'il avait, les frais et dommages de la guerre compensés, ou bien lui donner quelques Estats hors la France, laisser les Suisses, les Liégeois, les Électeurs de Cologne, Trèves, Mayence, et autres princes dans la jouissance de leurs biens et dignités, moyenant les hommages et autres droits et devoirs. La chose est si faisable qu'il ne faut que la vouloir et la bien conduire pour en venir à bout.

« Avant que de faire la paix, on pourroit bien

---

[1] Le duc Charles de Lorraine.

conquérir le comté de Bourgogne, si nécessaire et si bien séant à la France, surtout à présent qu'il est foible et sans espérance d'estre secouru. Quand il n'y auroit autre motif que de voir à nos portes Francomtois, françois de nation, qui parlent et vivent comme nous, estre dominés par l'Espagnol, et avoir une si grande aversion contre la France, cela seul mérite bien qu'on les subjugue, et qu'on asseure nos frontières de Bresse, Bourgogne et Champagne par sa conqueste. Cela humilieroit Genêve, Lausane, les suisses, et les obligeroit bien tost à se ranger de nostre parti.

« Ces choses accomplies comme dessus, le roy seroit assez puissant pour obtenir un jour de quelque Pape ou d'un conclave, pendant le siége vacant, la convocation d'un Concile général pour réformer certains abus qui se sont introduits dans l'Esglise et dans l'Empire par l'astuce et violence de quelques Papes et Empereurs.

« Et premièrement il faudroit faire décider si le Concile est pardessus le Pape et le peut déposer; car cela est controversé;

« Si l'eslection des Papes appartient aux seuls cardinaux;

« Si les seuls cardinaux doibvent estre esleus Papes à l'exclusion de tous les autres prélats, religieux et ecclésiastiques, attendu qu'il n'a pas toujours esté pratiqué de la sorte, et qu'il semble que c'est vouloir lier le Saint-Esprit qui inspire où bon lui semble ; que si l'on détermine que les Papes doivent estre tirés et choisis du seul corps et collège des cardinaux, il faudra observer inviolablement les conditions suivantes :

« La première qu'on ne fera aulcun cardinal que par mérite, c'est-à-dire qu'il n'aye atteint certain aage ; qu'il ne soit homme pieux et savant, ce qui obligera les princes et grands seigneurs de faire bien élever leurs enfans à la vertu et aux bonnes lettres pour y parvenir ;

« Deuxièmement, déterminer le nombre des cardinaux et prescrire une belle forme de les eslire canoniquement, et le Pape aussi, meilleure et plus exemplaire qu'elle n'a esté depuis quelque temps, et qu'elle est escrite dans les lettres et ambassades des cardinaux Dossat et du Perron, et de quelques historiens modernes.

« Pour déterminer absolûment que le Siège Apostolique demeure fixe, ferme, immobile et perpétuel à Rome, sans qu'aulcun Pape le puisse changer, ny transférer ailleurs ; mais aussy pour oster ce très grand abus de n'eslire pour Pape que les seuls cardinaux italiens ; et partant il faudra eslire esgalement des cardinaux de chaque nation principale ; car c'est une trop grande injustice que les Italiens usurpent à perpétuité le souvrain Pontificat de l'Esglise et la première dignité du monde, à l'exclusion et préjudice de toutes les autres nations de la Chrestieneté.

« Pour règler les abus de la Cour et Chancellerie de Rome ;

« Pour décider si les seuls Allemands doivent eslire le Roy des Romains, et s'il ne seroit pas mieux que des autres nations qui y ont intérêt, il y eust égalité d'électeurs.

« Pour déterminer que le roy des Romains soit esleu alternativement de chaque nation principale pour oster l'abus qu'une seule nation ou maison particulière se rendre propre et héréditaire cette dignité si importante.

« Plaise au Roy et à son Conseil de peser ces advis au pieds du Sanctuaire et y faire les deues et nécessaires considérations et réflexions pour leur très grande importance ; car ils ont été inspirés à un grand serviteur de Dieu, lorsque *le jour des Roys, cinquième janvier de la présente année mil-six-cent-cinquante-un*, parmi ses contemplations, il prioit Dieu avec un grand zèle et ferveur pour l'exaltation de la sainte Esglise, l'extirpation des hérésies, l'union des Princes chrestiens, et pour la paix générale, après avoir appliqué les jeunes, disciplines, et autres mortifications, les sacrements de confession et de communion au saint sacrifice de la messe, d'où l'on peut inférer une manifeste déclaration de la volonté de Dieu [1]. »

---

[1] *Archives du ministère des affaires étrangères*, vol. 28.

Dans ce *Mémoire* qui fut soumis au Conseil du roi, nous n'avons pas à rechercher si l'inspiration religieuse qu'invoque son auteur fut vraie ou exagérée, ou si elle ne fut même que l'emploi d'une de ces formes appropriées à l'esprit de l'époque ; mais nous ne saurions lui refuser une connaissance approfondie des rapports et des intérêts de l'Europe et de la France.

L'objectif de ce travail est la recherche des moyens d'établir l'équilibre européen ; jamais sujet plus vaste ne s'est offert aux méditations du moraliste et du politique. Après de longs siècles de guerre, après la guerre récente de trente ans, alors que les hostilités continuaient entre la France et l'Espagne, sans que le traité de paix de Westphalie y eût apporté un terme, ce problème qui était d'une solution si intéressante, présente de nos jours une actualité plus douloureuse encore. Il est remarquable que la plupart des jalons de ligne politique à suivre pour atteindre le but proposé, pourraient, même de nos jours, servir de guides.

Nulle nation ne doit être prépondérante sur toutes les autres ; l'intérêt de toutes celles que l'ambition de l'une d'elles veut dominer, est de se liguer contre celle-ci pour abattre sa puissance usurpatrice. Depuis Charles-Quint, l'Espagne a été cette puissance ambitieuse ; c'est pour l'abattre qu'une ligue devrait se former. Ces grandes dominations, ces empires qui courbent sous un même sceptre des peuples étrangers les uns aux autres par la langue et par les coutumes, ne sont que des édifices éphémères dans leur durée : et c'est pourtant à ces édifices sans lendemain que l'insatiable ambition a consacré, dans tous les siècles, l'or, les sueurs et le sang des nations. Les nationalités doivent donc former les unités des gouvernements. Sans tomber dans une inconséquence, mais par une application rigoureuse et logique de ce principe, on est amené à conclure que dans les contrées où une nationalité qui paraît une par sa langue et ses mœurs, a été divisée en plusieurs États, son agglomération sous un seul gouvernement devient une faute ; on sacrifie à la grandeur extérieure, le bonheur intérieur et la prospérité locale qui étaient le résultat de cette décentralisation administrative et politique. Si de petits États ainsi constitués sont, en raison des forces restreintes dont ils disposent, peu propres à faire des conquêtes, ils en retirent une compensation bien plus précieuse, c'est qu'ils sont eux-mêmes peu susceptibles d'être conquis : « royaume de médiocre grandeur, dit, avec un sens profond, l'auteur du Mémoire, contigu et bien uni, est presque invincible. » Ce même auteur qui prend le principe des nationalités comme la base essentielle de l'équilibre

européen, ne fait céder l'intégrité de ce principe
que sur un seul point : celui de la question géographique qu'il considère comme de nature à lui apporter une exception. En effet, pour qu'un État
possède toute la force de résistance nécessaire
contre toute agression du dehors, et forme par sa
cohésion une solide unité, il faut que cet État ait
des frontières fortement constituées par la nature, des mers, des fleuves ou des chaînes de montagnes, traçant son périmètre et le rendant difficile à franchir : c'est ainsi que la France, dont
l'Océan et la Méditerranée, les Pyrénées et les Alpes forment, sur diverses de ses faces, les limites
naturelles, doit être couverte à l'est et au nord-est
par la ligne du Rhin ; c'est pour avoir méconnu cette
nécessité d'établir l'équilibre par de pacifiques
conventions, que l'Europe voit, depuis des siècles,
se renouveler ses luttes les plus malheureuses et les
plus acharnées. Cette question a reçu récemment
une solution en sens inverse des vrais principes, et
que la force, éphémère toujours dans les œuvres
qu'elle produit, pourra seule maintenir. La France
plus qu'à ses ennemis, doit se faire le reproche de
ce contre-sens politique ; car elle l'a préparé par
les révolutions qui ont désorganisé du même coup
son esprit national et sa puissance [1]. Lors-

---

[1] Nous avons abordé ce sujet avec des développements que
nous ne reproduirons pas ici, dans notre petit ouvrage inti-

qu'en 1830, l'alliance de la Russie allait lui donner cette frontière nécessaire, elle a renversé le gouvernement qui lui assurait cet immense bienfait pour le présent et l'avenir; lorsqu'en 1870, lancée dans une guerre rendue trop inégale par sa désorganisation morale, il aurait fallu pour réparer une telle faute, revenir aux traditions de la France militaire de nos aïeux, dérouiller les vieilles épées, elle a appelé des avocats et des démocrates dans ses conseils, et elle a cru vaincre avec les clameurs de chants révolutionnaires qui n'ont obtenu que la risée de ses ennemis. Cette condition de l'équilibre européen basée sur la possession par la France de la ligne du Rhin était, on le voit, l'objet des préoccupations constantes de la vieille monarchie ; et le *Mémoire* qu'on vient de lire est d'un intérêt d'autant plus grand qu'il trace le canevas de la politique extérieure suivie par Louis XIV pendant toute la durée de son règne ; s'il ne lui a pas été donné d'accomplir tout ce programme, il l'a conduit en partie à bonne fin par l'annexion de la Flandre, dite française, de l'Alsace [1] et d'une partie de la Lorraine [2] dont la totalité devait re-

tulé: *Questions du jour: République, Socialisme et Pouvoir*; et dans notre opuscule intitulé : *Midas ! le roi Midas a des oreilles d'âne !*

[1] Par le traité de Westphalie, en 1648, et pour la ville de Strasbourg, par le traité de paix de Nimègue, en 1678.

[2] Par la conquête, en 1652, des trois évêchés, Metz, Toul et Verdun, déjà cédés par le traité de Westphalie.

venir à la France sous le règne suivant[1] ; enfin par la glorieuse conquête du comté de Bourgogne, c'est-à-dire de la Franche-Comté[2].

Si la possession par la France de la ligne du Rhin vient en raison de considérations géographiques, apporter une exception au principe des nationalités, il faut remarquer toutefois que l'auteur du *Mémoire*, loin de vouloir imposer une écrasante unité, ne prétend établir sur les petits États de nationalité allemande en deçà du Rhin qu'une suzeraineté semblable à la suzeraineté de l'Empire. Le *Mémoire* soumis au Conseil du roi rentre dans le principe des nationalités par le blâme implicite qu'il inflige à ces guerres d'Italie, qui, du règne de Charles VIII à celui de Henri II, ne valurent à la France qu'une gloire stérile ou de fâcheux revers ; seulement il fait valoir cette juste considération que si la France renonce à toute possession de territoire en Italie, l'Espagne ne doit pas en posséder davantage. Par les mêmes raisons la Flandre et les Pays-Bas doivent recouvrer leur indépendance. L'ambitieuse république de Venise doit non moins cesser d'opprimer la liberté de la Dalmatie, de l'île de Candie

---

[1] En 1766, après la mort de Stanislas.
[2] Conquise en 1668, mais rendue par le traité de paix d'Aix-la-Chapelle ; conquise de nouveau en 1674, et définitivement acquise par le traité de paix de Nimègue, en 1678.

et d'autres contrées encore sous prétexte de les soustraire à la domination des Turcs. Ce n'est pas que ceux-ci doivent être appelés à bénéficier en Europe pour l'établissement de leur empire, du principe des nationalités; ces envahisseurs lui sont étrangers et doivent être refoulés aux lieux d'où ils sont sortis. A leur sujet, comme à celui de tous les autres infidèles, hérétiques et schismatiques, éclate l'explosion des sentiments chrétiens de l'auteur du *Mémoire;* il indique la conquête de la terre sainte comme le couronnement nécessaire de la défaite générale des ennemis de l'Église; mais jamais ce résultat ne sera obtenu, si le programme tracé n'a pas son entière exécution. Pour assurer cette exécution, il déclare qu'il serait indispensable d'apporter un terme à certains dissentiments qui existent dans le sein de l'Église elle-même.

Ici le *Mémoire* aborde la grande lutte qui, depuis que les souverains Pontifes, au huitième siècle, ont commencé à compter au nombre des souverains de la terre, s'est propagée à travers les temps sur la question du pouvoir temporel et du pouvoir spirituel. Entre les papes et les souverains, il a existé de réciproques tentatives, d'un côté, pour dominer dans l'ordre des choses du monde, de l'autre, pour dominer dans l'ordre des choses spirituelles qui appartiennent à la religion; les concordats, à diverses époques, ont eu pour but de terminer ces fâcheux différends en traçant les limites des deux pouvoirs. Nul doute n'est à élever sur la légitimité du pouvoir temporel dans les États pontificaux, les donations qui ont constitué ces États sont incontestablement un titre aussi légitime que ceux les mieux établis que puissent produire les souverains de l'Europe, seulement le *Mémoire* considère comme inopportune toute la nouvelle extension des États pontificaux en se basant sur cette appréhension que si le Pape avait une puissance égale à celle des plus grands souverains, que deviendrait alors l'équilibre européen, objet de sa recherche ? Le souverain Pontife pouvant placer sur un des plateaux de la balance le poids de son glaive spirituel, aussitôt cet équilibre serait rompu.

L'auteur demande pour l'élection des papes, dont le mode a souvent varié, un mode définitif. On sait que cette élection qui se faisait à l'origine par le peuple et le clergé, fut ensuite réservée au clergé seul ; puis, les empereurs s'en emparèrent par une usurpation flagrante du pouvoir temporel sur le pouvoir spirituel ; et lorsqu'ils n'exercèrent pas directement ce droit, ils s'arrogèrent celui de confirmer l'élection, jusqu'au jour où le pape Alexandre III fit prévaloir, en 1160, que les cardinaux exerceraient seuls le droit d'élection. L'auteur du *Mémoire* voudrait que le mode d'élection fût tel que par une représentation proportionnelle de la catholicité, le choix ne tombât pas toujours sur un italien. Son esprit de nationalité lui inspirait le désir que le clergé français pût aussi parvenir à la thiare, il était sans doute frappé des graves inconvénients qui résultaient de l'hostilité que le pape régnant ne cessait de témoigner à la couronne de France par ses sympathies pour la Fronde, plus particulièrement pour la Fronde parlementaire et pour le cardinal de Retz qui en avait été le promoteur le plus ardent. L'auteur s'appuie généralement sur les principes de l'église gallicane conservés, à peu d'exceptions près, par une tradition de l'Église de France remontant à l'origine de la monarchie, tradition dont l'assemblée du Clergé de 1682 a tenté depuis de donner la formule plus ou moins exacte ; mais, sans parti pris, il demande la solution des questions controversées. Ces principes portaient sur deux points : le premier sur des matières religieuses telles que celles-ci : le pape n'est infaillible que lorsqu'il prononce conjointement avec le concile ; le concile est supérieur au Pape ; on avait vu en effet des conciles prononcer souverainement dans le cas de compétition entre plusieurs papes, alors qu'il paraissait difficile de reconnaître quel était le pape légitime de celui qui ne l'était pas. Le second point était du domaine politique et n'admettait pour les papes, en dehors de leur propre domaine, aucune autorité temporelle sur les couronnes ou sur les États. Un récent concile a condamné le premier point en proclamant la vérité des doctrines contraires : l'infaillibilité personnelle du Pape dans l'ordre spirituel, la supériorité du pape sur le concile. Ce point cesse par conséquent d'être susceptible de controverse de la part des catholiques, comme il était jusqu'au moment de cette décision ; et la liberté d'appréciation reste intacte dans le domaine des choses temporelles sur lesquelles ni les souverains Pontifes ni les conciles ne possèdent le don d'infaillibilité. Telle est la satisfaction posthume donnée au promoteur des questions portées devant le Conseil du roi.

L'auteur passe à la question d'une importance si complétement oubliée de nos jours de l'élection du roi des Romains. Cette importance se présentait sous deux aspects : A une époque où le respect des traditions était assez établi pour que lorsque celles-ci avaient cessé de régir le présent, on tint encore à les conserver dans les formules, afin de rappeler d'antiques droits, ce titre de roi des Romains se rapportait à la suzeraineté tombée en désuétude de l'Empire sur les États du souverain Pontife. Le commencement de la puissance temporelle remonte aux donations de Constantin et de Charlemagne faites sous réserve de la suzeraineté des empereurs, aussi Charlemagne nomme dans son testament que nous a conservé son secrétaire Eginhard, Rome au nombre des villes métropolitaines qui relèvent de sa souveraineté. Les donations de la princesse Mathilde, duchesse de Toscane, qui vinrent, au onzième siècle, constituer la portion des États pontificaux appelée Patrimoine de Saint-Pierre, n'avaient pu transmettre au donataire des droits plus étendus que ceux de la donatrice elle-même; or elle était, pour ses possessions, vassale de l'Empire. Comme de raison, cette vassalité du pape, en raison de ses possessions territoriales, n'impliquait aucune subordination de sa part dans l'ordre spirituel, et comme la suzeraineté de l'empereur n'était plus réclamée en fait, la question à ce point de vue était sans importance ; mais il n'en était pas de même au point de vue qui va suivre. Le titre de roi des Romains n'avait pas été séparé jusqu'à Charlemagne et à ses premiers successeurs de la dignité impériale elle-même, il ne parut comme titre distinct, mais subordonné à l'Empereur, que sous Othon Ier, qui porta le titre de roi des Romains jusqu'au jour de son couronnement comme empereur. Depuis, le roi des Romains nommé par élection, sans autorité propre, n'était que le lieutenant de l'empereur; mais il était son présomptif héritier. De là la majeure importance qui s'attachait à son élection.

La dignité impériale n'était héréditaire dans aucune des dynasties des souverains de l'Europe, et tous les souverains pouvaient prétendre à cette élection. Charlemagne, roi de France, et Louis Ier son fils, en furent revêtus; Charles-Quint, roi d'Espagne, saisit le même sceptre que lui avait vainement disputé François Ier; mais les souverains de divers États d'Allemagne finirent par porter exclusivement le sceptre de cet empire qui s'intitulait le *Saint-Empire romain*. Les maisons de Saxe, de Franconie, de Souabe, de Habsbourg, fournirent les possesseurs de cette haute dignité qui passait, suivant le titulaire, des alternatives de la plus grande puissance à celles de la plus insigne faiblesse.

En protestant contre le privilége sans droit qui assure à l'Allemagne l'élection à son profit du roi des Romains, élection qui implique celle de l'Empereur lui-même, l'auteur du *Mémoire* s'inspire du sentiment patriotique de la grandeur de la France.

Pas plus qu'il ne voudrait que l'Italie eût le privilége exclusif de fournir les papes, il n'admet que l'Allemagne ait celui de fournir les empereurs. Mais cet empire qu'il ambitionne pour la France, ne doit point être de ceux qu'il a repoussés comme fondés sur l'agglomération forcée de peuples divers ; il ne doit point rompre son système d'équilibre européen ; au contraire, cet empire qui ne sera qu'une suzeraineté fondée sur l'assentiment apporté par l'élection, viendra donner la cohésion nécessaire au système qu'il préconise.

Lorsque l'on a médité la ligne politique dont s'inspirait le Conseil du roi, sous la direction du cardinal Mazarin, pour la solution des questions extérieures, quels que soient les reproches mérités par la politique du cardinal à l'intérieur, on ne peut refuser de reconnaître qu'il était animé d'un esprit éminemment national, tandis que le prince de Condé, par ses alliances avec les ennemis de la France, sacrifiait, dans la lutte engagée, les intérêts de sa patrie à son égoïsme profond.

Nous ne saurions cependant donner nos éloges à la politique extérieure du cardinal Mazarin sans faire nos réserves pour la politique qu'il suivit à l'égard de l'Angleterre. La suite de cette histoire justifiera à quel point ces restrictions sont fondées. Si, pour rechercher et obtenir l'alliance de l'Angleterre, Mazarin ne sacrifia pas les intérêts de la France, il lui sacrifia sa dignité, et, pour le pays de l'honneur traditionnel, c'était un sacrifice qui dépassait de beaucoup celui des intérêts. Cette malheureuse politique devait produire ses fruits pour nos révolutions à venir.

CHAPITRE XLV.

L'Angleterre veut reprendre une place importante dans le concert européen. — Aperçu d'ensemble sur les relations diplomatiques de l'Angleterre avec les Provinces-Unies, le Portugal, l'Espagne et la France. — Les deux partis qui divisent la France courtisent à l'envi l'Angleterre pour obtenir son alliance. — La Fronde étudiée au point de vue diplomatique. — Les agents avoués et secrets du prince de Condé et du cardinal Mazarin en Angleterre : le marquis de Cugnac, M. de Barrière, M. de Gentillot, le colonel Mortimer. — Le banquier Vitharel-le-Mur intermédiaire de Mortimer. — Mémoire inédit adressé au cardinal Mazarin sur les moyens de s'assurer les sympathies de l'Angleterre. — Il y est spécialement recommandé de favoriser les protestants de France. — Asile donné en France à la reine veuve de Charles Ier et à ses enfants. — Les joyaux de la reine d'Angleterre mis en gage en Hollande. — Pension à Charles II sur la cassette du roi de France. — La famille royale d'Angleterre s'alarme de la recherche de l'alliance de Cromwell par le cardinal Mazarin. — Ses démarches mal accueillies. — La politique de sentiment n'est point celle du cardinal Mazarin. — Instructions inédites envoyées à M. de Gentillot. — Les agents du prince de Condé dupes de l'adresse de ceux du cardinal Mazarin. — Ceux-ci assistent à la première audience donnée par Cromwell aux agents du prince. — Matières traitées dans cette audience. — Le cardinal Mazarin est dupe lui-même de l'adresse de Cromwell. — Lettre d'un espion du cardinal. — Le comte d'Estrades employé par le cardinal Mazarin dans ses négociations avec l'Angleterre. — Ses instructions. — Pirateries exercées de part et d'autre, bien qu'il n'y eût pas déclaration de guerre entre la France et l'Angleterre. — Protestations du gouvernement français contre l'attaque de la flotte française qui allait au secours de Dunkerque. — Prisonniers rendus et vaisseaux retenus. — Lettre inédite de M. de Gentillot au cardinal Mazarin à ce sujet. — Conditions identiques posées par Cromwell pour accorder son alliance, soit au cardinal Mazarin, soit au prince de Condé. — Conséquences de cette tactique. — Elle amène un projet d'établissement de république en France.

(1652.)

Dans le mémoire présenté au Conseil du roi qui a fait l'objet du chapitre précédent, on remarque avec quelque surprise que le nom de l'Angleterre n'est pas même prononcé. Il faut l'attribuer à ce que, en 1651, cet État préoccupé tout entier par les luttes suscitées par sa révolution, ne participait guère aux questions de politique extérieure et que, par conséquent, il n'y avait pas lieu de s'en occuper.

En 1652, la situation n'était plus la même; l'Écosse et l'Irlande étaient à peu près soumises; d'un côté, le parti royaliste était abattu; de l'autre, la révolution avait été disciplinée sous une main de fer, et l'Angleterre prétendait rentrer dans le concert européen avec toute l'autorité d'une grande puissance.

Au moment où vont se nouer ces négociations avec la France, il est nécessaire de faire connaître quelles étaient les relations diplomatiques de l'Angleterre avec divers États de l'Europe.

Au commencement de sa révolution les hommes politiques qui la dirigeaient, avaient formé le projet d'une étroite alliance avec les Provinces-Unies indiquée dans leur pensée par la similitude des deux gouvernements ; les deux républiques devaient devenir deux sœurs, et par leur union dominer les mers et peut-être le monde. Un arrière-projet qu'on ne manifestait pas encore, allait jusqu'à vouloir incorporer les Provinces-Unies à l'Angleterre. Néanmoins la révolution anglaise fut loin de rencontrer les sympathies qu'elle espérait : le stathouder, Guillaume II, prince d'Orange, avait épousé une fille de Charles Ier, et lorsque son beau-père avait porté sa tête sur l'échafaud, Charles II avait trouvé un refuge près de lui en Hollande. Enfin le stathouder avait fourni à son beau-frère des secours pour son expédition d'Écosse. Le prince d'Orange était aimé, aussi la population tout entière de la république fédérale dont il était le chef, était entrée dans ses sentiments en faveur des Stuarts; deux États provinciaux faisaient seuls exception à cette unanimité : la Hollande et la Frise occidentale[1]. La mort ino-

---

[1] On sait que les sept provinces qui formaient la république des Provinces-Unies étaient, outre les deux provinces que nous venons de citer: la Zélande, Utrecht, les Gueldres avec Zut-

pinée de Guillaume II, enlevé à vingt-quatre ans par la petite vérole, laissant la princesse d'Orange grosse d'un fils qui fut depuis Guillaume III, roi d'Angleterre, vint modifier les répulsions manifestées jusque-là, mais pas assez pourtant pour que deux ambassadeurs de Cromwell, traités par mépris du nom de *choses*, ne reçussent à La Haye un accueil presque insultant, et ne fussent obligés de repartir sans conclusion. Mais les Provinces-Unies étaient dominées par les intérêts commerciaux auxquels elles devaient leurs richesses et leur grandeur ; or la révolution d'Angleterre que venait d'affermir le succès de la bataille de Worcester, mit à exécution un acte de navigation par lequel aucune production de l'Asie, de l'Afrique ou de l'Amérique ne pourrait être importée en Angleterre que sur des vaisseaux anglais, et nul produit naturel ou manufacturé de l'Europe ne pourrait être également importé en Angleterre que sur des vaisseaux anglais ou appartenant à la nation dont ces produits seraient une provenance. Cet acte accompagné de quelques agressions et de quelques prises sur mer, sous prétexte de représailles, enlevait d'un seul coup aux Provinces-Unies le commerce du monde dont elles avaient eu jusques-là la possession presque exclusive.

phen, l'Over-Issel, Grœningue avec Drenthe, plus divers pays conquis, dits Pays de Généralité.

Aussitôt les Provinces-Unies s'empressèrent de solliciter de l'Angleterre l'alliance à laquelle elles avaient fait d'abord un si froid accueil. Elles envoyèrent des ambassadeurs à Londres et armèrent en même temps pour protéger leur commerce et appuyer leurs négociations. Pendant le cours de celles-ci, de véritables hostilités s'exercèrent de part et d'autre sans qu'il y eût cependant guerre déclarée; les Anglais surtout firent de nombreuses prises de navires marchands, tandis que les Hollandais, pour ne pas envenimer la querelle, usaient à peine de représailles. Néanmoins, les marines militaires des deux pays entrèrent en lutte dans plusieurs rencontres dont la plus célèbre est la victoire remportée dans les Dunes, le 3 décembre 1652, par l'amiral hollandais Van Tromp sur Blake, l'amiral anglais; victoire suivie d'une revanche, du 28 février au 2 mars de l'année suivante, en face de Boulogne, dans une bataille qui dura trois jours.

Telle était, alors que les négociations se poursuivaient, la situation respective des Provinces-Unies et de l'Angleterre.

Le Portugal, malgré son éloignement, avait été entraîné dans l'orbite de ces mouvements. Le prince Robert de Bavière, dit le prince Rupert, fils de l'électeur palatin Frédéric V et de la fille aînée de Jacques Ier, faisait une rude guerre à Cromwell à la tête de la portion de la flotte anglaise qui avait refusé de se rallier à la révolution; mais poursuivi par des forces supérieures, il s'était réfugié dans les eaux du Tage. Blake avait demandé au roi de Portugal l'autorisation de l'y forcer au mois de mars 1650; non-seulement il reçut un refus, mais il fut repoussé par les batteries portugaises. Par suite, des représailles furent exercées de part et d'autre au détriment du commerce des deux nations. Le Portugal, plus faible que son ennemie, ayant le plus à souffrir de cet état de choses, finit par obliger le prince Rupert à sortir du Tage et fit partir pour Londres un envoyé, Guimaraes. Celui-ci reçut l'ordre de quitter l'Angleterre avant d'avoir pu conclure l'accommodement qu'il sollicitait, quelque dures que fussent les conditions auxquelles il s'était déclaré prêt à souscrire comprenant non-seulement la délivrance très-juste des négociants anglais qui avaient été arrêtés en Portugal, mais encore le remboursement des dépenses de la flotte qui s'était présentée dans les eaux du Tage. Malgré cet affront, Don Juan avait expédié un nouvel envoyé, le marquis de Camera, avec le titre d'ambassadeur extraordinaire, afin de reprendre la négociation sur des bases encore plus avantageuses à l'Angleterre. Il était chargé d'offrir, outre les indemnités réclamées et la perception de la moitié des droits que les négociants anglais paieraient dans les ports du Portugal, des priviléges considérables pour le commerce de l'Angleterre.

Les négociations du marquis de Camera étaient alors en cours.

Les relations de l'Angleterre avec l'Espagne semblaient devoir être plus cordiales. Lorsque la révolution avait fait tomber la tête de Charles Ier, le marquis de Cardenas, ambassadeur d'Espagne, était le seul ministre étranger qui eût continué à résider à Londres ; la raison peu avouable de cette conduite était le vieux ressentiment de l'Espagne contre Charles Ier, à l'occasion de la rupture de son mariage avec l'infante dona Maria. Cromwell reconnaissant s'était empressé d'envoyer un ambassadeur à Madrid ; mais à peine arrivé, Ascham, dont il avait fait choix, avait été assassiné le 27 mai 1650. Une faible réparation par l'exécution de l'un des six assassins avait pu seule être obtenue. Les relations étaient donc froides entre les deux États ; mais leur réciproque intérêt empêchait une rupture. L'Angleterre ménageait l'Espagne en considération de ses dispositions peu sympathiques aux Provinces-Unies et en raison de la guerre qu'elle entretenait contre la France. L'Espagne ménageait l'Angleterre dans la crainte que Cromwell ne contractât une alliance avec la France.

Entre l'Angleterre et la France, les relations

étaient bien autrement tendues. Les sympathies de la maison de Bourbon pour les Stuarts s'étaient toujours affichées hautement : l'infortuné Charles Ier avait épousé la fille de Henri IV; sa triste veuve et ses enfants avaient trouvé un asile sur la terre de France. Une mutuelle aversion avait amené, sans déclaration de guerre, des hostilités entre les marines marchandes des deux nations; puis, sous prétexte de représailles, la marine militaire de l'Angleterre était intervenue, en opérant sur la flotte de France qui allait secourir Dunkerque, cette attaque traîtresse que nous avons rapportée[1]. Après cette agression, qui semblait exiger en réponse une énergique attitude et même la guerre, la politique française fit une évolution en sens opposé, et rechercha l'alliance anglaise.

Dans le cours des négociations que nous allons suivre, nous serons témoins de ce spectacle singulier : l'Angleterre courtisée à la fois par les deux partis qui, en France, se disputaient le pouvoir, le parti royal ou ministériel personnifié par le cardinal Mazarin, et le parti des princes, personnifié par le prince de Condé.

Durant cette cour assidue et prolongée, l'Angleterre, en vieille coquette consommée, reçut les avances des deux partis, sans laisser entrevoir

---

[1] Voy. t. IV, chap. xxxvi.

l'ombre d'une préférence. Il est facile de reconnaître qu'elle ne donnait son cœur ni à l'un ni à l'autre de ces deux amants; car, en acceptant leurs hommages, elle ne manqua jamais de nuire soit à l'un, soit à l'autre, quand l'occasion s'en présenta. Il fallait que les faveurs de l'Angleterre eussent bien du prix aux yeux des deux partis pour qu'ils ne se rebutassent ni l'un ni l'autre en voyant leurs avances toujours encouragées, mais toujours repoussées; bien plus l'image de l'Angleterre se montrait en ce temps sous une figure moins séduisante encore que ne l'eût été celle de la reine Élisabeth sur le retour, elle se montrait sous les traits de Cromwell.

Nous continuerons donc dans ce chapitre l'histoire presque entièrement nouvelle de la Fronde considérée au point de vue diplomatique; nous devons encore aux archives du Ministère des affaires étrangères la bonne fortune de cette primeur offerte à nos lecteurs.

Précédemment nous avons dit que le prince de Condé entretenait à Londres deux agents principaux, le marquis de Cugnac [1] et M. de Barrière [2]. La France avait également les siens, mais sans titre

---

[1] D'une ancienne maison de Guyenne remontant aux Croisades, qui a fourni un chevalier de l'ordre du Saint-Esprit.

[2] D'une famille de Languedoc alliée aux Sévérac, aux Pelot, seigneurs des Granges. Voy. l'*Histoire généalogique du P. Anselme*.

régulier; car elle n'avait pas reconnu encore officiellement le gouvernement hybride, république de nom, dictature de fait, issu de la révolution d'Angleterre. Il n'existait qu'une sorte de reconnaissance tacite sans aucun traité d'alliance, entre les deux gouvernements. Au-dessus de ces agents inavoués, la France en avait un autre, M. de Gentillot, qui alla à deux reprises faire un séjour à Londres. Parmi les agents secrets, les plus précieux certainement étaient anglais et choisis pour la plupart parmi ceux mêmes qui avaient participé à la révolution ; car là, comme ailleurs, les meneurs républicains étaient généralement à vendre, soit pour des honneurs, soit à beaux deniers comptant. Le cardinal Mazarin ne pouvait les payer que de cette dernière monnaie ; mais elle n'était pas la plus mal accueillie. Au nombre de ces agents, le colonel Mortimer tenait particulièrement le cardinal au courant des agissements des envoyés du parti des princes ; dès le 29 janvier 1652, il avertissait le cardinal que le prince de Condé et le comte du Dognon avaient envoyé des négociateurs pour obtenir un secours de dix mille hommes, tant cavaliers que fantassins, ajoutant que le Conseil d'État avait refusé de les recevoir. Il faut remarquer que ce n'est pas Mortimer qui avait été recherché par le cardinal Mazarin pour devenir son secret correspondant ; mais qu'il était allé au-devant, en se proposant lui-même, et en exprimant l'espoir que ses services seraient agréés. Pour ne pas se compromettre il indiquait un intermédiaire par lequel le cardinal devait lui faire parvenir ses lettres : « M. Vithanel-le-Mur, qui est le plus asseuré banquier d'Angleterre, cognu de toute l'Italie et d'Espagne, France et Allemagne [1]. » Le choix d'un banquier avait bien en outre sa signification.

L'avis du colonel Mortimer ne fut pas négligé, et en présence des dangers qu'eût fait naître une alliance du parti des princes avec Cromwell, le cardinal Mazarin commença à songer à contracter lui-même cette alliance pour le compte du roi. Un mémoire lui fut présenté sur la marche à suivre pour obtenir ce résultat, ou tout au moins pour paralyser l'effet des négociations du prince de Condé. Ce mémoire indiquait comme moyen le plus efficace, celui qui consisterait à s'assurer les sympathies de l'Angleterre en favorisant les protestants français et en offrant à cette puissance une place de sûreté ; en proposant même de laisser pour otages un ou plusieurs des négociateurs qui seraient envoyés à Londres. Ce mémoire fut évidemment goûté par le cardinal Mazarin ; car, s'il ne suivit heureusement pas à la lettre tout le

---

[1] Lettre inédite datée de Londres, le 29 janvier 1652; *Archives du Ministère des Affaires étrangères; affaires d'Angleterre*, vol. 61.

programme de conduite qui y est tracé, il s'y conforma pour une notable partie. Il entreprit dès lors des négociations suivies pour obtenir l'alliance de Cromwell, et il apporta de plus en plus avec les protestants de France ces ménagements que nous avons eu plus d'une fois l'occasion de signaler.

Ce Mémoire très-important et très-curieux mérite donc d'être lu en entier :

MÉMOIRE

« Du 13 septembre 1652.

« L'estat des affaires du royaume sont telles à présent que sous le prétexte de l'aversion que plusieurs tesmoignent avoir pour Vostre Eminence, il est à craindre que l'hostorité Royalle de la couronne ne reçoive quelque vive atteinte.

« Pour resmedier à un si grand mal deux choses sont requises; l'une, de destourner les forces dont se pourroit prévaloir ceux du party contraire ; de l'autre, de procurer au Roy quelque prompt et puissant secours, soit du dedans, soit du dehors du royaume.

« Pour le dedans, la plus part par aliénation contre Vostre Eminence, prennent le party contraire ; sy bien qu'il ne reste qu'un corps dont on puisse faire estat, qui est celuy des gens de la Religion, qui bien que foible en apparence par les avantages que le feu roy a remportés sur luy, est encore capable de rendre un signalé service à la couronne, surtout lorsqu'il sera fortifié de l'hostorité Royalle, puisque sa seule opposition en un seul endroit du royaume a apporté un notable retardement aux affaires de M. le prince, ainsi que la royne l'a reconnu et publié diverses fois.

« Il faut pour cet effect relever les espérances de

ceux de ce party qui sont dans l'Estat, les traiter favorablement de toutes les affaires qu'ils ont présentement au Conseil, réserver quelques-uns d'eux à quelques charges et offices, et, sy l'urgence des affaires le requiert, leur offrir les mesmes grâces qu'ils perdoient en 1619.

« Par cette voye on gaignera les cœurs de ceux du party qui naturellement sont bons françois, et qui se voyant plus favorablement traités au Conseil qu'auparavant, non-seulement se détascheront du party contraire; mais mesme rendront les plus grands services au Roy.

« Sy l'on dict cela sera mal pris à Rome de la part du clergé et des grands Catholiques qui sont dans le royaume, il faut considérer que la plus part de ceux-là sont desjà contraires, et que dans une conjuncture telle que la présente, il faut risquer quelque accessoire pour conserver le principal.

« Que sy on réplique que ce party se pourra rendre trop fort et donner quelque ombrage, on remarquera qu'estant composé des meilleurs François, il n'y a rien à craindre de leur part, tant que l'on ne touchera point à ce qui est de leur consience et des choses dépendantes de leur réligion.

« Quant à l'estranger, celuy qui est plus considérable et qui a plus de moyens de bien ou de mal faire, est sans doubte l'anglais, qui mesme a les armes à la main sur la frontière, auquel il est à propos d'envoyer promptement personnes capables si non d'obtenir de luy un secours prompt et considérable, du moins destourner celuy qu'il pourroit accorder à M. le prince duquel il est constant qu'il est puissamment sollicité.

« Pour cet effect, cette nation voulant faire voir à chaqun qu'elle n'est menée que par des motifs de religion et de consience, il est à propos de luy envoyer des personnes faisant profession de mesme religion.

« Il sera bon pour ce sujet d'employer un gentilhomme de ladite religion et ensemble un ministre, de ceux que l'on croira leur estre le plus agréable, et qui servira à deux fins de rendre la députation moins esclatante et de moindres frais;

« Le prétexte de l'envoy doit estre pris des plaintes que les Anglois ont faictes des mauvais offices qu'ils ont rescus des nostres sur mer, et pour lesquels ils ont desjà usé de représailles, afin que sous ce plausible prétexte aucun ne se défie du principal dessein.

« Le sujet de la députation doit estre de solliciter puissamment cette république d'assister de secours prompt et considérable le Roy dans la conjuncture de ses affaires. La principale raison pour les y induire, sera tirée du favorable traictement que ceux de leurs sujets qui sont en France reçoivent du Roy, dont on leur produira les preuves les plus récentes.

« On leur donnera pour cet effect toutes les assurances possibles pour favoriser leur entreprise, jusques à leur mettre entre les mains quelque lieu de sûreté, en attendant que les affaires soient terminées et qu'ils ayent à leur esgard satisfaction.

« Que s'ils objectent que jusques icy la France ne les a point voulu reconnoistre et mesme a exercé quelque violence contre eux, on répondra que le Conseil a dû souvent envoyer des députés vers eux pour restablir la bonne intelligence qui a esté autres fois entre les deux nations; mais que les grands démeslés que l'on a eu dans l'Estat ont plusieurs fois traversé ce dessein, outre les mauvais offices qu'ont rendu ceux du party contraire.

« Et quant aux prises faites par les nostres sur eux, la mesme raison a empesché jusques icy qu'on ne fist justice; mais elle se fera, et afin que le temps qu'elle demande ne transgresse point l'effect de ce point, la place qui leur sera mise entre les mains leur sera gage de l'exécution de cette parolle.

« Les dicts députés, sy besoin est et qu'ils en soient requis, donneront aux dicts anglois quelqu'uns des leurs pour otages et garants des offres qui leur seront faictes, ou mesme l'on pourra garder pour otage un des deux, tandis que l'autre retournera pour haster l'exécution du dessein.

« Il ne doit pas estre obmis que ce point pourra encore produire un effect notable envers tous les protestants de l'Europe qui est de concilier leurs cœurs et affections, de sorte que voyant le contentement de leurs frères dans le royaume et apprenant leur union avec les anglois, ils favoriseront sans doubte ce party de tout leur pouvoir.

« Le secret de la déclaration ne doit être su que de la Royne et de Vostre Eminence, et faisant les deux propositions, j'espère un heureux succès de leur négociation ;

« Faire considérer que les Anglois ayant un gage, assisteront d'hommes et d'argent, et dans peu [1]. »

Ce Mémoire se termine par ces mots « le temps presse, » et par un paragraphe sans importance.

[1] Document inédit; *Archives du Ministère des Affaires étrangères; affaires d'Angleterre*, années 1652 et 1653, vol. 61.

La reine d'Angleterre, Henriette-Marie de France, la veuve énergique de l'infortuné Charles Ier, avait trouvé sur sa terre natale, ainsi que les deux plus âgés de ses fils et sa fille la jeune princesse Henriette, un asile mal assuré au milieu des mouvements qui agitaient la France elle-même. Dans sa propre détresse et pour fournir quelques secours à ses partisans malheureux, cette princesse avait engagé ses joyaux en Hollande et avait reçu sur ce gage un prêt d'un million six mille deux cent soixante-quinze livres [1]. Son fils aîné, Charles II, qui, dans l'exil, portait le titre de roi d'Angleterre, recevait sur la cassette du roi de France une pension de cent vingt mille livres [2]. On peut se figurer aisément quelle impression durent produire sur les exilés ces préliminaires de négociations avec Cromwell dont quelque bruit ne manqua pas de leur parvenir, malgré les précautions prises pour le secret. Une telle alliance, si elle venait à se contracter, semblait devoir ruiner à jamais toute espérance de la restauration des Stuarts sur le trône d'Angleterre. La reine Hen-

---

[1] Nous avons trouvé la longue énumération de ces joyaux et le chiffre du prêt consenti dans un état conservé aux *archives du Ministère des Affaires étrangères*, vol. 61.

[2] Voyez, aux *archives du Ministère des Affaires étrangères*, vol. 61, la minute, datée du 4 juin 1652, de ce brevet de six-vingt-mille livres.

riette écrivit aussitôt au cardinal Mazarin, en lui envoyant Milord Germain chargé de conférer avec lui, sur les intérêts de ses fils et sur les siens ; son fils aîné, Charles II, écrivit au cardinal une lettre identique [1].

La politique de sentiment, ni la politique de l'honneur chevaleresque, n'étaient point celle du cardinal Mazarin, les protestations et les plaintes de la reine d'Angleterre et de son royal fils l'émurent peu sensiblement, ainsi que le prouvent les instructions envoyées le mois suivant à M. de Gentillot, l'agent de France en Angleterre. Le cardinal lui prescrivait de manifester les meilleures et les plus sincères dispositions pour une étroite alliance, en lui rappelant que, dès l'année précédente, il lui avait donné pouvoir, afin d'arriver à ce résultat, d'offrir aux Anglais toutes les satisfactions qu'ils pouvaient prétendre. De ces instructions nous détachons les passages essentiels :

« Nous n'avons point fait difficulté de recognoistre la république d'Angleterre et vous pourrez leur faire remarquer que nous avons esté les premiers disposés à faire cette recognoissance, et que les résolutions qui en furent prises dans le Conseil,

---

[1] Voy. ces deux lettres inédites ; *archives du Ministère des Affaires étrangères*, années 1652 et 1653, vol. 61. La première datée de Paris, le 14 février 1652, est en entier de la main de la reine d'Angleterre ; la seconde, de même date, est de la main d'un secrétaire et signée *Charles*.

suivies de vostre envoy, servirent d'espron aux Espagnols pour leur faire faire un pas qu'ils n'avoient point encore voulu faire, quoy qu'ils eussent depuis longtemps un ambassadeur à Londres et qu'ils eussent reçu toutes sortes de favorables traictements de la république d'Angleterre. »

Après avoir observé que si cette reconnaissance a été retardée, l'engagement non accueilli par l'Angleterre, de cesser les hostilités contre les sujets du roi, en a été la cause, les instructions ajoutent : « Nous sommes encore prests à faire la mesme chose et à passer plus avant ; et après la cessation de toutes les hostilités et le règlement de tous les différends, le Roy enverra à Londres une célèbre ambassade pour recognoistre la république et pour establir une estroite liaison avec elle, sy elle le désire. » L'attente de la réciprocité est ensuite exprimée en ces termes : « Il seroit bien plus honorable que les Anglois envoyassent aussi un ambassadeur au Roy, et que les deux ambassades parussent en mesme temps dans les Cours. Cette proposition estant honeste et juste, l'on croit icy que vous ne rencontrerez point de difficulté à la faire résoudre ; mais en cas qu'il s'y trouvast quelque obstacle capable de différer la réconciliation des deux Estats, l'on ne persistera pas à demander que les Anglois fassent cette démarche, et l'on ne laissera pas de faire partir l'ambassadeur du Roy aussy tost que vous aurez tiré parole que les hostilités cesseront à son arrivée. » On ne pouvait évidemment être plus coulant, aussi le cardinal s'étonne que les Anglais témoignent si peu d'empressement : « Nous ne pouvons comprendre ce qui a jusques icy destourné les Anglois d'accepter cet expéditient... Notre négociation n'a esté différée que par cette pointille que les Anglois ont voulu estre recognus avant que de traister. »

Nous continuons par une analyse la fin de cette dépêche ; il y est observé que si la voie de la nomination de deux ambassadeurs paraît devoir entraîner des longueurs ; deux autres voies sont ouvertes : la première de montrer la lettre du roi qui autorise les négociations, en proposant de faire la remise de cette lettre aussitôt après la promesse de la cessation des hostilités ; la seconde, l'emploi de l'entremise de Spirinck, ambassadeur de Suède ; mais la dépêche était à peine terminée que la nouvelle de la mort de Spirinck vint fermer cette voie. Comme l'Angleterre avait donné à entendre que la cession de Dunkerque serait une des conditions de son alliance, il est recommandé à M. de Gentillot d'éluder cette proposition, à moins qu'il ne s'aperçoive que cette cession fût de nature à détacher l'Angleterre de l'alliance de l'Espagne et à l'amener à assister la France contre cette puissance. Dans ce cas, tout en faisant connaître que le roi ne renoncera jamais à Dunkerque, il pourra faire espérer des avantages équivalents. La dernière concession possible relativement à Dunkerque, serait d'y placer une garnison composée de troupes suisses, qui prêteraient à la fois serment au roi de France et à la république d'Angleterre [1].

On peut juger par le tour dont furent victimes deux agents du prince de Condé si le cardinal Mazarin était bien servi par les espions qu'il avait pris à sa solde, et à quel point, par sa finesse, il savait jouer ses adversaires. Ce furent ces espions eux-mêmes qui servirent d'introducteurs auprès de Cromwell à MM. de Cugnac et de Barrière, agents du prince de Condé ; ils assistèrent à la première audience qui leur fut donnée et ne perdirent pas un mot des propositions qu'ils étaient chargés de faire. L'un de ces obligeants introducteurs des envoyés du prince de Condé fit partir une dépêche non signée dans laquelle il rendait compte au cardinal, de tous les détails de l'audience donnée.

Le général Cromwell en recevant la lettre de créance que les envoyés lui remirent de la part du prince de Condé, ainsi que les compliments qu'ils étaient chargés de faire verbalement, répondit par

---

[1] Voy. la minute inédite des instructions envoyées à M. de Gentillot, mars 1652. *Archives du Ministère des Affaires étrangères ; affaires d'Angleterre*, vol. 61.

beaucoup de civilités, après lesquelles il s'enquit très-particulièrement de l'état des troupes du prince ; s'il était vrai que le comte d'Harcourt les eût entièrement défaites et obligées de se renfermer dans Bordeaux. Barrière répondit que ces bruits étaient faux et inventés par la cour pour détacher les populations de la cause du prince de Condé. Cromwell, dans cette première audience, sans trop s'expliquer sur ses intentions, laissa entrevoir qu'une des conditions de son alliance serait la cession d'une place de sûreté. Cette condition rapprochée de celle de la cession de Dunkerque qu'il posait au cardinal Mazarin, montre assez que son alliance appartiendrait au plus offrant.

L'obligeant intermédiaire qui servit d'interprète aux agents du prince de Condé se nommait du Parc ; mais, en même temps que le prince tombait dans un piége tendu par le cardinal Mazarin, celui-ci, malgré sa finesse, tombait à son tour dans un piége tendu par Cromwell, plus rusé encore. En effet, si du Parc était gagné par le cardinal Mazarin pour lui vendre les secrets du prince de Condé, Cromwell ne l'ignorait pas et avait pris ses mesures pour que du Parc fût l'intermédiaire des agents du prince. Il tenait précisément à ce que le cardinal sût ce qui se passerait dans l'audience, pensant bien que du Parc ne manquerait pas de l'en informer. En inspirant au premier ministre de France la crainte qu'il ne cédât aux instances du prince de Condé, le but de Cromwell était d'amener le cardinal, par cette contrainte, à conclure l'alliance de l'Angleterre avec la France à des conditions toutes à l'avantage de la première [1].

L'espion du cardinal Mazarin n'eut garde d'abandonner à eux-mêmes, après un si heureux début, les deux dupes qui étaient les diplomates du prince

---

[1] « Barrière qui ne sçavoit pas un mot d'anglois étoit obligé de se servir d'un interprète, parce que Cromwell vouloit, sous prétexte d'honorer sa nation, que les ambassadeurs et autres personnes publiques ne lui parlassent qu'en sa langue naturelle, Cromwell, dis-je, estant surtout bien aise d'y obliger celui-ci, parce qu'il sçavoit qu'il ne pourroit se servir que d'un nommé du Parc que le cardinal Mazarin avoit gagné, ne douta pas après que Son Éminence n'en fut avertie. Il lui vouloit donner ce petit coup d'éperon, afin de l'obliger, par la crainte qu'il avoit qu'il ne se déclarât à la fin contre la France, de lui envoyer un ambassadeur, comme avoit fait les autres têtes couronnées. Du Parc n'ayant pas manqué de l'avertir aussitôt de ce qui se passoit, Son Éminence se résolut à rompre la glace et de ne plus s'arrêter à un certain point d'honneur qui avoit empêché la Reine, jusques-là, d'envoyer un ministre à l'assassin du mari de sa belle sœur. » *Mémoires de M. de Bordeaux, intendant des Finances. Amsterdam*, 1758.

Ces Mémoires attribués à Sandras de Courtils, sont présentés comme émanant de M. de Bordeaux, dont nous verrons bientôt le fils se rendre à Londres en qualité d'ambassadeur de France; mais, quel qu'en soit l'auteur, l'exactitude du passage cité, rapproché des documents des *Archives des Affaires étrangères*, en ce qui concerne la mystification dont furent victimes les envoyés du prince de Condé, nous a donné confiance pour ajouter foi au piége dans lequel Cromwell fit tomber le cardinal Mazarin.

de Condé ; il en fit ses meilleurs amis et s'arrangea pour ne pas les perdre de vue. Il continue ainsi la dépêche au cardinal dont nous avons analysé le commencement :

« Je visitte, je suis souvent avec MM. de Cugnac et de Barrière, lesquels sont continuellement ensemble. Le 24 du passé (du mois de mars), je rencontray chez le premier, qui est tousjours logé chez M. de Materne, un des principaux du Parlement, et de mes amis, lequel en sortant me tira pour faire un tour de jardin, où, après plusieurs discours à l'occasion des troubles de France, s'enquit comment et depuis quel temps je cognoissois MM. de Cugnac et de Barrière, et sy ce dernier étoit de condition ; à quoy ayant respondu à leur advantage, il continua en me disant : « ils viennent icy traicter avec « nous de la part de M. le prince ; que pense-t-il « destruire la monarchie, ou que veut-il faire ? « il faut qu'il promette de donner la liberté aux « huguenots et qu'il nous donne un port de mer « considérable pour asseurance, et aussy autres « choses, avant qu'il aye un de nos soldats. » Il continua en disant que Barrière et l'ambassadeur d'Espagne sont en conférence pour quelque grande affaire ; qu'ils ont été deux fois seuls chez Cromwell et qu'il croit qu'il s'agit de Dunkerque...

« J'ai faict en sorte que l'ambassadeur d'Espagne, non plus que les sieurs de Cugnac et de Barrière, ne pourront faire aucune levée, ny tirer des hommes, sans venir en ma cognoissance, ayant en ma disposition le colonel Felan à quy je promaicts d'estre major d'un régiment de quinze cents fantassins dont il a en main la liberté de lever et transporter hors de cet estat pour le service de tel prince qu'il choisira, à l'exception du Roy de France. Ledit colonel a parlé à l'ambassadeur quy luy a donné parole d'estre le premier employé en cas qu'il y aye ordre ou argent....

« Fermant ma lettre on m'est venu avertir de la mort de M. de Materne, lequel une heure auparavant avoit chez luy en conférence les sieurs de Cugnac et de Barrière et deux ou trois des principaux du Parlement ; si cela est, comme je le sçauray demain en allant voir M. de Cugnac, les Hollandois perdent un puissant amy et les huguenots de France leurs espérances et le seul puissant auprès de Cromwell et de ce Parlement [1]. »

Outre M. de Gentillot, le comte d'Estrades, gouverneur de Dunkerque, reçut aussi du cardinal Mazarin des instructions pour préparer l'alliance de la France avec l'Angleterre ; ces instructions lui accordent la plus grande latitude pour arriver à une conciliation sur les points difficiles : 1° la forme

---

[1] Dépêche inédite, sans signature, datée de Londres le 4 mai 1652 ; *Archives du Ministère des Affaires étrangères; affaires d'Angleterre*, vol. 61.

à employer, l'Angleterre voulant être reconnue comme république libre et souveraine ; 2° le retour à l'observation des anciens traités ; 3° la cessation des hostilités exercées sur mer, de part et d'autre [1].

Bien qu'il n'y eût pas guerre déclarée, la non-reconnaissance par la France de la république anglaise donnait lieu à des attaques entre les marines marchandes des deux pays, chaque fois que leurs vaisseaux se rencontraient ; des corsaires plus ou moins autorisés, de part et d'autre, se livraient à l'industrie lucrative pour eux, désastreuse pour le commerce, de faire des prises nombreuses. Enfin le prétexte des représailles couvrait d'une raison plus ou moins plausible cette attaque inopinée contre la flotte française allant au secours de Dunkerque, au sujet de laquelle l'envoyé de France devait tâcher d'obtenir une réparation. M. de Menillet commandait l'escadre française ; l'amiral Blacke, qui commandait la flotte d'Angleterre, reçut une vive protestation par écrit que nous avons relevée sur des minutes en trois exemplaires à peu près identiques [2] ; on y fait valoir que cette

---

[1] Minute inédite ; *Archives du Ministère des Affaires étrangères*, vol. 64.

[2] Nous devons à ce document inédit, la rectification de l'erreur que nous avions commise en disant, t. IV, chap. XXXI, que la flotte de France était sous les ordres du commandeur de Neuchaise.

attaque était d'autant moins justifiable que Menillet avait reçu précisément pour instructions de ne se mêler en rien des différends existant entre l'Angleterre et les Provinces-Unies ; aussi la restitution des vaisseaux capturés était-elle formellement réclamée [1].

Nous verrons en son lieu ce qu'il advint des longues négociations dont furent l'objet les vaisseaux capturés ; quant aux prisonniers ils furent rendus, mais avec la plus mauvaise grâce et les plus mauvais procédés. M. de Gentillot instruisit le cardinal Mazarin du résultat de ses démarches par la lettre suivante :

« Monseigneur,

« Depuis mes précédentes, il n'est rien arrivé, si non que le Parlement d'Angleterre a envoyé vendredy un commissaire à Douvre pour faire donner du pain et passage aux matelots des navires du Roy et déclarer aux officiers que l'ordre et l'intention du Parlement estoit qu'ils fussent trettez civilement. Cependant ils ont prins sans rien restituer ny aux uns ny aux autres, leurs nippes. Ils ont retenu Menillet et quelque autre officier

---

[1] Minutes inédites ; datées toutes les trois de Dieppe, septembre 1652. *Archives du Ministère des Affaires étrangères; affaires d'Angleterre,* vol. 61.

jusqu'au retour des vaisseaux qui les ont portés. Ils en ont envoyé à Dieppe. Quelques-uns ont prins party parmi eux. Ils disent que ce n'est que par représailles....[1] »

Cette attaque sans déclaration de guerre contre la marine de France, ces prisonniers rendus après avoir été dépouillés, ces vaisseaux capturés continuant à être retenus, n'indiquaient pas de la part de Cromwell une bien grande propension à prêter sérieusement l'oreille aux avances du cardinal Mazarin ; aussi, sans le rebuter formellement, il mettait à son alliance des conditions exhorbitantes. Elles consistaient à favoriser de plus en plus les protestants dans un pays naguère déchiré par les guerres de religion, et à donner, par la concession d'une place de sûreté sur notre territoire, un pied à une puissance qui avait pu précisément par l'appui de ses possessions en France entretenir ces vieilles et longues guerres dont l'héroïque Jeanne d'Arc et le règne belliqueux de Charles VII nous avaient seuls procuré la fin. De telles exigences étaient bien difficiles à accepter, et le cardinal Mazarin, sans refuser formellement, se résignait à marchander.

Ces mêmes conditions étaient posées au prince de Condé ; l'alliance de l'Angleterre devait donc

[1] Lettre inédite, datée de Calais le 24 septembre 1652; *Archives du Ministère des Affaires étrangères*, vol. 61.

appartenir au plus offrant, et, comme offrir n'était pas tout, à celui qui serait le plus en état de réaliser ses promesses. La question étant placée dans ces termes, il est évident que le prince de Condé, dans la détresse où tombait son parti, l'emportait encore du côté de la bonne volonté, sur le cardinal Mazarin; mais que, du côté de la possibilité de réaliser des promesses données, le cardinal était pour le faire plus puissant que le prince. Ces compensations entre les volontés et les situations étaient parfaitement connues de Cromwell; aussi n'avait-il hâte de conclure ni avec l'un, ni avec l'autre des deux concurrents, en tirant de ces lenteurs mêmes un avantage certain. Par les espérances données à chacun il entretenait d'autant mieux la lutte engagée entre eux, et, de cette lutte prolongée, résultait un affaiblissement graduel des forces de la France au profit de ses ennemis. En raison de la difficulté et de la répugnance de la part des deux partis à livrer un port de mer en gage à l'Angleterre, ils s'efforçaient, l'un et l'autre, à gagner son alliance par une tolérance ou des faveurs croissantes accordées aux protestans. Nous avons eu occasion de constater que cette conduite du cardinal Mazarin à l'égard des religionnaires avait eu pour résultat de retenir ceux-ci en grand nombre en dehors du mouvement de la Fronde; mais, pour ceux qui néanmoins s'y étaient jetés, la tolérance ou les encouragements même du prince de Condé furent bien près de dépasser son but ; car ils eurent pour conséquence une tentative d'organisation de république en France à l'imitation de la république d'Angleterre.

CHAPITRE XLVI.

Tendance naturelle des alliances basées sur des gouvernements similaires. — Cromwell veut utiliser pour le succès de sa politique les rapprochements créés par la religion entre les protestants de France et d'Angleterre. — Les protestants du parti du prince de Condé ouvrent l'oreille aux avances de Cromwell. — Propagande religieuse et républicaine. — Le prince de Condé s'en effraye médiocrement ; ses motifs. — Ses demandes de secours à Cromwell n'aboutissent qu'à l'autorisation d'enrôler des Irlandais. — L'Angleterre accentue ses exigences pour accorder son alliance au prince de Condé. — Tentative d'importation en France d'une république toute organisée. — Manifeste intitulé : *Principes et fondement d'une république*. — Sa base est la souveraineté populaire exercée par l'intermédiaire d'une assemblée élue. — Analyse critique de cette constitution — Exclusion des fonctionnaires civils et militaires. — Confusion entre le pouvoir législatif et le pouvoir exécutif. — Les principes fondamentaux de la famille et de la propriété placés au-dessus de toute discussion. — Déclaration, quant à la religion, qu'aucune loi ne peut obliger les consciences. — Motifs de cette tolérance. — Déclaration que nul ne peut être obligé au service militaire ; contraste singulier avec les principes de la démocratie moderne. — Sage séparation du pouvoir législatif et du pouvoir judiciaire. — Curieux moyens pour assurer la proclamation de la république. — Procès intenté à la monarchie au moyen de l'examen de son origine. — Procédé des manifestes et des manifestations républicaines. — Élections de tous les officiers publics. — La vertu placée comme balise sur l'écueil où viennent échouer les républiques. — Observation des fêtes et dimanches ; impitoyable poursuite du blasphème, de l'ivrognerie, de la débauche, prédication fréquente et en tous lieux de la parole de Dieu. — Passeport auprès des princes de ce programme républicain. — Liberté du commerce. — Parallèle entre ce programme de république et le programme de la noblesse pour l'organisation définitive des États généraux. — Le premier programme conduit à la dictature ; le second, à une sage liberté.

(1652)

La tentative de l'organisation républicaine de la France fut faite à l'instigation de l'Angleterre; les gouvernements ont une tendance naturelle, bien que des obstacles paralysent généralement cette tendance, à chercher leurs alliances et leurs points d'appui chez les gouvernements similaires et par suite à favoriser l'établissement de ces gouvernements là où ils n'existent pas encore. La similitude de croyances, ou pour parler plus exactement, vu le nombre des sectes, la similitude de protestations contre l'Église romaine de la part des protestants d'Angleterre et des protestants de France, formait entre eux le plus fort des liens qui puisse exister entre les hommes dans les temps de croyances vraies ou fausses, la communauté des intérêts religieux. Une attraction naturelle engageait à corroborer ce lien religieux par un lien politique. Cromwell n'eut garde de ne point favoriser cette attraction dont l'effet ne pouvait manquer de ruiner la monarchie française, d'entraîner la perte de la famille des Stuarts réduits à chercher un nouvel abri, et d'affermir sa propre autorité, tout en augmentant la puissance de l'Angleterre.

Les protestants français du parti du prince de Condé en raison de leur état d'insurrection, se prêtaient naturellement mieux aux vues de Cromwell que les protestants demeurés dans le parti royal sous le giron du cardinal Mazarin ; aussi ce fut sur les premiers que le gouvernement d'Angleterre exerça son action en essayant, par le souffle des théories républicaines, de créer en France un gouvernement similaire. Un tel résultat était néanmoins incompatible avec les vues du prince de Condé, qui, partisan avoué et ardent du pouvoir monarchique absolu, combattait le premier ministre, non pour renverser son système de politique intérieure, mais uniquement pour s'emparer lui-même du pouvoir absolu. Ce grave danger de l'entente qui s'établissait entre les protestants de France et les protestants d'Angleterre était signalé au prince [1], des instructions pour parvenir à la dissoudre lui étaient instamment demandées, et pourtant il ne répondait pas ; nous allons donner les raisons de son silence :

Pour mieux assurer son triomphe, le prince de

---

[1] Voy. la dépêche du 14 novembre, de Lenet au prince de Condé, chap. XLIII, p. 186.

Condé ne craignait pas de faire appel à toutes les oppositions, raison de plus pour être bien éloigné d'en vouloir décourager aucune, même celles qui étaient des plus antipathiques à sa propre nature toute autoritaire, celles même qui allaient jusqu'à vouloir le renversement de la monarchie. Il se berçait de l'espoir qu'une fois devenu le maître, il aurait facilement raison des unes et des autres. Comme Cromwell avait établi, pour accorder son alliance, une sorte d'enchère au plus offrant, il fallait flatter le fanatisme religieux et les passions républicaines qui l'avaient porté au pouvoir; car la seule chose qu'il eût été possible d'obtenir jusqu'alors du nouveau maître de l'Angleterre était la faculté d'enrôler des Irlandais. L'Espagne jouissait d'une autorisation semblable pour incorporer des Irlandais dans son armée. Cette autorisation du reste était accordée par Cromwell non par sympathie, mais dans son propre intérêt; en favorisant l'émigration des Irlandais les plus valides et les plus guerriers, il se débarrassait de ses plus dangereux ennemis, et M. de Saint-Thomas, l'agent spécial chargé de ce recrutement, pouvait écrire à Lenet des lettres de ce genre : « Ce matin l'on m'a offert mille Irlandais à bon compte ; envoyez-moi vos ordres par un exprès [1]. » Pour

---

[1] Lettre datée de Londres, le 11 novembre 1652, publiée dans les *Mémoires* de Lenet, Collection Michaud.

obtenir une intervention plus efficace que celle d'enrôlés dénués de tout et qu'il fallait pourvoir de tout avec un budget des plus obérés, le prince de Condé croyait que ce n'était pas faire une concession trop grande que de livrer les provinces soumises à son pouvoir à la libre propagande religieuse et politique des sectaires de l'Angleterre. Il restait donc absolument sourd aux communications inquiétantes de Lenet sur l'entente étroite, qui, grâce à cette liberté de propagande, commençait à se former entre les protestants des deux pays; leurs communs efforts n'allaient pas à moins qu'à poursuivre le but de la proclamation de la république à Bordeaux, pour rayonner de ce point sur toute l'étendue du royaume.

Ces étranges concessions ne pouvaient manquer de plaire à l'Angleterre, qui, sans se prononcer néanmoins pour une alliance avec le parti des princes, n'en accentuait que plus clairement ses exigences, ainsi que le démontre ce fragment d'une lettre adressée à Lenet par M. de Saint-Thomas :

« En tout ce que je puis cognoistre, on a dessein icy de vous protéger à quelque prix que ce soit; mais ils veulent un traité et un port de seureté de leurs vaisseaux et despences, et vous donneront un secours capable de prendre La Rochelle; mais en attendant ils fourniront à vos dépens mille Irlandois, si vous en avez besoing, à douze livres pièce, prests à s'embarquer[1]. »

Saint-Thomas faisait preuve de quelque crédulité en se tenant pour assuré et en voulant persuader Lenet de la protection anglaise à quelque prix que ce fût. Sa lettre même indique assez que ce prix ne devait pas être payé par eux. On avait affaire à des calculateurs et à des commerçants, non moins qu'à des révolutionnaires. Cromwell tenait à ne rien compromettre par une précipitation trop grande; il voulait seulement tenir la possibilité de son intervention directe dans la Guyenne comme une menace suspendue sur la tête du gouvernement de Louis XIV, pour le cas où ce gouvernement viendrait à faire une tentative armée pour la restauration de Charles II sur le trône d'Angleterre, et, en même temps, susciter à ce gouvernement assez d'embarras intérieurs, pour qu'il fût paralysé dans toute action extérieure qui lui eût permis de poursuivre ce but redouté.

Le prince de Condé ne pénétrait pas assez avant dans la profondeur des vues de Cromwell et était trop peu au courant des avances faites à Londres par les agents du cardinal Mazarin, pour voir à quel point était douteuse l'intervention directe qu'il sollicitait. Dans son désir extrême de l'obte-

[1] Lettre datée de Londres, le 13 novembre 1652, publiée dans la Collection Michaud.

nir, sans utilité pour sa propre cause, mais au grand profit de l'Angleterre dont il faisait le jeu, il laissait s'établir sans nulle entrave la propagande protestante et républicaine.

La libre diffusion des principes de la révolution d'Angleterre ne pouvait que préparer admirablement le terrain en France pour le but que se proposait la politique de Cromwell; et le prince de Condé, par les raisons que nous avons fait connaître, n'apportant nul obstacle à cette propagande, celle-ci s'exerçait librement au grand effroi des partisans les plus sensés des princes et de Lenet lui-même. Le péril était d'autant plus réel que ces doctrines nouvelles, s'élevant au-dessus du matérialisme de l'Ormée, s'adressaient au sentiment religieux, qui, bien ou mal entendu, peut seul donner aux transformations sociales les conditions de durée. Nous avons déjà signalé ce prêtre visionnaire déclarant qu'il a aperçu dans les astres la ville de Bordeaux transformée en puissante république [1]. Dans l'ordre politique, à côté de creuses utopies, ces doctrines appelaient certaines réformes, quelques-unes dignes d'approbation, les autres subversives, mais de nature à provoquer l'assentiment populaire.

En conséquence, la tentative fut faite d'importer

---

[1] Voy. t. IV, p. 291.

en France, tout d'une pièce, le gouvernement républicain au moyen d'un programme tracé à l'avance et expédié d'Angleterre. Tout y est prévu : l'exposé des principes généraux sur lesquels doit s'appuyer la révolution, et l'exposé des motifs plus spéciaux à invoquer par chaque localité pour la proclamer. Ce programme, à la fois manifeste et manuel à l'usage des néophites, portait ce titre : *Principes et fondement d'une république.* Il était répandu par deux zélés propagateurs, Saxeberry et Arundel, agents anglais qui parcouraient l'ouest et le midi de la France, ainsi que Lenet nous l'apprend dans sa correspondance, provoquant à un mouvement républicain par la promesse de l'appui de l'Angleterre. Bordeaux et la Rochelle étaient les deux villes où ils faisaient le plus habituellement leur séjour et d'où ils rayonnaient pour leurs excursions religieuses et politiques. Ils remirent eux-mêmes au prince de Conti un exemplaire de ce manifeste. Lenet en donna connaissance au prince de Condé afin de lui ouvrir les yeux; c'est dans le portefeuille de ce prince où il se retrouve encore, qu'il a pu être conservé à l'histoire.

LES PRINCIPES, FONDEMENT ET GOUVERNEMENT D'UNE RÉPUBLIQUE.

I

« Que la supprême authorité de France et des territoires incorporés à ycelles pour lesquels nous voulons estre gouvernés, sera et résidera sy après en une représentation du peuple consistant en nombre de personnes aux choix desquelles, selon le droict naturel, tous hommes de l'âge de vingt et un ans, ou plus haut, n'estant, serviteurs ou vivant d'aumosne, ou qui n'ont pas volontairement contribué contre nous, auront voix et seront cappables d'eslire ceux qui feront la représentative ;

II

« Que la moitié du dict nombre de personnes que nous avons choisies, et non moins, seront prins et estimées pour un nombre complet, pour faire le tout de la représentative, et la majeure partie des voix présentes seront comme la représentative mesme ;

III

« Et affin que tous officiers publiqs soient contraints de rendre compte et qu'il n'y aye des factions pour maintenir l'intérest corrompu, nul officier des troupes ou garnison, ny trésorier ou recepveur de l'argent du publicq, ne seront admis (après trois ans de la publication d'ycelle) pour estre membres d'une représentative ; et si on faict choix d'un advocat, il n'en fera la fonction durant le temps qu'il sera de la représentative, affin que toute personne soit en subjection aussy bien qu'en authorité ;

IV

« Et pour empescher le nombre de dangers et inconvénients qui apparemment viennent par la longue continuation des dictes personnes en authorité, nous accordons : Qu'aussy tost que le Seigneur nous aura donné un establissement et nous aura délivré de nos ennemis qui tascheront de nous opposer, ce présent parlement finira sur un tel jour préfix ; et après n'aura nul pouvoir, ny authorité. Cepandant on ordonnera et fera élection d'un nouveau représentatif, selon le véritable intérest d'un peuple libre, affin que l'autre parlement puisse estre en pouvoir et authorité, comme une légitime et véritable représentative, et ce le jour après la dissolution du premier.

V

« Nous concluons et accordons davantage si le présent parlement ommet d'ordonner telles ellections ou séance d'un nouveau parlement, ou qu'il soit autrement empesché de le faire, en tel cas nous ferons la mesme chose qu'avons faict dans la première élection, comme appert le premier article de cest accord ; estant très-injuste et déraisonnable que nous soyons empeschés de fréquentes et successives représentatives, ou que cette suprême authorité tombe ès mains de ceux qui ont manifesté n'estre affectés[1] à nostre liberté, ains[2] faict leur possible pour nous tenir en esclavage ;

« Et pour la conservation de la suprême authorité en tout temps entièrement ès mains de telles personnes qui seront choisies, nous consantons et déclarons que la représentative et en suite les futures, demeureront en leur plein et entier pouvoir pour un an, et que le peuple choisira un parlement une fois tous les ans, affin que tous les membres d'iceux puissent estre en cappacité de prendre la place de l'autre parlement pour un tel jour, et ce pour jamais ; s'il ainsy plaist à Dieu. Aussy pour la mesme raison les représentatives qui suivront, continueront journellement en leurs places durant quatre mois au moins ; et, après cella, auront la liberté d'ajourner de deux en deux mois, comme ils verront estre nécessaire ; mais ne de-

---

[1] C'est-à-dire *affectionnés*.
[2] Vieille locution qui doit être prise ici dans le sens de *au contraire*.

meureront qu'un an à peyne de trahyson contre tous ceux qui contreviendront, et durant le temps d'ajournement, ils érigeront un Conseil d'état ou Committé de ceux de leur corps, leur donnant telles instructions qui ne contreviendront point à cet accord et le feront publier.

LE POUVOIR DU PEUPLE DONNÉ AU PARLEMENT

« Affin que personne cy apprès ne puisse estre ignorant ou en doubte concernant le pouvoir et supprême authorité des affaires qui doibvent estre exécutés, nous accordons et déclarons que le pouvoir des représentatives s'estandra sans le consentement ou concurrence d'autre personne ou personnes que ce soient :

1° Premièrement à la conservation de paix et commerce avec toutes nations et estats estrangers;

2° A la préservation et sécurité de nos vies, libertés et moyens contre tous les ennemys d'icelles;

3° Pour le lèvement de l'argent et généralement à toutes choses qui évidemment concerneront ces fins, ou l'eslargissement de nostre liberté, empeschemens de tous nos griefs, et la prospérité de cette république.

LES CHOSES RÉSERVÉES PAR LE PEUPLE HORS DE COGNOISSANCE DES PARLEMENTS.

« Pour la seureté d'ycelle et pour prévenir la corruption d'intérest particulier, à quoy plusieurs en authorité sont enclins et la pervertissent à leur propre domination et au destruimant de nostre paix et liberté, ce considéré nous accordons et déclarons :

1° Que nous ne fions, ny ne donnons pouvoir à nostre parlement de constituer en force ou de faire des lois, sermants ou covenants[1], par quoy ils peuvent contraindre par amandes ou autrement aucunes personnes à quelque chose qui concernera la foy, religion ou service de Dieu, ou de restraindre aucune personne de faire profession de sa foy dans l'exercice de religion selon sa conscience. Il n'y a rien qui cause plus de divisions et mal de cœur en tous aages que la persécution et molestation des consciences concernant la religion;

2° Nous ne luy donnons pas pouvoir de presser ou contraindre aucune personne de servir en guerre, par mer ou par terre, car la conscience d'un

---

[1] *Covenant* ou *convenant*, vieux mot français signifiant *convention*, employé par Joinville, Amyot, La Fontaine. Ce mot avait passé en Angleterre et en Écosse où l'on sait que les Écossais avaient nommé *Covenant* la ligue religieuse qu'ils avaient formée.

chaqu'un doibt estre satisfaicte où il hazarde sa vie ou peut oster cella d'un autre ;

3° Nous ne luy donnons pas pouvoir de donner jugement contre aucune personne ou ses biens, où il n'y a pas eu de loyx formelles devant, ny de donner pouvoir à autre Cour de ce faire, parceque où il n'y a pas de loix, il n'y a pas de transgression pour hommes ou magistrats en prendre notice, aussy nous ne luy donnons pas pouvoir de se mesler de l'exécution de quelque loy que ce soit ;

4° Qu'il ne sera pas dans le pouvoir d'aucun parlement de punir aucune personne qui refuse de respondre à aucune question criminelle contre soy-mesme.

5° Qu'il ne sera pas dans le pouvoir d'un parlement de continuer ou faire aucune loy pour empescher personne de traffiquer en quelque pays estranger, que ce soit, où ceste nation peut traffiquer ;

6° Qu'il ne sera pas en le pouvoir d'un parlement de faire des loix par lesquelles aucun des biens réellement ou personnellement ou partie d'yceux (d'aucune personne) seront exempts de payer ses debtes, ny d'emprisonner aucune personne pour debtes, s'il n'a valant cinquante livres, n'estant pas un faict de chrestien en soy, ny davautage au créancier, mais un reproche et préjudice à la République ;

7° Qu'il ne sera pas en le pouvoir d'un parlement de faire ou continuer aucune loy, d'oster la vie à aucune personne, sy ce n'est pour meurtre ou quelque grande offance destructive de la société humaine, ou qui taschera par violance à détruire cet accord, mais ils feront tout leur possible de faire les punitions selon les offances, affin que les vies et biens des hommes ne soient ostées pour des choses trivialles, comme a esté fait cy devant, et auront un très-spécial soing et esgard d'empescher toute sorte de vice, misère et pauvreté, ny mesme ne sera permis de confisquer le bien d'aucune personne si ce n'est pour trahison seulement, et, en toute autre sorte d'offance, récompance sera faite à la personne offancée, selon le mal, par la personne coupable, soit en ses biens ou vie ;

8° Qu'il ne sera pas en le pouvoir d'un parlement de faire aucune loy pour empescher qu'une personne, de quelque quallité que ce soit, ne soit jugée, soit pour sa vie ou biens, qu'au rapport de douze hommes de probité contre qui le fautif ne pourra trouver juste raison d'accusation.

UN MANIFESTE DÉCLARANT LE SENS DU PEUPLE ET HABITANTS.

« Voyant l'authorité pervertie des fins naturelles de seureté et contentement du peuple, c'est pourquoy ils se sont mis en une posture pour deffandre leurs droits et celluy de leur nation contre tous tyrans et opresseurs.

« L'amour et le désir que nous avons eu pour la paix nous a faict pendant plusieurs années supporter avec patience la ruine de nos biens et l'espanchement de nostre sang et de celluy de nos frères sans chercher autre moyen pour remède, que par requestes aux puissances qui nous gouvernent et prières à Dieu pour nostre délivrance, espérant que le Seigneur mettroit dans le cœur de quelques-uns parmy eux de considérer les misères que cette nation souffre, manque d'un bon gouvernement bien estably parmy nous, nostre condition estant comme les pauvres brebis dans la forest et comme les petits poissons dans la mer, les bestes de proye s'augmantent et non contans de nos toysons ayns[1] l'ayant, ou comme les maigres vaches de Pharaon demeurant tousjours laides, ne pouvant estre satisfaictes qu'elles n'ayent dévoré le tout. Cecy nous a faict considérer sérieusement nostre condition et nostre relation à Dieu et à l'homme, et, après examen faict, nous trouvons que pas homme n'est nay esclave ny commandé de Dieu d'estre tel, puisqu'il ne nous a pas donné moins de privilége, que celui que la nature a donné aux bestes brutes de se pré-

---

[1] Ayns, c'est-à-dire même.

server soy-mesme, et puisqu'il est impossible, la fontaine estant empoisonnée que les ruisseaux puissent estre sains, les vices de l'hyvrongnerie, sermens et paillardise sont les petits peschés de la Cour, ou bien plus honneur estant journellement leur récréation, leurs principes n'est-ce pas tyrannie ? par les actions et comportements des serviteurs nous pouvons comprandre les desseings des maistres. Ne sçavons nous pas que les roys ne gardent leurs promesses que jusques à ce qu'ils trouvent opportunité et force pour à leur avantage les rompre. Ces bestes de proye doibvent-elles estre assistées et nourries et chéries par les amis de Justice et Liberté ? Sommes nous encore ignorans quel monstre les produict et insensibles des misères sur nous mises par eux ? Y a-t-il auiourd'hui aucun qui règne dans l'Europe qui ne soit veneu par conqueste exerçant ses commandemens sur tous comme un Tyran et son pouvoir sur les pauvres comme le lyon sur l'agneau, et la baleine sur les petits poissons. Il est vray que Dieu a créé tous, aussy a t-il créé le diable mais non pas pour gouverner, et pour luy obéir, ains pour luy résister et opposer ; mais il pourroit estre objecté que nous sommes soubs le pouvoir et authorité d'un Roy, aux prédessesseurs de qui nos pères se sont soubmis, c'est pourquoy nous sommes obligés en conscience de luy obéir. Nous respondons qu'il n'y a que par deux voyes que les Roys viennent à règner sur un peuple dans ce temps icy : qui est par consentement ou par conqueste. Si par consentement, il faut dong qu'il y aye un accord faict avec nos prédécesseurs par lequel il ressort, que nos pères estoient si faibles et personnes si peu raisonnables que de donner de si grands privilèges et reveneus à aucun homme que sur les conditions de leur faire des services. Si sur ces fondements nos Roys sont, il est apparent et nous trouverons qu'ils ont rompeu l'accord et préjudicié nos privilèges, négligeant la confiance que nous leur avons imposé sus ; qui plus est, ils disposent journellement des biens et vies de nos frères à leur volonté. A cause de quoy nous sommes francs et libres du contract et obligation faicts avec eux ; mais cela ne fut pas ainsy, nos pères ne nous pouvaient pas obliger, car s'il leur estoit loisible à eux de choisir un roy pour les gouverner, il nous est aussy loisible de choisir quel gouvernement il nous plaira estans aussy francs et libres que nos pères. Mais où les Roys viennent par conqueste les peuples sont esclaves, et, estant ainsy, il ne peut pas estre pesché en les conquis de regaigner ce que le conquéreur leur a osté et qu'ils ont perdeu, puisque le conquéreur par son pouvoir a donné commissions de retenir du peuple leurs héritages et propriétés.

« Par ainsy nous voyons la cauze de toute nostre

misère, qui est d'avoir laissé le gouvernement hors de son propre ou droict channal[1].

« C'est pourquoy nous vous prions de considérer si c'est une chose triste et lamentable que le gouvernement que le grand Dieu du Ciel et de la terre a ordonné pour le soulagement des opressés de l'orphelin et de la vefve, pour la punition des malfaiteurs, pour l'aplaudissement et chérissement de ceux qui font bien, soit ainsy perverti que ceux qui le doibvent exercer pour le peuple l'exercent pour l'amour d'eux et pour les faire vivre en toute sorte de volupté et plaisir, mais non pour l'amour du peuple, pour prévenir quelque danger qui puisse arriver pour l'incommoder, estant la véritable fin du gouvernement et subjection.

« Et si n'estoit pour cette fin, le gouvernement en soy seroit un fardeau, parce qu'il restrainct un homme de sa liberté naturelle ; néanmoins nous sçavons que sans le gouvernement le fort détruira le foible, le sage le fol, le riche le pauvre, les pareils recevront pareils torts.

« Mais gouvernement est ordonné de prévenir ceux hors d'authorité de faire tort l'un à l'autre, et pour ceux en authorité de faire tort à eux-mesmes ou à nous, et pour cella ils ont nos moyens à commander, pour disposer d'une partie d'yceux si besoing le requiert pour préserver le restant.

[1] Channal, c'est-à-dire *chemin*.

« De plus, celluy qui est non seulement le faiseur et le gouverneur de l'univers, créateur de toutes choses en ycelluy et de l'homme comme la plus glorieuse pièce et teste de tous, nous a faict un peuple raisonnable et nous a donné sa parolle pour nostre guide qui nous dict que tous hommes en leur premier estre sont semblables et seront de mesme en la fin. Le paisan est aussy libre qu'un prince estant veneu au monde ny avec un sabot au pied, ny selle au dos, non plus qu'un enfant d'un Roy avec une couronne d'or sur sa teste, ainsy chaqun par naissance est esgalement libre et estant ainsy il a pouvoir de choisir le gouvernement, par lequel il veut estre gouverné ; car on ne peut obliger un homme que par ses députés ou son consentement et on ne doibt conférer telles charges sus un homme pour l'esgard de sa naissance, mais pour son mérite et vertu, estant le principal diadème. A présent voyant que la liberté à laquelle nous sommes tous nés est véritablement deub à tous hommes, pour gaigner laquelle Dieu en tous aages a assisté par sa présence tous ceux qui l'ont cherchée et pareu pour ycelle, que nous espérons satisfaire tous, qu'il n'y a pas une meilleure chose au monde pour nous faire engager, c'est pourquoy la cause que nous entreprenons à présent estant la mesme pour laquelle nous portons nos vies en nos mains, il ne nous faudra pas d'autre apollogie. La seule choze qui se pourra trouver estrange en nos actions est la façon d'agir pour nous procurer nos indubitables droicts ; ycy nous prions qu'on considère que tous moyens ordinaires et quelques extraordinaires ont esté desja tentés et après plusieurs siècles de patience n'ont produict aucun fruict, comme appert, ne faisant autre uzage de nos submissions que pour nous abuser et toute la nation :

1° Premièrement nous trouvons que tout le trésor qui est amassé est employé contre nous.

2° Nous trouvons que les armées parmy nous sont entretenues de nostre pain et de celluy de nos enfans, tous parmy eux, de plus haut degré jusques au plus bas, ne faisant autre uzage de leur pouvoir que pour eslever leurs fortunes sur nos ruines.

3° Nous trouvons plusieurs emprisonnés, blessés et tués par des gens de néant qui n'ont qu'une espée à leur costé ou un prétendu serviteur, ou un voleur du peuple.

4° Nous trouvons que les taxes s'augmentent sans nombre ou espérance de fin ; qu'ainsy personne ne sçaist ce qu'il a, ny ce qu'il aura.

5° Nous trouvons que les pauvres sont tout à faict désestimés et de plus oppressés et plusieurs miliers à l'aumosne et prêts à périr de faim.

6° Nous trouvons le nom de Dieu blasphémé, son pouvoir désestimé, le Jour du repos prophané, et peu le mettent au cœur.

7° Nous trouvons que les plus hommes de bien sont jettés hors du conseil et commandement et ceux estant trouvés fidelles, n'abusant pas leur conscience, ny trahissant leur patrie, sont bannis de leurs maisons et plusieurs d'yceux ruinés dans leurs biens.

8° Nous trouvons que nos héroiques princes ont esté emprisonnés et leurs conseils désestimés, leurs biens séquestrés, leurs personnes et familles désignées pour estre ruinées.

9° Nous trouvons des estrangers préférés aux plus grandes charges de confiance et authorité et les natifs rejectés.

10° Nous trouvons tous ou la plupart des édicts ou ordonnances faictes en faveur du pauvre peuple depuis peu abolies et de nouveau de grandes taxes et fardeaux insupportables mis sus.

11° Nous trouvons que les armées s'augmentent et nos compagnies pleines de mercenaires soldats sans estre appellés par nous.

12° Nous trouvons par là ce peu qui nous reste et que nous avons eu peyne de conserver, estre desjà presque dévoré et une inévitable misère par famine aparamment doibt estre notre portion si ce n'est que Dieu soudainement nous délivre de ces oppresseurs.

13° Nous trouvons que toutes les promesses et ordonnances du Roy et Conseil sont de nulle validité estant rompue par tous gouverneurs et officiers.

14° Nous trouvons que tous gouverneurs et commandants à la campagne et dans les garnisons commandent aussy absolument que des monarques nous taxent quand et ce qu'il leur plaist.

15° Nous trouvons le pesché veneu en tel haut degré que nos femmes sont ravies, nos filles desflourées, nos jeunes hommes tués, nos villes et habitations et tout le pays semblable presque à un désert.

16° Nous trouvons le traffiq de la nation qui debvoit estre advancé et augmenté, estre si généralement ruiné que nous ne pouvons longtemps subsister, si ce n'est que quelque prompt secours soit prins.

17° Nous trouvons que toutes les offices de Justice et charges de l'intérest public de cette nation sont occupées par les mercenaires favoris de la Cour, c'est pourquoy nos biens et liberté sont tousjours à la discrétion et volonté de ces monopoleurs.

18° Nous trouvons que les gens d'Église sont beaucoup dégénérés de la primitive pureté mettant des milions en leurs poches quoy qu'une grande partie d'yceux aye esté destinée pour les pauvres.

19° Nous trouvons que les revenus publiqs s'ils estoient bien et fidellement emploiés desfrayeraient toute la despance et frais de cette nation, sans qu'on mette aucune taxe sur le peuple, la plus part estant donnés aux favoris et despancé pour le maintien de pompe et luxure de la Cour pendant que le pauvre paysan est obligé de payer plus que le reveneu de tout son bien.

« Considérant notre desplorable estat et celuy de tout le peuple en général, et l'apparant danger d'une plus grande effusion de nostre sang sans qu'un bon ordre le prévienne, et considérant que non seulement nous avons tenté toutes voyes et moyens de procurer la fin de nos longues oppressions comme aussy considérant que nostre esclavage sous ce pouvoir arbitraire vient du manquement d'un juste et esgal gouvernement qui s'il estoit estably nous donneroit prompt soulagement de tous nos communs fardeaux, nous ne pouvons penser à un remède plus profitable que de nous mettre et inviter tous ceux de nostre nation de se joindre avec nous en une posture de deffance par laquelle nous pouvons estre garantis de tout danger et n'estre préveneus dans nos bonnes intentions par l'oppozition de ceux qui ont establi nostre esclavage et celuy de nostre nation, tandis que nous le propozons à tous ceux de nostre nation, puisque cella leur conserve à tous, comme à nous, quelles fondations de droict et liberté communes en lesquelles eux et nous pouvons voir les raisons pour s'accorder entre nous mesmes et sur cella establir une ferme et bien fondée paix.

1° Premièrement que nul homme dorésnavant ne soit accusé ou jugé de vie ou biens, que par telles loys que seront faictes par un parlement ou représentative du peuple.

2° Que nul homme ne soit obligé à se deffandre en Justice sur les accusations ou dires de qui que ce soit, que l'accusateur ne soit présent et les thesmoins confrontés face à face et juges gens de bien et de probité.

3° Que tous soient punis selon les offences et suivant les véritables intérests d'un juste et sainct gouvernement, que rien ne soit estimé trahyson si ce n'est ce qui manifestement tand à maintenir la tirannie et subvertir la liberté.

4° Que personne ne soit contrainct par amandes ou autrement concernant matières de foy, religion ou ordonnances de Dieu, ny restrainct de la profession de sa foy ou exercisse de sa religion selon sa conscience.

5° Que ceux de la religion estant natifs de cette nation et fidelles à son intérest soient ci après esgalement resceus en toutes charges et gouvernement.

6° Qu'il y aye des lieux, et places publiques en toutes cités, villes, et bourgs, et villages, où il se trouvera gens de la religion esgallement libres pour prescher la parolle de Dieu et faire profession de ses sainctes ordonnances.

7° Qu'il soit accordé entre les deux partis que tous qui tascheront à nous diviser seront punis, car pourquoy nous qui sommes frères nous dévorerons nous les uns les autres comme les canibales?

8° Que toutes parties cessent de prescher la controverse et preschent la parolle de Dieu, Christ estant le réconciliateur de son Esglize.

9° Que les jours de dimanche ne soient pas prophanés comme ils sont et ont esté depuis plusieurs siècles, mais que les coupables soient sévèrement punis par amendes ou autrement et que tous magistrats où telles offences se commettront, à peyne d'être mis hors de leurs charges et jugés incapables d'en plus exercer, seront obligés de les voir ponctuellement observés.

10° Que les énormes peschés de l'hyvrongnerie, blasphême, paillardise, et pour quels peschés Dieu a ruiné plusieurs nations, n'abondent seulement mais superabondent parmy nous, c'est pourquoy la main de Dieu est sur nous et ne sera retirée qu'elle ne nous aye destruict, ou que nous ayons destruict ces peschés ; qu'ils soient dorsénavant punis en qui ils seront trouvés, aussy bien en un prince comme en un paisant et ce selon les lois d'Angleterre faictes contre tel cas, affin que la main de Dieu qui est sur nous, se retire, et que nous puissions regarder sa face joyeuse dans le calme de paix, ne voyant à présent que ses coups furieux en guerre.

11° Que nulles personnes de quelle quallité ou condition qu'elles soient, demeurant en aucune cité ville ou province en France, en office, charge, ou gouvernement, excepté telles personnes qui par serment de deux hommes de probité fairont voir qu'elles n'ont valant cent livres tournois ne seront exemptes de payer leur esgale portion de toutes taxes selon leur dequoy soit réel ou personnel, comme leurs voisins, en villes, bourgs, et campaignes.

12° Que nulle personne ou personnes que ce soient mettent aucune taxe sur lepeuple, villes, bourgs ou campaignes, ou les force de bailler argent ou meubles sous aucun prétexte d'ordre de quelle personne ou personnes que ce soient, ou de son pouvoir, sans l'ordre et commandement de la majeure partie de ceux qui sont en authorité dans la mesme province, sous peyne d'estre procédé contre, comme contre un larron.

13° Que tous priviléges donnés par usurpateurs des droicts du peuple à aucune place ou personne soit entièrement ostés.

14° Que tous officiers publiqs soient choisis annuellement par le peuple du lieu où ils doibvent exercer leurs charges, et n'estre impozés sus.

15° Que personne ne soit forcé de servir en guerre, ny par mer, ny par terre.

16° Que tels ordres soint prins et provisions faictes pour les pauvres qu'il n'y aye pas des mendiants, et principalement pour ceux qui ne peuvent travailler qu'ils ne couschent et meurent dans les rues comme ils ont faicts cy-devant.

17° Que le paysan puisse avoir sa cause ouïe et justice faicte contre le Seigneur, aussy bien que le Seigneur contre luy, et que les amis ny puissance de l'adversaire du pauvre n'empeschent la soudaine détermination et juste jugement donné en la cauze du pauvre, aussy bien que son adversaire seroit un prince, car Dieu n'a point de respect des personnes.

18° Que tous procès entre toutes personnes soient déffinitivement terminés en un temps préfix et ce au rapport de douze hommes de probité ou un tel nombre que sera estimé à propos, estant choisis avecques liberté des paroisses ou baillages où les parties demeuront.

19° Que les commerces à toutes personnes de la nation soient esgalement libres, tant dans le pays qu'ailleurs.

20° Que toute obédience ou tittres serviles donnés aux Seigneurs des villes et campaignes, le grand support de thyrannie, soient tout à faict ostés.

21° Que le commerce général avec l'Angleterre soit instamment demandé.

« Ces choses estant nostres et estant les indubitables droicts de nostre nation, manque d'un establissement, les misères ont esté grandes sur nous depuis plusieurs années, et puisqu'il ne nous est pas laissé d'autre voye pour prévenir l'une et gaigner l'autre que de prendre nos espées dans nos mains pour garder ce que nous avons et regaigner ce que nous avons perdeu, nous formons cette entreprise dans laquelle nous ne pouvons nous promettre que l'assistance des peuples, qui sont ou aveugles pour leur propre intérest, ou engagés de continuer le présent, en conservant un pouvoir régnant sur nous pour son seul advantage.

« Néanmoins nous ayant intantion de ne faire tort à personne ny advantage secret à nous mesmes, et la cauze pourquoy nous comparaissons estant si claire et juste et communément concernant toutes parties et bons intérests, nous reposons nostre confiance au grand Dieu pour nous protéger de la malice et rage de tous hommes ambitieux, et qui cherchent leur propre intérest, affectant grandeurs et thyrannie et qui ont établi l'esclavage du peuple et une perpétuité de leur règne et de tous leurs mercenaires vasseaux qu'ils ont ou loueront pour nous destruire et tenir le joug d'esclavage sur le col du peuple ; et nous par ces présentes promettons et nous engageons envers tous ceux de nostre nation que, en quel temps que l'establissement de paix et liberté icy propozé sera effectué, et tous délais, en quoy nous ferons nostre possible étant prévenus, avecques joye et allégresse nous retournerons à nos habitations et vocations en participant seulement et esgaslement de nostre part de liberté et paix avec ceux de cette nation [1]. »

[1] *Portefeuille du prince de Condé*, n° 6731, *Bibliothèque nationale*.

Lenet a ajouté à ce manifeste cette note de sa main : *Mémoires donnés à son Altesse de Conti par les sieurs Saxebry et Arundel, que je n'approuve pas.*

Ce manifeste que nous avons copié nous-même sur le texte manuscrit a été évidemment rédigé par un anglais qui connaissait imparfaitement notre langue, ce qui ajoute une difficulté de plus à l'intelligence du vieux français. Pour en faciliter la lecture nous nous sommes permis par quelques corrections de tâcher de rendre certains passages plus clairs; mais nous n'avons pas cru pouvoir nous permettre les altérations, les additions et les suppressions qui se rencontrent dans la publication de ce document par M. Cousin dans son *Histoire de Madame de Longueville pendant la Fronde*.

Ce curieux document nous fait connaître que la république modèle toute manufacturée dont l'Angleterre se proposait de faire en France l'importation, devait avoir pour principe et pour fondement le pouvoir populaire, duquel, d'après ce document, émane toute autorité. Néanmoins le peuple n'était appelé à exercer cette autorité suprême que par délégation au moyen d'une assemblée élue; mais comme les démocraties sont ombrageuses, de crainte que les députés ne prissent une autorité personnelle trop grande par l'exercice d'un mandat prolongé, sans nul souci du trouble et des inconvénients majeurs qui résultent de la fréquence des élections, les pouvoirs de l'assemblée expiraient au bout d'une année. La disposition qui exclut les fonctionnaires civils et militaires du mandat de député, ne saurait être qu'approuvée; car leur présence dans les assemblées paralyse leur libre contrôle; elle permet la corruption par les places; elle paralyse en outre la légitime influence que dans un intérêt conservateur devraient avoir dans les assemblées, à plus forte raison quand elles sont républicaines, les hautes classes sociales auxquelles les fonctionnaires n'appartiennent pas toujours; elle renverse enfin les situations dans les pays qui jouissent ou croient jouir des libertés représentatives, les fonctionnaires ne devant pas être les auteurs de la loi, mais ses exécuteurs. On ne saurait trop insister sur ce fait que la prépondérance trop grande donnée aux fonctionnaires au détriment des influences locales légitimes est une des causes les plus certaines, bien que des moins remarquées, de nos révolutions. On objecte que les assemblées privées de fonctionnaires sont privées des lumières d'hommes spéciaux; mais il suffirait que les assemblées, dans les questions spéciales, s'éclairassent de l'avis de commissions consultatives composées d'hommes spéciaux. Ces commissions seraient très-supérieures à celles que le hasard des élections permet aux assemblées de tirer de leur propre sein.

Enfin l'exclusion des fonctionnaires militaires prévient ce péril auquel l'Angleterre était alors en proie et qui a été de nos jours si funeste à l'Espagne, de députés faisant concourir la force armée au triomphe des factions qu'ils représentent.

D'après le programme envoyé, le Parlement, en vertu de la délégation dont le peuple l'avait investi, possédait la faculté d'exercer directement tous les pouvoirs, déplorable confusion entre l'autorité législative et l'autorité exécutive. Certaines matières cependant étaient entièrement soustraites à sa compétence et à son action; ces matières étaient celles qui touchaient à la liberté humaine.

Ce programme de république était incontestablement très-supérieur sur certains points à ceux que préconisent les modernes républicains ; ceux-ci au nom de l'omnipotence de l'État, font litière des droits primordiaux et de la liberté humaine. Ils préconisent le droit absolu du plus grand nombre d'imposer ses volontés, c'est-à-dire l'écrasement des minorités par le plus dangereux des despotismes, et la mise en question, chaque jour, sans que la sécurité du lendemain puisse jamais être assurée, de vérités et de principes fondamentaux dont le nombre ne saurait décider; vérités et principes qui ne doivent pas être soumis à ses passions, à ses caprices, et le plus souvent à son ignorance. A cette époque moins ramollie et pourtant moins barbare que la nôtre, car une société usée devient le jouet de toutes les audaces, on n'avait pas même la pensée que les droits de la famille et ceux de la propriété pussent être contestés ; mais il est évident que si ils l'eussent été, le programme que nous analysons, en raison même de l'esprit qui l'a dicté, aurait dit explicitement que les questions de famille et de propriété sont au-dessus du pouvoir des assemblées. Comme la réforme avait malheureusement placé les questions religieuses au nombre des questions politiques, on peut remarquer que le programme qui se tait absolument sur les questions de famille et de propriété, aborde la question religieuse, et il le fait avec l'expérience acquise des maux résultant de la pression de la force en de semblables matières, en disant que le Parlement ne pourra faire aucune loi pour obliger les consciences.

Cette tolérance religieuse, dans un projet de constitution d'origine protestante et anglaise, peut néanmoins surprendre; car il n'est pas de contrée où l'intolérance protestante fût portée plus loin qu'en Angleterre; mais cette tolérance s'explique par le motif que cette constitution devait, dans la pensée de ses auteurs, s'adapter à la France dont il était important de ne pas effaroucher la majorité catholique. La part de l'habileté surpasse certainement de beaucoup la part que nous pouvons faire à la justice.

Par un singulier contraste avec l'école libérale moderne dont le triomphe, joint à nos défaites, a conduit à l'établissement du service militaire obligatoire pour tous, le programme de la république de 1652 interdisait au Parlement d'exercer aucune contrainte pour le service des armées de terre ou de mer : « Car, est-il dit, la conscience d'un chacun doibt estre satisfaite où il hazarde sa vie ou peut oster celle d'un autre. » Ce projet de république se mouvait dans cet ordre d'idées qui a distingué jusqu'ici les peuples civilisés des peuples barbares : chez les premiers, le service militaire est la profession de quelques-uns; ce petit nombre abrite la sécurité, le travail et la propriété acquise du grand nombre; chez les seconds, il est la profession de tous[1]; mais aussi la fréquente suspension du travail doit inévitablement conduire à la misère générale. De l'âge d'or, on passe à l'âge de fer !

Nous remarquons encore dans ce programme républicain de 1652 qui n'a cependant pas su séparer, ainsi que nous l'avons remarqué, le pouvoir exécutif du pouvoir législatif, le sage principe de la séparation du pouvoir législatif du pouvoir judiciaire. Malheureusement, les républiques très-fortes sur la théorie sont moins sûres dans la pratique : le Parlement d'Angleterre venait de juger Charles Ier et de faire tomber sa tête; au siècle suivant, la Convention française devait juger Louis XVI et faire tomber également sa tête !

Après l'exposé des principes généraux, le programme que nous analysons avise aux moyens à prendre pour assurer la proclamation de la république; il n'en trouve pas, avec raison, de plus ingénieux, que de révéler aux peuples certains griefs qu'ils ne soupçonnent même pas; puis il leur enseigne certains raisonnements de nature à faire taire les scrupules qui pourraient les empêcher

---

[1] Voy. l'Introduction historique du Dictionnnaire des institutions de la France, par M. Chéruel.

de renverser le gouvernement monarchique. Il rencontre ses raisonnements les plus victorieux dans l'examen de l'origine de la monarchie.

Le droit royal ne procède que du consentement ou de la conquête. Dans le premier cas, comme les rois ont abusé du contrat en appliquant ses clauses exclusivement à leur profit, le consentement donné par les pères peut de droit être retiré par les enfants; dans le second cas, cette forme de gouvernement est un esclavage dont il est légitime de rompre les chaînes.

Le procès, on le voit, est aussitôt gagné qu'entrepis; et, sur la royauté renversée, la république s'organise.

Elle procède tout d'abord par un manifeste; les manifestes et les manifestations sont d'essence particulièrement démocratique. Donc les habitants de toute localité voulant proclamer la république, font un manifeste, ce point est tout spécialement recommandé. Il n'est heureusement pas nécessaire pour manifester que les populations se mettent en grands frais d'esprit ou d'imagination ; on s'adresse à des gens généralement pauvres de ces ressources, les importateurs de la constitution ont prévu le cas et ils envoient un manifeste tout fait; il suffit simplement d'y ajouter le nom de la localité. Les manifestants ont déjà appris à connaître par le projet de constitution républicaine les nombreux griefs dont ils ont à se plaindre de la part de la monarchie ; ils apprennent encore par le programme envoyé quels sont leurs vœux les plus chers ; car le complaisant document les formule pour eux.

En première ligne, on se plaint des taxes et des impôts ; c'est avec la promesse de leur allégement ou de leur suppression que se fomentent les révolutions ; mais comme celles-ci coûtent cher, attendu que tous les déclassés de la société se précipitent sur le gouvernement et sur les places comme sur une proie à dévorer, que la cessation de la confiance et du travail arrête la production, en fin de compte, après chaque révolution démocratique, les taxes et les impôts sont régulièrement augmentés pour pourvoir d'abord à d'insatiables appétits et pour réparer ensuite les désastres produits par la commotion.

Naturellement les manifestants font appel aux pauvres auxquels ils vont infliger le supplice de Tantale ; mais ils auront obtenu leur appui par l'appât de vaines chimères, peu leur importe ensuite qu'ils aient augmenté leur soif sans pouvoir la satisfaire.

Naturellement encore l'abolition complète du service militaire est promise ; nous avons même vu que sa suppression se rattache à un motif religieux tiré de la conscience.

Tous les officiers publics sont élus ; ces élections continuelles sont bien faites en vérité pour établir la paix dans un pays, pour détruire les divisions et les brigues, et pour faire porter les choix sur les plus dignes, attendu que ceux qui auront le mieux capté la faveur de la majorité démocratique sont presque toujours ceux qui auront avec le plus d'impudence flatté ses passions mauvaises et qui l'auront bercé des promesses les plus insensées !

Enfin l'écueil sur lequel viennent se briser les gouvernements républicains est connu et présente les aspérités suivantes : convoitises désordonnées des classes inférieures, dégoût du travail honnête, désir d'arriver à la richesse par la spoliation de ceux qui possèdent, troubles et violences qui en résultent, incertitude du lendemain paralysant toute confiance, basse jalousie écartant les sommités sociales pour acclamer les médiocrités en tout genre, abaissement du niveau moral. Une balise est avantageusement placée sur cet écueil pour permettre au navire d'entrer au port sans naufrager.

Montesquieu, après d'autres, a dit que le gouvernement républicain est celui qui réclame le plus de vertu. Cette condition remplie rarement a permis à quelques républiques appuyées en outre sur le principe aristocratique, de vivre avec plus ou moins d'éclat pendant un laps de temps plus ou moins prolongé. Malheureusement les démocrates de tous les temps présentent un terrain ingrat pour les semences de la vertu ; pour eux la république est le libre cours donné à toutes les passions, l'expansion donnée à tous les vices, sans cette licence essentielle à leurs yeux, ils cesseraient même d'être républicains. Si cette licence est supprimée, ils préfèrent à la république le despotisme qui leur assure, avec l'égalité sous un maître, *panem et circences ;* despotisme dont le seul secret pour se maintenir est d'énerver le peuple par la libre carrière donnée à ses vices. Le manifeste de 1652 proclame donc la nécessité de la vertu, même de la vertu austère ; ses auteurs sont ces réformés, ces presbytériens, armés de préceptes farouches, qui ont fait la révolution d'Angleterre, bien que chez la plupart ces dehors cachent la plus profonde hypocrisie. Aux inconvénients du gouvernement démocratique le manifeste oppose donc le remède de la vertu ! La vertu est la balise placée sur l'écueil !

Les dimanches et les fêtes ne seront plus profanés, pas plus par le travail que par la débauche ; en tous lieux, villes, bourgs et villages se trouveront des hommes de religion pour prêcher la parole de Dieu, même sur les places publiques. « Comme les énormes péchés de l'ivrognerie, blasphème, paillardise, pour lesquels pêchés Dieu a ruiné plusieurs nations, n'abondent pas seulement mais surabondent parmi nous, voilà pourquoi la main de Dieu est sur nous et n'en sera retirée qu'elle ne nous ait destruits ou que nous n'ayons destruits ces peschés; il faut encore qu'ils soient doresnavant punis chez ceux où ils seront trouvés, etc. »

On voit quels puissants correctifs le projet de république jugeait indispensables pour maintenir dans une bonne voie un gouvernement démocratique. Pour qu'une propagande appuyée sur ces austères principes puisse avoir chance de se faire écouter, il faut supposer chez un peuple une dose de sens moral considérable; un pareil langage aurait peu de succès auprès des républicains démocrates modernes; ils trouveraient le breuvage amer; c'est à une autre coupe qu'ils aiment à tremper peu délicatement leurs lèvres.

Ce manifeste républicain avait besoin d'un passeport pour que les princes le laissassent circuler; un paragraphe fait ressortir les persécutions auxquelles sont en but ces princes héroïques, ainsi que leurs familles. Enfin l'intérêt commercial qui prime toutes les questions, en Angleterre, y appose son cachet : un des articles concerne la liberté du commerce entre l'Angleterre et la France.

Si l'on place en parallèle avec ce programme

républicain la solution de la Fronde demandée par la noblesse au moyen de l'organisation régulière des états-généraux[1], on peut juger la différence : d'un côté, un gouvernement véritablement représentatif et libre sous l'égide de la monarchie tempérée, dont l'hérédité est le préservatif des crises et des révolutions ; de l'autre, un gouvernement faisant hypocritement appel à la vertu, mais ne pouvant donner que l'expansion du vice et une série de crises provoquées par des élections qui remettent chaque fois en question les principes et les intérêts sociaux, crises aboutissant non point à la liberté, mais au despotisme du nombre, à l'oppression des minorités, et finalement pour échapper à tous ces maux, arrivant à la plus déplorable des conséquences, à la dictature ! La dictature est en effet le port de refuge dans lequel se jette un peuple qui, ayant perdu la notion du droit, ne connaît plus que la force brutale. En 1652, la prétendue république d'Angleterre n'était autre chose que la dictature du général Cromwell. Il serait logiquement advenu à la république, si elle s'était établie en 1652, ce qui est advenu à deux des républiques que la France s'est donnée au dix-huitième siècle et dans le nôtre.

[1] Voy. tom. III, chap. XXIII.

CHAPITRE XLVII

Poursuite de l'alliance anglaise par le cardinal Mazarin. — L'adresse de Cromwell fait espérer cette alliance en la différant toujours. — Résolution du conseil du roi d'envoyer à Londres M. de Bordeaux comme ministre de France. — Instructions inédites données à M. de Bordeaux. — Appréciation de ces instructions. — Les Stuarts menacés de devenir le gage de l'alliance projetée. — Touchante lettre de la reine d'Angleterre à son fils le duc d'York, du 15 décembre. — Tentatives de Cromwell pour gagner les royalistes anglais. — Lettre inédite sur les divisions de l'Angleterre, 18 décembre. — Résistance calculée de Cromwell au projet d'alliance avec la France. — Première dépêche inédite de M. de Bordeaux au comte de Brienne, de Londres, 22 décembre. — Détails sur la situation intérieure de l'Angleterre. — La lettre du roi de France au Parlement d'Angleterre froidement accueillie. — Nouveaux renseignements inédits sur l'Angleterre donnés par M. de Bordeaux au comte de Brienne. — Quelles sont les chances de restauration de Charles II ? — Refus du Parlement d'Angleterre de donner audience à M. de Bordeaux ; il est reçu par un simple comité. — Discours inédit de M. de Bordeaux. — Le gouvernement d'Angleterre élude toute réponse à la demande de restitution des vaisseaux.

(1652)

Les efforts de la propagande républicaine et protestante, les probabilités d'une entente entre le prince de Condé et l'Angleterre, étaient autant de stimulants qui poussaient le cardinal Mazarin à ne négliger aucun moyen pour parvenir à l'alliance qu'il avait projetée ; et Cromwell, par les craintes qu'il savait habilement inspirer au cardinal, l'attirait à lui, tout en tenant à une hauteur désespérante les conditions d'un traité. Sa politique n'était pas en effet de conclure de longtemps aucune alliance avec la France, mais uniquement de paralyser toute tentative de sa part pour la restauration des Stuarts ; car cette restauration, si elle n'était pas l'unique, était la plus grande préoccupation de cet homme qui, sous le voile de la liberté, gouvernait despotiquement l'Angleterre. Dans le cours de ces négociations qui durèrent plusieurs années, nous serons constamment témoins de la supériorité diplomatique de Cromwell sur le cardinal Mazarin ; la souplesse et bien plus, hélas ! le manque de dignité presque constant du second, ne purent réussir à entamer l'astuce et la rudesse du premier.

Il fut résolu dans le Conseil du roi de substituer à des négociateurs temporaires, tels que MM. de Gentillot et d'Estrades, un ministre permanent auprès du gouvernement de Cromwell. Le cardinal Mazarin fit tomber le choix sur une de ses créatures, M. de Bordeaux, qui était alors intendant de justice, police et finances, dans la province de Picardie. Précédemment, à l'époque du siége d'Étampes, il avait rempli les fonctions d'intendant d'armée dans les troupes du maréchal de Turenne[1]. Des instructions écrites très-détaillées et très-précises furent données à son départ au nouvel envoyé.

On y rappelle que le roi a fait passer deux ou trois fois M. de Gentillot en Angleterre, ayant pour mission de reconnaître la République, avec cette seule restriction que des lettres de marque ayant été délivrées contre les sujets de Sa Majesté, il était juste que l'exécution en fût suspendue, avant que la reconnaissance devînt un fait accompli. En outre, M. de Bordeaux devait demander la restitution des vaisseaux du roi dont l'Angleterre s'était emparé par une attaque contraire au droit des gens, alors qu'ils allaient au secours de Dunkerque, et insister pour le rapatriement de leurs équipages, moins complet que M. de Gentillot ne l'avait annoncé dans sa lettre du 24 septembre. Si ces demandes étaient écoutées, M. de Bordeaux devait proposer d'en régler l'exécution par l'intermédiaire de commissaires spéciaux désignés de part et d'autre; mais il devait éviter de mettre en avant cette nomination de commissaires, s'il s'apercevait de

[1] Voy. les *Mémoires* de M. de Bordeaux, père de l'ambassadeur, Amsterdam. 1758.

dispositions défavorables, afin qu'on n'imputât point à la France comme bassesse l'offre de reconnaissance de la république, ainsi qu'on l'avait fait pour d'autres États, particulièrement pour l'Espagne.

Le cardinal Mazarin qui sentait tout ce que cette démarche avait de peu digne après la conduite tenue par l'Angleterre, conduite qui eût mérité un tout autre langage soutenu au besoin par des actes énergiques, recommandait à son envoyé de pallier cette faiblesse par une hauteur apparente et par des exigences d'étiquette. Il devait, dès son arrivée, prévenir le maître des cérémonies et tâcher de le bien pénétrer de l'honneur que faisait, en l'envoyant, le roi de France au général Cromwell; et, si l'on répondait en des termes dont un nouvel État devrait s'abstenir en s'adressant au ministre d'un grand roi, il parlerait de manière à faire connaître que la France n'ignore pas ce qui lui est dû par une république naissante. En définitive, cette attitude et ce langage prescrits ne sont que forfanterie mise en avant avec l'espoir que la jeune république tressaillera à la seule semonce de la vieille monarchie; mais si elle prend l'attitude mal apprise commune aux démocraties, M. de Bordeaux devra tout simplement baisser le ton, en évitant de rien ajouter qui puisse produire une rupture. Enfin, s'il ne peut rien obtenir, il repassera en France, sans attendre des ordres ; à moins qu'il ne s'aperçoive qu'il y ait moyen de gagner assez de partisans pour faire revenir plus tard à d'autres sentiments [1].

La corruption, au besoin, devra donc venir en aide à la bassesse. A tous ces moyens, le cardiual Mazarin peut encore ajouter une lâcheté, et ce dernier moyen serait le plus puissant de tous. Il peut non-seulement s'engager à ne donner aucune assistance pour remonter sur le trône d'Angleterre aux Stuarts dépossédés ; mais il pourrait encore, en violant les devoirs les plus sacrés de l'hospitalité, les expulser du territoire de France. A de tels engagements accompagnés d'une sanction si honteuse, Cromwell ne saurait certainement rien refuser ; il n'hésitera sans doute plus à serrer dans une sympathique étreinte la main du cardinal, qui se sera rendu digne de lui ; il sera délivré du cauchemar qui pèse sur ses rêves, de la crainte de cette restauration royale qui pèse sur ses jours ; mais le cardinal Mazarin, dans ces préliminaires de négociations, n'ose pas envisager encore l'éventualité possible d'une semblable ignominie ! Ses instructions sont muettes à cet égard ; arri-

---

[1] Voy. à *l'appendice* ces instructions inédites, datées de Paris, le 2 décembre 1652, *Archives du Ministère des Affaires étrangères*; *affaires d'Angleterre*, vol. 61.

vera-t-il plus tard à la commettre ? on le verra dans la suite de cette histoire ; mais n'anticipons pas sur le cours des événements.

On peut aisément comprendre que la reine d'Angleterre qui sentait que l'avenir de ses fils pouvait être le gage de l'alliance projetée et qui s'était déjà vivement émue de la mission secrète donnée à M. de Gentillot, se soit alarmée bien davantage de la mission publique donnée à M. de Bordeaux comme ministre de France. A cette nouvelle qui frappait son cœur d'épouse et de mère, elle écrivit de sa retraite du couvent de Chaillot, à son second fils, le duc d'Yorck, une lettre indignée. Après le coup fatal qui a tranché les jours de Charles Ier, elle n'a jamais reçu de plus sensible atteinte ; mais tout commentaire ne pourrait qu'affaiblir l'éloquente et douloureuse protestation de la noble fille d'Henri IV :

De Chailot, ce 15 décembre 1652.

« Mon fils, cette lettre est pour vous faire scavoir que, comme l'on a envoyé d'icy en Angleterre pour recognoistre ces infâmes traistres, nonobstant toutes les raisons que nous ayons peu donner contre et sur cella ; le roy, vostre frère, a résolu de s'en aler, et a desjà faict parler à la royne. Il n'a pas encore pris de résolution pour vous, c'est pourquoy je croy que vous devés toujours faire comme si vous ignoriés cet envoy; et, en cas que l'on vous en parlât, dire que vous ne le pouvés croire, jusque à ce que l'on voye ce que vous avés à faire. Je seray bien ayze de sçavoir vostre opinion, ce que vous desireriez de faire, et après je vous feray sçavoir la mienne, laquelle, je vous puis assurer, sera toujours d'autant que je pourray pour vous contanter, et pour vous rendre aussi heureux que vous pouvez estre en toute sorte de temps. Je ne sçay si le roi, votre frère, vous a faict connoistre tout cecy; mais toujours j'ay voulu vous an donner advis. Quand j'oray songé à vous, je songeray à moy, et vous feray scavoir toutes les résolutions que je prendray. Je vous avoue que, depuis mon grand malheur, je n'ay rien ressenti à l'esgal de cecy. Dieu nous prene dans sa saincte protection et nous donne la patiance qu'il faut avoir pour suporter ce coup. Je le prie de vous conserver, et croyez que je suis plus que je ne vous puis dire, mon filz, vostre bonne et affectionnée mère,

HENRIETTE MARIE[1]. »

---

[1] *Archives du Ministère des Affaires étrangères; affaires d'Angleterre*, vol. 61. Cette lettre, dont la copie est seule conservée et que nous reproduisons textuellement avec son orthographe, a été publiée pour la première fois, mais tra-

Cromwell, par son adresse, ne provoque pas seulement la France à déserter la cause des Stuarts, en Angleterre il tâche de gagner les royalistes, non pour leur faire oublier la royauté qu'il serait bien aise, avec leur concours, de reconstituer à son profit; mais, pour leur faire renier la dynastie exilée. Un correspondant anonyme du cardinal Mazarin lui fournit sur ce point de précieux renseignements :

« Il y a division en Angleterre et Cromwell commence à se défier de ses amis et de ceux qui ont tenu jusques icy son party, et présentement il carresse et fait grande chère à ceux qui ont esté du party du roy[1]..... »

Cette même correspondance trace un tableau assombri de la situation du gouvernement de Cromwell : changement des membres du Conseil d'État; troubles à Portsmouth où plus de cent personnes ont été tuées; murmures des marins qui sont mal payés; désarmement de sept des plus grands vaisseaux, faute de matelots; insur-

duite en anglais, dans l'ouvrage suivant dont nous devons la communication à M. le comte de Baillon : *Lettres of queen Henrietta Maria edicted by Mary Anne Everett Green*, London 1857. La traduction anglaise a altéré le texte de quelques passages.

[1] Lettre inédite sans signature, datée de Boulogne, le 18 décembre 1652. *Archives du Ministère des Affaires étrangères; affaires d'Angleterre*, vol. 61.

rection persistante en Écosse, où le comte d'Argyle résiste toujours dans les montagnes; nouveau soulèvement en Irlande.

Pour surmonter toutes les difficultés qui l'environnent, Cromwell tient d'autant plus à affermir dans ses mains le pouvoir absolu; il s'efforce d'abattre du tranchant et du revers de son épée l'hydre aux cent têtes de l'anarchie républicaine et la légitimité monarchique qui survit toujours à la mort d'un roi. Pour la seconde de ces œuvres, il provoque par des résistances adroitement calculées à une alliance qu'il désire, le cardinal Mazarin à devenir son complice.

Ainsi le sort des Stuarts malheureux se trouve livré aux chances des négociations; grâce à une politique sans principes et sans dignité, le projet d'alliance avec Cromwell se poursuit; M. de Bordeaux, muni d'une lettre du roi, part pour Londres et adresse au comte de Brienne, secrétaire d'État, une première dépêche qui commence en ces termes :

De Londres, 22me décembre 1652.

« Monsieur,

« J'arrivé en cette ville vendredy. Le lendemain, j'en fis donner advis à l'orateur[1] et luy de-

[1] Le *Speaker*, celui qui dirige les débats du Parlement.

manday audiance. Il m'a remis à demain pour en pouvoir ce pendant communiquer au Parlement, et m'a obligé de luy donner copie de la lettre du roy. Elle s'est trouvée dans les termes qu'il désire[1]....»

Ainsi le ministre de France constate avec satisfaction que la lettre du roi, dont il était porteur, s'est trouvée conçue dans les termes désirés ; il ajoute pourtant que son arrivée est trop récente pour qu'il puisse donner des renseignements bien précis. Dans la suite de sa dépêche que nous résumons, M. de Bordeaux dit qu'il a visité l'ambassadeur de Portugal dont la réception l'a peu satisfait[2]. Cette froideur est d'une explication facile ; le Portugal s'était précédemment lié par un traité d'alliance avec la France, afin de se garantir contre l'ambition de l'Espagne[3] ; mais la France était suspecte aux yeux de Cromwell de vouloir rétablir les Stuarts, le marquis de Camera devait donc, dans l'intérêt du succès du traité qu'il était venu conclure avec l'Angleterre, témoigner publiquement qu'il ne voulait avoir aucune intimité avec l'ambassadeur de France. Il

---

[1] Dépêche inédite ; *Archives du Ministère des Affaires étrangères ; affaires d'Angleterre*, vol. 61.

[2] Voy. sur les négociations du marquis de Camera, à la suite de l'affaire du prince Rupert, notre exposé du chap. XLV.

[3] Voy. sur l'alliance du Portugal avec la France, tom. IV, chap. XXXIV.

redoutait de donner le moindre ombrage; car nous avons vu à quel point, depuis l'affaire du prince Rupert, la situation du Portugal était devenue délicate et difficile vis-à-vis de l'Angleterre. Passant à l'ambassadeur d'Espagne, M. de Bordeaux fait connaître la réclamation poursuivie par celui-ci pour obtenir la restitution de deux vaisseaux chargés de trois millions en argent et en marchandises que l'Angleterre veut confisquer comme appartenant à des Hollandais, bien que couverts par le pavillon espagnol; il pense que son arrivée ne favorisera pas la cause du demandeur. Il dit que l'Angleterre prépare un armement pour réparer la défaite que lui a infligée la Hollande [1]. Enfin il termine par cette assurance qui ne pouvait manquer d'être bien reçue, que les députés du prince de Condé et ceux du comte du Dognon ne font aucun progrès pour conclure l'alliance qu'ils étaient venus rechercher.

Le ministre de France mieux informé ne tarde pas à savoir qu'il s'était trompé lorsqu'il avait cru que la lettre du roi, dont il avait remis seulement une copie, avait été bien accueillie; aussi il écrit au comte de Brienne, le 26 décembre :

« Lorsque l'Orateur a lu au Parlement la

---

[1] La victoire navale remportée par l'amiral hollandais Van Tromp sur l'amiral anglais Blake.

lettre du roy, la suscription n'a point plu. [1]... »

Cette première difficulté sur une formule est le commencement d'une série de difficultés sur les formes, qui, non moins que des difficultés sur le fond, feront traîner en longueur les négociations pendant plusieurs années. La susceptibilité qui met en cause le roi de France lui-même, est accompagnée d'objections qui s'adressent à la qualité de son ministre. M. de Bordeaux, continuant sa lettre, informe le comte de Brienne que l'Orateur du Parlement lui a fait savoir qu'il ne sera admis ni à l'audience du Parlement, ni à 'audience du Conseil, parce qu'il n'a pas la qualité d'ambassadeur, et qu'il sera reçu par un simple comité. Il fait connaître qu'il a protesté en disant que son ordre portait qu'il devait rendre les lettres du roi au Parlement lui-même; mais qu'il craint que cette difficulté ne retarde son audience.

Le Parlement, en effet, avant de faire aucune réponse au ministre de France envoya sa demande d'audience au Conseil d'État pour y être examinée [2].

Si M. de Bordeaux se heurte de prime abord

[1] Lettre inédite ; *Archives du Ministère des Affaires étrangères; affaires d'Angleterre*, vol. 62. — Voy. la lettre du roi à l'*appendice*.

[2] Dépêche inédite de M. de Bordeaux au comte de Brienne, datée de Londres, le 30 décembre 1652 ; *Archives du Ministère des Affaires étrangères*, vol. 62.

contre un accueil peu empressé et peu flatteur, au moins il utilise sa mission pour envoyer à son gouvernement de nombreux renseignements : il s'était fait quelque illusion en croyant que sa présence ferait échouer la réclamation de l'ambassadeur d'Espagne, une indemnité sera allouée pour les deux vaisseaux capturés[1]. Les Hollandais connaissent bien le côté faible du gouvernement d'Angleterre qui manque d'officiers et de matelots, bien qu'il augmente la solde; les membres du Parlement confèrent les grades non aux plus méritants, mais à leurs parents et à leurs amis. Les Presbytériens inspirent des inquiétudes; les prêches et la célébration des fêtes de Noël ont été défendus; des troupes s'approchent de Londres pour soutenir l'autorité de Cromwell. La grande majorité désire la restauration du roi d'Angleterre, et pourtant il n'a rien à espérer ! Il faudrait que ce prince entrât à la tête de troupes étrangères avec l'assistance de la marine hollandaise[2].

Cette impuissance d'une majorité d'honnêtes

---

[1] Voy. sur les raisons qui, malgré des relations très-tendues, forçaient l'Angleterre et l'Espagne à se ménager, notre exposé du chapitre XLV.

[2] Voy. la dépêche précédente et une seconde dépêche inédite du 30 décembre 1652 qui fut écrite le même jour que celle que nous avons précédemment citée, *Archives du Ministère des Affaires étrangères; affaires d'Angleterre,* vol. 62.

gens à faire prévaloir ses sentiments est de tous les temps et de tous les pays ; elle démontre à quel point le pouvoir royal est tutélaire, puisque sans lui presque toujours les minorités turbulentes et factieuses entretiennent l'oppression sous les fausses apparences de la liberté.

En définitive le Parlement d'Angleterre ne fit point à M. de Bordeaux l'honneur de le recevoir ; le soin de sa réception fut délégué à un simple comité. Le ministre de France nous a conservé le discours qu'il prononça à cette occasion, nous en détachons les passages suivants :

« Le Roy de France, mon maistre, ayant jugé à propos, pour le bien de son service, de m'envoyer devers le Parlement de la République d'Angleterre, il m'a commandé de le saluer de sa part et de l'asseurer de son amitié.... Ce royaume a pu changer de face, et de monarchie devenir république ; mais la situation des lieux ne change point ; les peuples demeurent tousjours voisins et intéressés l'un avec l'autre par le commerce, et les traictés qui sont entre les nations n'obligent pas tant les princes que les peuples, puisqu'ils ont pour principal object leur utilité commune. »

Après cet exorde, M. de Bordeaux parlant de l'attaque contre l'escadre royale et de la capture de ses vaisseaux, a soin d'en rejeter la cause sur les menées de l'Espagne ; il ne doute pas qu'un Parlement composé d'aussi sages personnages ne s'empresse de restituer ces vaisseaux[1].

Dans les dépêches subséquentes, M. de Bordeaux apprend à M. de Brienne que sa négociation n'est pas plus avancée que le premier jour, le gouvernement d'Angleterre évitant de lui faire aucune réponse précise.

De l'action diplomatique au dehors, revenons à la suite des événements intérieurs suscités en France par les factions, par la guerre civile et par la guerre étrangère.

---

[1] Document inédit; *Archives du Ministère des Affaires étrangères; affaires d'Angleterre*, vol. 62.

Le cours des événements, pendant l'année 1653, nous ramènera à donner, dans le volume suivant, la suite des négociations diplomatiques entre la France et l'Angleterre.

CHAPITRE XLVIII.

Phase nouvelle des événements à Bordeaux : l'*Union* des partis ; les conspirations. — Assemblée générale des habitants, le 24 novembre. — Le registre de l'Ormée retiré des mains de Dureteste. — Vote de l'*Union*, le 28 novembre. — Mécontentement du parlement de Bordeaux contre l'*Union*. — Le parti de la paix comprimé. — Deux émissaires principaux de la cour fomentent les conspirations. — Ordre royal inédit au P. Berthod de se rendre à Bordeaux, du 24 novembre. — Lettre royale inédite aux habitants et au chapitre de Brioude à l'occasion du P. Berthod, du 26 novembre. — Lettre inédite d'un émissaire secret au cardinal Mazarin du 25 novembre. — Conspiration de Massiot. — Son arrestation et sa comparution devant ses juges. — Le prince de Conti le conduit en prison dans son carrosse. — Il est gardé, sans jugement, prisonnier à l'Hôtel de Ville. — Lâches désirs de violence de la part de la populace. — Dépêche inédite de Lenet au prince de Condé, du 2 décembre. — Dépêche inédite d'un émissaire secret au cardinal Mazarin, du 5 décembre. — Distractions littéraires aux malheurs présents. — Fragments de correspondances inédites de Sarrasin, du prince de Conti, de Balzac, de Conrart, de Scarron.

(1652)

Le mois de novembre vit naître, et le mois de décembre se développer à Bordeaux une phase d'événements d'un nouveau caractère : le parti de la paix se grossit d'adhérents de plus en plus nombreux; il s'enhardit et veut atteindre son but par deux voies différentes : la première, tracée au grand jour, doit y conduire, au moyen d'une *Union* des partis, dont la première conséquence espérée serait d'anéantir l'Ormée; la seconde est tracée dans l'ombre, des conspirations creusent ses galeries. Nous allons suivre la marche des événements dans la double voie sur laquelle ils s'engagent.

Le parti de l'ordre et de la paix conçut cette pensée que le moyen le plus sûr de paralyser l'Ormée était de s'y introduire lui-même. Pour l'exécution de ce projet, ceux que l'on appelait, suivant le langage du temps, les bons bourgeois, c'est-à-dire les gens honnêtes et établis, se rendirent en nombre à la Bourse; ils y décidèrent leur aggrégation à l'Ormée et leur inscription sur les registres de ce corps. Ils déclarèrent que ces registres devaient être retirés des mains de Dureteste, son chef le plus violent, pour être placés sous une autre garde. Ils votèrent, en outre, que les absents seraient mandés pour s'aggréger et signer, et que les noms des gens sans aveu seraient rayés. Enfin, une assemblée générale à l'Hôtel de Ville fut convoquée pour le dimanche suivant, afin d'y traiter des affaires publiques.

Ce projet d'une invasion faite d'autorité dans le

sein de l'Ormée, projet dont l'adoption fut couronnée de prime abord d'un tel succès, parut un coup de maître de nature à amener de féconds et prompts résultats.

L'assemblée générale convoquée à l'Hôtel de Ville s'ouvrit le 24 novembre en la présence du prince de Conti; elle débuta par ces cris multipliés : point d'Espagnols ! témoignant une fois de plus l'impopularité de leur alliance. Cette impopularité était telle que le baron de Vatteville, qui avait failli devenir victime de la haine des Bordelais[1], n'osait plus paraître à Bordeaux ; cependant, appelé par une affaire urgente, il s'était une fois décidé à y revenir après avoir pris la précaution de s'habiller à la française, afin de n'être pas reconnu. Il était cependant porteur d'un subside de trois mille six cents écus ; mais il n'avait pas jugé ce passe-port suffisant pour le protéger[2]. L'assemblée, les clameurs apaisées, ouvrit la discussion sur l'admission des nouveaux ormistes ; alors les anciens ormistes, pour faire renoncer les nouveaux adhérents à leur aggrégation, et, dans tous les cas, pour gagner du temps, déclarèrent que leur admission n'était possible qu'à la condition du formel engagement de décliner pour toutes leurs

[1] Voy. t. IV, p. 399.
[2] Voy. la *Gazette* ; art. sous la rubrique : Bordeaux, 19 septembre 1652.

causes la juridiction du Parlement. Cette condition posée, ils ajournèrent l'admission des néophytes à une réunion subséquente. Ils ne purent empêcher néanmoins que, conformément à la résolution prise dans l'assemblée tenue à la Bourse, le registre de l'Ormée ne fût retiré des mains de Dureteste pour être remis entre celles d'un nouveau dépositaire agréé par les anciens et les nouveaux ormistes. Les discussions s'étaient passées jusques là assez pacifiquement, lorsque, sur l'accusation lancée aux anciens ormistes d'être les pensionnaires de l'Espagne, ceux-ci mirent flamberge au vent; néanmoins, la présence du prince de Conti fit rentrer les lames au fourreau, et l'assemblée se sépara.

Deux jours après, les bons bourgeois députèrent le juge de la Bourse et quatre-vingts des leurs aux anciens ormistes pour avoir leur réponse au sujet de leur aggrégation. La réponse ayant été affirmative, l'*Union* se fit le 28 novembre. Les nouveaux admis signèrent sur le registre et tous promirent de vivre en bonne intelligence. Cet événement fut accueilli dans la ville avec une satisfaction générale; on y vit l'espoir de la cessation définitive d'une oppression qui seule empêchait le sentiment public de se déclarer pour la paix.

Pendant que s'opérait cette transformation de

l'Ormée, le Parlement, arrivé au terme accoutumé de ses vacances judiciaires, avait tenu sa séance solennelle de rentrée à laquelle n'étaient présents que dix-sept présidents et conseillers; le prince de Conti y assistait en rochet, souvenir passager de sa profession de prince ecclésiastique. La nouvelle *Union* de la bourgeoisie de Bordeaux, quelque fussent les espérances qu'elle pouvait donner pour la cessation des désordres publics, n'était cependant pas de nature à satisfaire le Parlement. Cette *Union* déclinant sa juridiction, plus ses adhérents devenaient nombreux, plus l'importance du Parlement s'amoindrissait. Dans une assemblée générale tenue au Palais, le 27 novembre, le Parlement décida que si, le lundi suivant, le prince de Conti n'avait pas rétabli les choses dans leur ancien ordre, il y pourvoirait lui-même. Un des conseillers crut l'occasion favorable pour déclarer publiquement qu'il fallait accepter l'amnistie; mais l'opinion était moins mûre qu'il ne le supposait pour acclamer une proposition si prompte; aussi fut-il obligé de sortir.

En effet, l'état des esprits ne permettait pas encore que le désir de la paix fût proclamé sans obstacle; aussi le prince de Conti, afin de prévenir toute surprise, s'empressa-t-il de publier et de faire exécuter une ordonnance portant ordre à tous les suspects de toutes qualités ren-

trés dans Bordeaux sur la foi de ses passeports, de sortir de nouveau dans les vingt-quatre
heures, s'ils ne voulaient qu'il fût procédé contre
eux[1].

En définitive, le résultat obtenu fut celui-ci : si,
d'un côté, la fusion des bons bourgeois dans l'Ormée affaiblissait par le mélange l'énergie dangereuse de cette faction; de l'autre, la trop grande
impatience manifestée par le Parlement pour recouvrer son autorité et pour proclamer la paix,
vint ajourner la solution, et l'on put pressentir
que l'ère des violences n'avait pas dit encore son
dernier mot.

La déception fut d'autant plus triste que le
traité d'union des partis et leur fusion dans l'Ormée avaient fait naître le chimérique espoir de
l'apaisement général et d'une paix prochaine; mais
la politique secrète des princes, en favorisant cette
union, ne pouvait lui permettre d'arriver à des
conséquences qui eussent entraîné leur propre
ruine. Le parti de la paix se vit donc comprimé
comme par le passé, et même plus durement, en
raison des craintes plus sérieuses qu'il inspirait;
alors, ne pouvant plus agir au grand jour, de la
compression dont il était l'objet naquit à Bordeaux
l'ère des conspirations.

[1] Nous avons tiré les faits qui précèdent de divers articles de
la *Gazette*.

La cour, informée de cette disposition des esprits, y apporta ses encouragements. Parallèlement aux opérations militaires confiées au duc de Candale, une guerre souterraine poussa ses galeries sous l'édifice du parti des princes à Bordeaux. Deux émissaires principaux, le P. Berthod qui a laissé des *Mémoires* sur ces conspirations, et Bourgon, conseiller d'État, furent plus spécialement chargés de tisser les mèches destinées à mettre le feu aux traînées de poudre aboutissant aux fourneaux des galeries. Cette mission leur fut confiée parce qu'ils avaient fait leurs preuves de dévouement et d'habileté lors des récentes négociations qui avaient eu pour résultat la rentrée du roi à Paris. Pour mieux remplir son mandat, le P. Berthod était même autorisé à se travestir. Nous avons été assez heureux pour recueillir les documents inédits et authentiques qui constatent la mission officielle dont l'un et l'autre furent investis. Nous les avons relevés sur les minutes mêmes d'après lesquelles furent expédiés l'ordre royal au P. Berthod de se rendre en Guyenne, ainsi que la lettre du roi aux habitants et au chapitre de Brioude pour empêcher que l'absence prolongée du P. Berthod ne lui causât le préjudice de la privation de sa charge de gardien du couvent de cette ville :

ORDRE DU ROI AU PÈRE BERTHOD.

« De par le Roy,

« Sa Majesté, se confiant en la bonne conduite du père François Berthod, religieux de l'observance de Saint-François, prédicateur et aumosnier de Sa Majesté, pour les preuves qu'il a rendues de sa vertu, intelligence, fidélité et affection au service de Sa Majesté en diverses occasions importantes, Sa Majesté luy a ordonné et ordonne de se transporter présentement en sa province de Guyenne, même dans la ville de Bordeaux, dans celle de Blaye et en tous autres lieux du royaume que besoin sera, pour s'y employer de concert avec le sieur Bourgon, conseiller ordinaire de Sa Majesté en ses conseils d'estat et privé, à tout ce qui sera à faire pour le bien et avantage du service de Sa Majesté ; mesme qu'il se puisse travestir en cas de besoin, sans que pour ce il lui puisse estre imputé d'avoir contrevenu à sa règle ni aux ordres royaux ; et afin qu'il soit en tous lieux en seureté, Sa Majesté l'a pris et prend en sa protection et sauvegarde spéciale, et l'a mis et met en celle de tous ses officiers et sujets auxquels elle mande de luy donner toute aide et assistance selon qu'ils seront par luy requis.

« Fait à Paris, le 24 novembre 1652 [1]. »

[1] Minute inédite ; *Archives du Ministère de la guerre*, vol. 136.

AUX HABITANS DE BRIOUDE ET CHAPITRE DE LADITE VILLE POUR CONSERVER LA CHARGE DE GARDIEN DU COUVENT DE LADITE VILLE AU PÈRE BERTHOD, DU 26 NOVEMBRE 1652.

« De par le Roy,

« Chers et bien amez, étant bien informé de la capacité, piété et vertu du père François Berthod, religieux de l'observance Saint-François, gardien du couvent de notre ville de Brioude et l'un de nos prédicateurs et ausmoniers ordinaires, et ayant une connoissance particulière de la fidélité et affection avec lesquelles il s'est porté depuis longtems et agit présentement en des occasions importantes pour notre service et pour le repos et le bien de notre état, nous lui avons commandé de nous continuer ses services tant en notre bonne ville de Paris qu'en d'autres lieux de nos provinces et nous lui ordonnons de se transporter présentement et en dilligence, et que nous avons bien voullu vous faire scavoir par cette lettre et vous dire que vous ayez à tenir la main en tout ce qui dépendra de vous à ce que ledit père Berthod soit maintenu et conservé dans ladite charge de Gardien, empêchant que pendant son absence aucun autre n'y soit admis, et qu'il ne soit disposé d'aucune chose dépendante de ladite charge que par son ordre, ainsy qu'il se doit et qu'il est accoutumé, attendu que son absence n'est causée que par notre exprès commandement et pour notre service. Sur quoy nous fesons aussy scavoir notre volonté aux prévost, doyen, chanoines et chapitre de notre ville de Brioude, afin qu'elle ne manque pas d'estre observée et nous asseurant que vous satisferez de votre part, nous ne vous ferons la présente plus longue ny plus expresse; n'y faites donc faute; car tel est notre bon plaisir donné à...

« Il a été écrit une semblable lettre auxdits prévost, doyen, chanoines et chapitre dudit Brioude pour le meme sujet, ledit jour [1]. »

Outre les émissaires qu'elle envoyait de Paris, la Cour avait ses émissaires secrets dans l'intérieur de Bordeaux; l'un d'eux avait adressé au cardinal Mazarin les renseignements suivants; pour éviter le péril de se compromettre, dans le cas où sa lettre eût été interceptée par les princes ou par l'Ormée, l'auteur n'a pas signé sa correspondance :

« Par lettre du 25 novembre 1652, de Bordeaux.

« En suitte des ordres receus de Son Eminence j'ay travaillé à gaigner les esprits des bons bourgeois et mesme ay rappelé plusieurs des factieux

[1] Minute inédite ; *Archives du Ministère de la guerre*, vol. 136.

de l'Ormière comme aussy quelques-uns des principaux du parlement, par tous nos amys; et les ay laissés dans la résolution de se remettre dans leur debvoir et de faire tout leur possible pour la manutention de l'auctorité royalle.

« Et de plus, j'ay sceu sy bien pratiquer les esprits d'une bonne partye des bourgeois que je les ay obligés à s'assembler secrettement pour les intérests du Roy, où il a esté résolu qu'on feroit une assemblée de ville et que l'on y convieroit ceux de l'Ormée pour que, soubz prétexte d'estre de leur faction, l'on proposeroit les moyens de remédier aux malheurs présents; que le seul remêde estoit de se remettre soubz l'obéissance du Roy et de recevoir l'amnistie et de réfréner l'insolence de la canaille mutinée; et que, pour cet effect, Messieurs du Parlement seroient de leur intelligence, comme une bonne partye ont donné leurs parolles de tenir la main à l'exécution du résultat de ladite assemblée secrette.

« Le 24, ladite assemblée de ville fut faicte où les deux tiers opinèrent conformément à ce qui avoit esté résolu dans l'assemblée particullière, nonobstant les empeschements que le prince de Conti qui estoit accouru tascha d'y apporter, que l'on ne recevroit point les ennemis de l'estat dans la ville, soient Espagnols, soient Anglois, et l'on publia hautement que l'on voulloit recevoir l'amnistie; et pour cet effect le parlement se doibt assembler le 26ᵐᵉ de ce mois pour pousser cette résolution à bout et avec les bons bourgeois se rendre maistre de la ville et l'asseurer, pour le service du Roy. Dont les esprits sont si ennuyez du procédé des princes que l'on y remarqua beaucoup de dispositions à rentrer dans leur debvoir à la réserve de quelques pensionnaires d'Espagne.

« L'on demande trois passeports en blanc en bonne forme pour aller et venir négotier, et je crois que les moyens de faire touttes choses avec la satisfaction de part et d'autre, seroyent de leur envoyer l'amnistie dans un pacquet adressé au juge de la bourse nommé Torchon.

« Le bruit commun est que le parlement butteroit à la suppression de la cour des aydes et souffriroit mesme à rembourser les offices sans touscher au revenu du Roy; mais à condition qu'on leur accorderoit les deux escus par tonneau que le Roy a aboly et qu'on laissât le bureau des courtiers dont il n'en revient rien au Roy, et qu'ils s'offrent à achepter la place du chastau.

« Le sieur de Vatteville ayant loué la maison du feu sieur Léger, l'on luy a faict dire que s'il y venoit, on le feroit brusler dedans.

« Les Espagnols de la garnison de Bourg ayant enlevé dans le Médoc du bestail appartenant à M. de Blanc, procureur-syndic, et n'ayant pas eu de satisfaction de M. de Vatteville, il fut arresté aux portes de la ville quatre Espagnols que l'on mit en prison, ce qui cause grand bruit[1]. »

Le P. Berthod nous apprend dans ses *Mémoires* qu'il n'arriva à Bordeaux que la veille de Noël de l'année 1652 ; nous avons vu, d'après la disposition des esprits, qu'il venait donner les mains au développement d'une situation nouvelle créée par les circonstances, plutôt qu'il ne venait pour la faire naître : un seul homme, quelque pussent être son influence et son habileté, serait demeuré impuissant devant une pareille tâche. Les conspirations pour se former n'attendirent donc pas l'arrivée de l'émissaire royal ; mais leur impatience même amena leur avortement.

La première, entre toutes, fut celle d'un notable bourgeois de Bordeaux nommé M. de Massiot. Les arrêts de l'Ormée, toujours secrètement appuyés par les princes, continuaient à frapper les suspects de nombreux arrêts d'exil ; on comptait parmi les nouveaux bannis le P. Flotte, provincial des Feuillants, le procureur-syndic Blanc-Mauvesin, avec son père ; MM. de Sarrangues, La Trois Marron, du Mirat, Dublanc. Les honnêtes gens sentaient d'autant plus la nécessité d'échapper par un coup de vigueur à la proscription et à

[1] Lettre inédite sans signature ; *Archives nationales*, k k 1219, p. 500.

la ruine. Massiot, secrètement d'accord avec un certain nombre d'habitants, avait conçu le dessein de se saisir de l'Hôtel de Ville et des principaux postes, afin d'écraser l'Ormée par surprise. Comme il arrive presque toujours dans les conspirations, quelque vent de l'entreprise vint en précéder l'exécution et l'émotion gagna toute la populace de Bordeaux. Sous la pression populaire, le parlement se vit contraint d'instruire cette affaire. L'accusation portée par trois dénonciateurs incriminait Massiot de conspiration contre le prince de Conti et contre cinq des principaux chefs de l'Ormée, Dureteste, Vilars, Guiraud, Creusillac et Armand[1], avec l'intention de distribuer quinze cents pistoles au peuple, afin de le rendre favorable au succès de ses desseins[2]. Malgré les vives dissidences qui éclatèrent dans le sein du parlement entre les conseillers des deux Frondes, ceux de la petite soutenant le parti de Massiot, un arrêt de la majorité ajourna celui-ci à comparaître.

Massiot se présenta fièrement, disant qu'on ne l'accusait que parce qu'on savait qu'il voulait empêcher de recevoir une garnison espagnole et qu'il avait formé le dessein de se défaire des chefs de l'Ormée; qu'il l'avouait hautement et niait seulement d'avoir voulu attenter à la personne des

---

[1] Ils sont désignés dans la correspondance de Lenet.
[2] *Gazette*; art. sous la rubrique: Bordeaux, 5 décembre 1652.

princes. Les conseillers de la grande Fronde, de Trancas, de la Chaise, de Némon, de Mechivier, de Massip soutinrent que la conspiration contre le prince de Conti était patente; les conseillers de la petite Fronde soutinrent contre eux, avec des expressions insultantes, l'opinion contraire; le président d'Affis s'emporta contre l'Ormée; néanmoins la majorité conclut à instruire et à juger immédiatement le procès.

Comme la nuit approchait et que les discussions prolongées n'avaient pas encore permis de rendre l'arrêt, la séance du parlement fut levée. Alors le peuple ameuté au dehors se mit à crier qu'il fallait faire justice de Massiot, puisque le parlement ne l'avait pas encore condamné. Pour éviter qu'il ne fût massacré, le prince de Conti le fit monter avec lui dans son carrosse; mais le peuple, persuadé que cette intervention du prince avait pour but de rendre au prisonnier sa liberté, afin d'empêcher sa proie de lui échapper, détela les chevaux et conduisit à force de bras le carrosse à l'Hôtel de Ville. Malgré les protestations du prince de Conti, Massiot, en arrivant, fut jeté dans un cachot; il fut heureux encore que les portes se refermant sur lui, le préservassent d'un sort plus terrible.

Le lendemain, le prince de Conti se rendit au parlement pour se plaindre de la violence qui lui

avait été faite en arrachant Massiot à sa protection.
Les conseillers n'étant pas en nombre pour délibérer, cette démarche demeura sans résultat ;
Massiot fut maintenu sans jugement dans les
prisons de l'Hôtel de Ville. Il y était sous la garde
d'un gentilhomme et d'un exempt des gardes du
prince[1], double manière de protéger le prisonnier
contre les violences de l'Ormée, et de se porter
garant vis-à-vis d'elle qu'il ne serait pas rendu à
la liberté. La politique de bascule adoptée ne négligeait en aucune rencontre de placer ses contrepoids. Nous allons laisser à des contemporains
le soin de raconter eux-mêmes les détails des
faits dont nous venons de donner un aperçu.

La dépêche au prince de Condé dans laquelle
Lenet lui rendit compte de ces nouveaux événements, est datée du 2 décembre ; elle fait connaître une fois de plus ce que vaut le peuple
quand il est ameuté et combien alors sont absents
de son cœur tous sentiments de pitié ou de générosité. Ces petits bourgeois, ces artisans, ces
ouvriers qui au fond désiraient la paix et qui auraient acclamé les auteurs de la conspiration, s'ils
eussent réussi, les voyant découverts, prisonniers
et sans défense, parlaient lâchement de faire
justice eux-mêmes et de les jeter à la rivière. Mal-

---

[1] *Gazette* ; art. sous la rubrique : Bordeaux, 5 décembre 1652.

heureux sont les temps où la masse du peuple intervient dans les affaires publiques ; ils sont marqués par l'appétit de la mort et par la dégradation morale !

Cette dépêche de Lenet nous confie en outre sur l'état de la santé de la princesse de Condé des détails que nous ne donnerions pas, si Lenet ne se chargeait de les raconter lui-même. Elle se termine par une grave nouvelle : l'armée navale du roi se dispose à quitter les ports de Bretagne pour venir inquiéter les côtes de la Guyenne et l'embouchure de la Gironde :

« Le procès-verbal que j'envoie à Vostre Altesse la surprendra bien davantage[1], et elle aura sujet de croire que je n'avois pas tort de luy mander tout ce que je luy ay escrit par mes dernières lettres. Son Altesse de Conty est au Palais, j'attendray son retour pour vous rendre compte de tout ce qui aura esté fait. Tout le peuple veut jeter dans la rivière les autheurs de la conspiration, quoy qu'on essaye par toutes voyes de rendre les princes odieux par des bruits qu'on sème de garnison espagnole à Bordeaux.

« Cependant je diray à Vostre Altesse que la diarrhée de Madame continue avec grande force,

---

[1] On a vu la surprise à laquelle Lenet fait allusion dans la partie de la même dépêche que nous avons donnée, chapitre XLII, p. 158.

qu'elle maigrit à tel point que cela n'est pas croyable ; elle est dans un chagrin non pareil ; les médecins ne lui profitent en rien. On l'a mise au petit lait et certainement je ne me suis pas trompé en mandant à Vostre Altesse que je n'avais point bonne opinion de sa maladie, et que je vous demandais vos volontez pour les exécuter ; car assurément Son Altesse est fort dangereusement malade.

« Nous avons en rivière une petite frégatte chargée d'argent. Vostre Altesse verra l'intention de M. don Louis par deux de ses lettres que je vous envoie. J'ai envoyé M. le Vascher pour recevoir. Il me mande que M. le baron de Vatteville veut recevoir quelque partie de cet argent ; je l'empescherai, si je puis, par toutes voyes. C'est un homme qui se moque des ordres d'Espagne, où tous ensemble se moquent de nous ; j'en puis respondre à Vostre Altesse. Je passe par tous les trous par où il fault passer pour faire réussir vos affaires de tous costez.

« Je viens du Palais ; il est près de cinq heures du soir, sans que l'on soit encore sorty. Monseigneur le prince de Conty y est tousjours. Il y a force monde aux environs disant qu'ils feront justice, si on ne la fait ; et comme le courrier ne peut différer davantage à partir, je suis venu le dépescher.

« M. du Dognon renvoie nous demander hommes et argent et advertir qu'il y a en Bretagne quatorze vaisseaux et douze brûlots prests à venir à nous. M. de Vatteville ne veut jamais quitter la rivière. Nous ne voyons point venir les six vaisseaux que Vostre Altesse m'avoit mandé par M. de Sillery devoir venir par ordre de M. le comte de Fuensaldagne. Quand il nous vient de l'argent, il est demy mangé parce qu'il faut payer les debtes par lesquelles on subsiste ; quand on n'a point d'argent comptant, on perd crédit et par conséquent le party[1]. »

La correspondance anonyme adressée au cardinal Mazarin va compléter les détails de la conspiration de Massiot :

« Du 5 décembre 1652.

« Le courrier estant party et l'assemblée des chambres n'estant finie que sur les quatre heures après midy, on ne pouvoit pas vous achever l'histoire. M. le prince de Conty estant entré accompagné de beaucoup de gens, et toute l'Ormée ayant dedans et dehors assiégé le palais et fait sa plainte disant qu'elle avoit descouvert la conspiration contre luy à cause de sa maison, et que pour cet effect les jurats avoient faict un procès-verbal

---

[1] Dépêche inédite ; papiers de Lenet ; Bibliothèque nationale, Fonds français, 6712, f° 1.

qui contenait la vérité et sa plainte, et que les jurats avoient mesme sur eux la procédure et ne l'avoient pas parachevée parce qu'il se rencontrait beaucoup de Messieurs du Parlement dans cette accusation. On fist venir les jurats. M. de Massiot cependant se déclara et dict qu'on voulloit parler de luy; mais qu'il estoit homme de bien, qu'il n'avoit jamais eu de pensée de conspirer contre la personne de M. de Conty, ny contre la maison de M. le prince; il avoit assez tesmoigné par son zelle et par son affection en toutes rencontres pour confirmer cette vérité; mais contre les chefs de l'Ormée, il advoüoit avoir escouté des propositions qui luy avoient esté faictes par ung nommé Sainct-Ange et ung nommé Landé qui s'estoient offerts moyennant de l'argent de les exterminer et de s'en deffaire; que de cela il ne s'en cachoit pas, ayant assez recogneu dans le visage de tous Messieurs de la compagnie qu'ils en seroient tous bien aise pour estre deslivrés de ces séditieux. Il parla hardiment à M. de Conty et assez clairement il faisoit cognoistre toute la pitié qu'il avoit de la tyranie de laisser gouverner de petites gens comme ceux de l'Ormée au préjudice de l'authorité du Parlement.

« Les jurats venus et ayant porté le procès-vérbal qu'ils avoient faict, M. de Conty dit qu'il ne voulloit point se rendre partie, que c'estoit au procureur général. M. Dusault requist qu'on ouyt les tesmoings qui avoient déposé dans le procès-verbal. Landé fust ouy, la chambre assemblée, il dict que Sainct-Ange l'avoit mené chez M. de Massiot, lequel leur proposa, moyennant dix mille livres, de vouloir entreprendre d'assassiner les quatre chefs de l'Ormée et qu'après on verroit de mettre en seuretté tout le reste de la ville et que M. Leblanc et son syndic se debvoient saisir de l'Hostel de Ville et mettre des gens chez les sieurs Curital et de Castelnau qui ont leurs maisons proche de l'Hostel de Ville; mais de desseing sur la personne de M. de Conty, ny de Madame de Longueville, qu'il ne s'en estoit point parlé, ny rien proposé dans leurs conférences. Cette audition faicte de Landé seulement, il estoit tard et avant-disner. M. de Conty entra dans la chambre et représenta qu'il seroit trop tard de continuer cette procédure, que le peuple estoit encore dans le palais et au dehors en si grande foule que, sortant tard, il y auroit danger à la sortie pour Messieurs. On rompist la délibération; mais avant de sortir on mist en délibération ce qu'on feroit cependant de M. de Massiot, les chefs de l'Ormée et leur suicte estant résollus de le tuer et le jetter dans la rivière, puisque sur le champ ils ne leur faisoient pas justice. M. de Conty proposa de s'en charger et de l'amener

chez luy pour le conserver, et ce en foy de prince;
et de faict il l'emmena avec luy, ayant sa robe,
dans le carosse et aulcuns de l'Ormière; et le
conduisit chez luy à l'Hostel de Ville, puis en prison, le peuple suivant son carosse par les rues,
ayant été arresté par les Ormistes, s'opposant à
ce qu'il fust mené chez M. de Conty.

« Voilà comme l'action s'est passée. M. de Conty
a esté pressé par les parents de le vouloir mestre
en liberté; ledict sieur de Conty fust hier au parlement qui ne se trouva pas en nombre, il s'excusa
de n'avoir pas mené le sieur de Massiot chez luy
à cause de la viollance du peuple, craignant dans
sa fureur hazarder la vie dudit sieur de Massiot
et la sienne; mais qu'il désiroit que la compagnie
seut la vérité de l'accusation parcequ'on disoit que
c'estoit un fourbe; et qu'après il chercheroit l'occasion de le faire sortir, assurant la compagnie qu'il
ne couroit nulle fortune, ny ne craignoit aulcun
mal. Il adjousta que M. de Massiot assuroit que
M. de Candale estoit à Montauban et que M. de Massiot avoit dict en plusieurs lieux qu'il viendroit au
secours de ceux qui travailloient pour délivrer la
ville de la tyrannie avecq quatre mil hommes, et
dict beaucoup de loüanges de M. de Candale.

« La grosse bourgeoise se réveilla encore hier
mattin; au nombre de quatre-cents ils furent à
l'Hostel de Ville dire aux jurats qu'ils voulloient sca-

voir qui gouvernoit, qu'ils estoient tous ormistes. M. de Conty sachant cela monte à cheval et fust à la Bourse pour les appaiser; mais ils veulent chasser les chefs de l'Ormée.

« M. Leblanc de Mauvesain a eu ordre de sortir de la ville et passeport pour cela, et M. du Miral verra des estranges changements. On croit que M. Voisin, conseiller, a pris l'amnistie. On luy escrit de la part du parlement de scavoir s'il a seureté pour luy, sinon de songer à sa retraicte, le parlement ne voullant pas estre sa garantie [1]. »

Au milieu de ces péripéties et de ces dangers divers provenant autant de la situation intérieure que de la situation extérieure, le caractère du temps, alliant la gaieté aux larmes, les plaisirs aux tristesses, la littérature aux armes, l'étude théorique de l'histoire à sa mise en action journalière, ne se démentit jamais. Le prince de Conti et son entourage consacraient encore les éclaircies de repos que pouvaient leur laisser les événements, à des occupations littéraires, à des correspondances avec les beaux esprits. Sarrasin se plaignait pourtant de ce que le milieu dans lequel il se trouvait jeté, était moins calme et moins propice que le milieu de l'Académie. Balzac, au mois de décembre, lui avait envoyé d'Angoulême, où il s'était retiré, diverses

---

[1] Dépêche inédite; *Archives nationales*; registre côté k k, 1219, f° 508.

pièces littéraires et son traité, *le Socrate chrétien*, en lui demandant en retour un bon repas et la continuation de son histoire de la *Conspiration de Wallenstein*; Sarrasin répondait en s'excusant de ne pouvoir donner un bon repas, il faudrait, dit-il, être *Lucullе;* mais il promettait d'apporter toute sa bonne volonté à la continuation de l'œuvre commencée, malgré des obstacles sur lesquels, il s'explique en ces termes :

« Je ne scay pourtant, à nommer les choses par leur nom, quand je pourrai vous obéir et achever mon histoire. Le bois de l'Ormée n'est pas un lieu si paisible que celuy de l'Académie. L'oisiveté et la retraite que les Muses demandent ne se trouvent plus à Bordeaux et nos guerres civiles donnent encore assez d'embarras à l'esprit sans le charger encore des entreprises de Valstein [1]. »

Sarrasin termine par ce *post-scriptum :* « Permettez-moy, s'il vous plaist, d'assurer M. de Montausier de mes très-humbles services. »

Les agréables et conciliants souvenirs des beaux jours déjà trop loin de l'hôtel de Rambouillet rapprochaient encore, on le voit, ceux que les événements avaient jeté dans les partis contraires.

---

[1] Sarrasin acheva cet ouvrage après la paix de 1653; il mourut en 1654; ses œuvres diverses comprenant la *Conspiration de Wallenstein* contre l'Empereur ont été imprimées pour la première fois en 1656.

Dans une autre lettre de Sarrasin à Balzac, le prince de Conti lui-même ajoute ce passage [1] :

« Je puis si peu m'empescher de vous dire que j'admire tout ce que vous avez envoyé à Sarrasin qu'il faut que je vous l'escrive avec la fièvre, et comme elle me défend de vous entretenir plus longtemps, vostre *Socrate* m'entretiendra tant qu'elle me durera, et j'espère trouver dedans des choses qui me feront oublier, par le plaisir qu'elles me donneront, les maux qu'elle me causera. Je vous supplie humblement de trouver bon que je vous assure de mon service et de mon amitié.

« Armand de Bourbon. »

Conrart aussi, regrettant les beaux jours de Chantilly, adressait à la duchesse de Longueville une épître commençant par ces vers :

> « Depuis que j'ai laissé Chantilly,
> « En vérité je me trouve vieilli,
> .... [2].

Scaron, le plus découragé entre tous, s'était étonné, plusieurs mois auparavant que Sarrasin trouvât le temps d'entretenir une correspondance avec lui : « Il faut que vous n'ayez guère d'affaires

---

[1] Voy. cette correspondance dans les Manuscrits de Conrart conservés à la Bibliothèque de l'Arsenal, vol. 145, f° 9 et suivants.

[2] Manuscrits de Conrart, vol. 145, f° 73 ; *Bibliothèque de l'Arsenal*.

dans votre royaume de Bordeaux de vous amuser à m'écrire.... » Quant à lui il est excédé à tel point des ennuis d'une intolérable situation qu'il veut fuir en Amérique : « Je me suis mis pour mille escus dans la nouvelle compagnie des Indes qui va faire une colonie à trois degrés de la ligne sur les bords de l'Orillane et de l'Orénoque [1]. »

Malheureux sont les temps où les hommes d'esprit, d'étude, de travail et de paix aspirent à une autre patrie !

[1] Manuscrits de Conrart, vol. 145, f° 117 ; *Bibliothèque de l'Arsenal.*

Nous exprimons nos remercîments à MM. les conservateurs de la *Bibliothèque de l'Arsenal* pour l'obligeance qu'ils ont mise à faciliter nos recherches dans la volumineuse collection des manuscrits de Conrart.

CHAPITRE XLIX.

Efforts tentés pour resserrer le faisceau des dévouements. — Lettre inédite du prince de Condé au comte du Dognon, du 3 décembre. — Lettre inédite du baron de Vatteville au prince de Conti, du 3 décembre. — Echange de présents entre la cour d'Espagne et les princes. — Lenet avertit le prince de Condé que ses alliances étrangères le compromettent. — Mémoire adressé par le prince de Conti à Saint-Agoulin, du 9 décembre. — Demande de la disgrâce du baron de Vatteville. — Lettre inédite de Lenet au prince de Condé, du 12 décembre. — Atroces pamphlets contre le prince de Conti et la duchesse de Longueville. — La flotte royale sous les ordres du duc de Vendôme se réorganise en Bretagne pour venir menacer l'embouchure de la Gironde. — Mission donnée à l'abbé de Guron de Rechignevoisin ; document inédit. — Refus de laisser stationner à Bourg la flotte espagnole. — Lettre inédite du prince de Conti au prince de Condé, du 20 décembre. — Protestation inédite contre le baron de Vatteville par Le Vascher, trésorier de l'armée des princes, du 23 décembre. — Lettre inédite de Lenet à Saint-Agoulin, du 24 décembre. — Dépêche inédite de Lenet au prince de Condé, du 26 décembre. — *Le Convoi de Bordeaux*. — Responsabilité des mesures de rigueur rejetée par le prince de Condé sur son frère et sur sa sœur. — Délivrance de Massiot coïncidant avec les fêtes de Noël. — L'*Union* solennellement jurée. — Instructions peu rassurantes du prince de Condé. — Avis de l'arrivée d'une flotte hollandaise. — Dépêche inédite de Lenet au prince de Condé, du 29 décembre. — La flotte espagnole et le baron de Vatteville rappelés à Saint-Sébastien. — Conduite équivoque du comte du Dognon. — *La furie de la paix*. — Mission secrète

d'un marchand de la rue Saint-Denis. — Lettre inédite de
M. de Vineuil à la duchesse de Longueville. — Fin de l'année 1652 à Bordeaux et dans la Guienne.

(1652.)

Plus la situation devenait tendue, plus la nécessité se faisait sentir de resserrer le faisceau des dévouements qui tendait à se disjoindre. Le découragement, les mécomptes se traduisaient en murmures ou bien en négociations individuelles et secrètes pour s'accommoder avec la cour. Le comte du Dognon, qui avait envoyé à Londres des émissaires à lui afin de mieux connaître les intentions de l'Angleterre pour une intervention ouverte, sachant combien il y fallait peu compter, faisait sonner bien haut certains mécontentements pour se ménager une sortie. Sa défection eut été un coup d'autant plus grave porté au parti des princes que sa petite escadre et son port de Brouage avaient assuré jusqu'alors à la ville de Bordeaux la liberté de l'embouchure de la Gironde. Mais le comte du Dognon n'entendait pas devenir la victime d'une cause compromise; il était bien plus disposé à contribuer à précipiter sa chute, afin de s'en faire un mérite de nature à lui garantir de grands avantages du côté de la cour. Pour provoquer l'initiative d'une rupture avec lui de la part des chefs du parti qu'il veut cesser de servir, il grandit ses exigences et devient intraitable avec eux. Le comte de Marsin et Lenet sont l'objet de ses plaintes les plus vives qui n'épargnent même pas le prince de Conti ; mais le prince de Condé veut à tout prix conserver le comte du Dognon et s'efforce d'excuser auprès de lui ceux qu'il accuse, en lui adressant cette lettre :

« Monsieur, j'ay appris par M. Lenet et par une lettre que vous lui avez escritte que vous n'estes pas satisfait de la conduite que luy, M. de Marchin et mon frère avoient tenu sur vos intérests. Je veux croire qu'il n'en a pas esté de mesme de la mienne, puisque M. de Chaillenet et toute la France sont tesmoings de mon procédé, et que j'ay esté si ferme sur vos intéretz que j'ay rompu là dessus tout traicté. Je vous avoue que j'y suis obligé et que vostre procédé a esté si net et que vous avés perdu vos places et hazardé les autres de si bonne grâce pour moy, qu'il faudroit que je fusse l'homme du monde le plus mécognoissant si je n'en conservois toute ma vie le ressentiment. Mais, Monsieur, je croy que vous devés un peu compatir à nostre foiblesse et ne pas attribuer à manque de bonne volonté ce qui n'est que manque de pouvoir. Les dépenses que je suis obligé de soustenir en Guyenne vous sont assés cognues et les sommes immenses que me donnent les Espagnols et desquelles ils ne m'ont pas encore payé un sol ; aussy le manque de parole de Vatteville sur le sujet des vaisseaux vous debvroient faire excuser la conduite de M. Lenet, car enfin ce qui sera par la faute d'autruy, il n'en peut mais ; mais ce qui viendra de la sienne, il n'en sera pas excusable. Je lui réitère les ordres de vous satisfaire en ce qui dépendra de luy, et à M. de Marchin d'agir de consert avec vous. Je vous prie donc en cela de vouloir agir avec eux de consert et mesme avec amitié et croire que vos intérestz me seront plus chers que les miens et que je suis de tout mon cœur,

« Monsieur,

« Vostre très-affectionné serviteur,

« Louis de Bourbon. »

Ce 3 décembre 1652[1]. »

De son côté le prince de Conti, pour radoucir les Espagnols mécontents des récriminations constantes dont ils étaient l'objet, fit la tentative de rétablir l'harmonie entre le baron de Vatteville et Lenet, tentative d'un succès difficile par la raison que le prince de Conti s'était immiscé trop avant dans les ressentiments de Lenet, et s'était fait lui-même l'organe trop accentué des reproches adressés à l'amiral espagnol pour être l'intermédiaire

[1] Lettre inédite ; papiers de Lenet, Bibliothèque nationale, 6712, f° 18.

qu'il eût fallu. Le baron de Vatteville ne manque pas de le lui faire sentir dans la léttre suivante, où il reproche au prince son intention d'adresser contre lui une plainte au roi d'Espagne. Cette lettre, dans laquelle l'amiral donne des raisons très-plausibles d'excuses, est empreinte d'une noble fermeté lorsqu'il déclare préférer la perte de son emploi à celle des intérêts qui lui ont été confiés :

« Je n'avois jamais creu que Vostre Altesse peut estre surprise d'aucunes de mes lettres, d'autant que je suis tousjours esté persuadé que V. A. l'estoit entièrement de mes intentions et affections tout à fait constantes pour le service de Monsieur le prince et de V. A. et par là je croyois sans doute, que V. A. auroit plustost la bonté de considérer mon impuissance que la rigueur de juger en moy une obstination hors de propos et sans nécessité précise, et la lettre que M. don Louis de Haro a escrit à M. Lenet ne sçauroit estre si pressante comme celle que Son Excellence m'a escrite et les ordres que Sa Majesté m'a envoyés que j'ay fait veoir à M. le chevalier de Thodias, avec la commission expresse de la personne qui a apporté l'argent avec toutes les formes nécessaires pour cella; et j'avoue à V. A. que tout est en des termes fort capables d'estonner qui que ce soit; et pour moy je n'ay pu soulager ma peyne, ainsy que j'ay

desjà escrit à Sa Majesté, qu'en considérant si je
ferois mieux, dans la faute d'argent que j'ay il y a
long temps (qui est une vérité qui ne reçoit aucun
échec en Espagne), de laisser périr tout à fait les
matelotz et infanterie de cette armée, et par conséquent ruyner les affaires de M. le prince sans
ressourse, ou de m'exposer à la mortification que
je pourray recevoir de Sa Majesté à faute de l'exécution de ses ordres; considérant aussy qu'avec la
plainte que V. A. me tesmoigne en vouloir faire, il
n'y a nulle doute qu'elle sera plus grande. Mais enfin
c'est par là que V. A. doit connoistre l'estime que
je fais de l'amitié qu'elle m'a fait l'honneur de me
promettre et de vouloir recevoir de moy réciproquement, puisque ma fermeté et ma constance
sont si grandes que je veux plustost m'exposer à ce
que Sa Majesté m'oste cet employ et ordonne ce
qu'il luy plaira de moy, que d'estre l'instrument
de la perte des affaires de M. le prince et de
V. A. sans ressource, en laissant périr l'armée navalle; et il n'y a point de doute que si j'avois quelque quantité d'argent réservé, ce seroit à cette heure
la conjoncture et le temps d'en user pour éviter
dans une affaire si douteuse et espineuse de m'exposer à estre la pièce de laquelle on se desfera
dans ce naufrage, sans qu'il me puisse rester autre
soulagement que la clarté et la lumière du jugement de M. le prince et de V. A. pour connoistre

avec le temps tout ce que j'ay protesté et proteste de nouveau.

« La division[1] qu'a choisie M. Lenet est de peu de conséquence, comme jugera V. A. par le temps qu'elle a tardé a estre sceue de V. A. laquelle je remercie infiniment, et receois et garde l'offre qu'elle me fait avec le respect que je dois d'un si grand entremeteur que V. A., pour lors que j'aurai quelque affaire qui en soit digne et qui me soit tout à fait importante, d'autant qu'en celle-cy je n'ay octroyé à M. Lenet que ce qu'il m'a demandé par une de ses lettres. Il l'a fait avec raison; il doit estre content, et s'il a eu de l'emportement c'est à luy de demander autre chose; car pour moy, si dans la lettre dans laquelle il me déclare son inimitié, il n'eut pas aussy déclaré que c'estoit pour son particulier et ne se fut en quelque façon esloigné de la cause principalle et du premier mobille de Monsieur le prince, j'eusse eu de la peyne à luy accorder sa demande, la jugeant hors de propos; et affin que V. A. en soit mieux informée que par ouyr parler, je luy envoye les

---

[1] Ce mot division semble devoir s'appliquer à la répartition des subsides entre l'armée des princes en Guienne et les forces que l'Espagne entretenait à Bourg et dans la Gironde. Le baron de Vatteville assure que cette répartition a été faite sur les indications de Lenet lui-même ; tandis que nous avons vu Lenet accuser M. de Vatteville de retenir la meilleure part des sommes envoyées par l'Espagne.

coppies de la lettre de M. Lenet et de ma response.

« VATTEVILLE.

« A Bourg, ce 3 décembre 1652[1]. »

Ces graves sujets de dissentiment entre le parti des princes et le gouvernement d'Espagne étaient couverts par de cordiales apparences et des échanges de présents. Les présents offerts par la princesse de Condé ne pouvaient naturellement être aussi magnifiques que ceux du roi d'Espagne; ils ne valaient guère que sept mille écus; mais Lenet aussi zélé qu'économe affirme dans une lettre dont nous allons donner un fragment qu'ils paraissaient en valoir beaucoup plus :

« Don Georges de Casteluy est arrivé en cette ville (Bordeaux) et a présenté à Madame qui, Dieu grâces, se porte beaucoup mieux, les lettres de Leurs Majestés Catholiques, et une boîte de portraits où est celuy de la reine d'Espagne; le présent est magnifique et vaut du moins cinquante mil escus, il y a cinq diamants admirables; mais entre autres un au milieu qui est des plus beaux, grands et espais de l'Europe, et vaut tout seul cent mille livres. Je l'ay logé et régalé le mieux que j'ay peu. M. le prince de Conty luy donne aujourd'huy à

[1] Lettre inédite : Bibliothèque nationale, papiers de Lenet, Fonds français, 6711, f° 16.

diner; Madame luy doit donner une table de bracelets de diamants avec le portrait de Vostre Altesse et une bague d'un diamant, le tout valant environ sept mil escus, mais paraissant valoir beaucoup plus [1]. »

Cette alliance avec l'Espagne, ces échanges courtois et certaines condescendances qui resserraient des nœuds indispensables à la cause des princes si compromise, avaient néanmoins l'inconvénient de la compromettre davantage encore vis-à-vis de la France. Lenet le sentait; et, à propos de certains bruits qui couraient, il prévenait le prince de Condé d'avoir à se tenir sur ses gardes :

« L'on est obligé de vous donner advis d'une fable inventée artificieusement par Renaudot [2] : que Fuensaldagne vous avait donné à genoux et au nom du roy d'Espagne le bâton de commandement; et qu'après que vous l'avez accepté et que par cette marque extérieure vous estes devenu le général du roy Catholique, il a rompu la glace avec vous et vous a rendu les respects qu'il avoit jusqu'alors ménagés avec beaucoup de fiereté. Ils ajoutent que vous avez promis d'aller à Bruxelles, et que vous ne pourrez tesmoigner par des marques

---

[1] Lettre de Lenet au prince de Condé datée de Bordeaux, 9 décembre 1652, publiée dans les *Mémoires de Lenet*, Collection Michaud.

[2] Dans la *Gazette*.

si publiques une si étroite liaison avec l'Espagne, que vous ne faciez aussi cognoistre trop de détachement pour les intérests de la France. Je suis obligé de dire à Vostre Altesse que le bruit de ce voyage, faux ou vray, fait un mauvais effect; et que s'il estoit vray, il pourroit esloigner beaucoup de gens que le temps et le retour du cardinal Mazarin mettront dans vos intérests. Il importe que Vostre Altesse fasse cognoistre que le secours que l'Espagne vous donne n'est... (sic); que, quoyque vous agissiez conjointement avec elle, vostre intérest est séparé du sien, et que vous estes chef d'un parti en France qu'elle assiste seulement de ses forces [1]. »

Il était en effet de la plus haute importance que l'opinion publique ne considérât l'Espagne que comme un auxiliaire des intérêts du parti que personnifiait le prince de Condé, et non point le prince de Condé comme un auxiliaire des intérêts de l'Espagne. Mais le gouvernement espagnol accentuait sa politique de manière à voiler à peine ses intentions véritables aussi peu favorables au triomphe complet du parti des princes qu'au succès absolu de la cause royale. Son but unique était d'entretenir la continuation des discordes civiles pour en tirer des avantages certains. Cette politique était

---

[1] Lettre de Lenet au prince de Condé datée de Bordeaux, 12 décembre 1652, publiée dans la Collection Michaud.

trop évidente pour ne pas éveiller la clairvoyance du parti des princes; aussi le prince de Conti mit-il à profit la présence à Bordeaux de l'envoyé d'Espagne pour avoir avec lui des explications catégoriques à la suite desquels il adressa à M. de Saint-Agoulin, à Madrid, le mémoire suivant :

« Aujourd'huy neufiesme décembre 1652, Mon-
« seigneur de Conti tenant son conseil, où il a ap-
« pelé Messieurs don Fernand Dorias de Sahanedra,
« général d'artillerie du Roy Catholique, et don
« Georges de Casteluy, envoyé de Sadite Majesté,
« leur a remontré que par le traité de Madrid, du
« six novembre 1651, entre Sa Majesté Catholique
« et Monseigneur le prince, etc., Sadite Majesté
« s'est obligée d'entretenir dans la rivière de Bor-
« deaux ou aux autres costes voisines, trente vais-
« seaux de guerre munis et armez, et que pourtant
« elle n'y en a entretenu que seize ou dix-sept, tant
« vaisseaux que petits bastiments;

« Que depuis, M. le baron de Vatteville estant
« convenu d'entetrenir ceux de monsieur le comte du
« Dognon, à compte desdits trente vaisseaux, il n'a
« faict payer pour ce regard qu'environ trois mois
« de solde, et contraint ledit sieur comte de désar-
« mer son escadre, et mis par ce moyen les places
« d'Oléron et de Brouage en péril d'estre perdues
« par plusieurs manières;

« Qu'en plusieurs rencontres où il y alloit du salut

« des places assiégées ou en péril de l'estre par les
« ennemis, ledit sieur de Vatteville luy a refusé
« jusques à un quintal de poudre pour y jeter, en-
« core que par ledit traité Sa Majesté Catholique
« doibve fournir les munitions et l'artillerie dont on
« conviendra ;

« Que Sadite Majesté doit entretenir pour toutes
« expéditions de guerre, quatre mil hommes de pied
« en la partie de Guienne; que pour y satisfaire,
« elle a envoyé plusieurs Espagnols et Irlandois, et
« mesme quantité d'officiers réformés de qualité et
« de mérite, que ledit sieur de Vatteville a tenus
« renfermés dans Bourg, qui est une place pour la
« garde de laquelle quatre cents hommes seroient
« plus que suffisants, particulièrement n'ayant ja-
« mais eu d'ennemis capables de l'assiéger dans
« son voisinage : aussi la pluspart de ladite infan-
« terie est dépérie par les maladies et désertions,
« sans que jamais ledit sieur de Vatteville en ayt
« voulu donner un seul pour jeter dans les places
« qu'on menaçait de siége, pour en attaquer, ou
« pour grossir l'armée de Son Altesse aux occasions,
« quelques prières qu'il luy en ayé faictes, à la ré-
« serve de cent Almandz qu'il a envoyés deux fois
« à ses ordres, et de quatre cents Irlandais qu'il a
« envoyés avec M. de Marchin depuis quinze jours
« ou trois sepmaines.

« Qu'à présent il ne veult fournir ny hommes ny

« munitions, quoyqu'il aye l'un et l'autre ; qu'il
« n'a jamais voulu faire sortir l'armée navalle
« depuis cinq mois, quelqu'invitation qu'on luy
« en aye faicte pour empêcher que les vais-
« seaux que les ennemis ont, et ceux qu'ils pré-
« parent contre nous dans les ports de Breta-
« gne, de s'assembler, et pour entretenir le com-
« merce de Bourdeaux ; en telle sorte que les
« marchands ayant perdu plusieurs vaisseaux, cela
« a faict des bruits et des tumultes dangereux en
« cette ville ; joinct que n'ayant faict aucune raison
« ni justice à ceux de Bordeaux qui ont receu du
« dommage en leurs biens par ses trouppes, cela
« leur a donné de tels sujets de plainctes contre
« luy qu'il ne peut plus y venir avec seureté, et
« que mesme l'auctorité de Son Altesse à peine
« peut suffire pour appaiser le murmure qui
« s'excite souventefois contre les Espagnols.

« Que Sadite Majesté, par le mesme traicté, a
« deu faire fournir, du costé de Guienne, la somme
« de trois cent mille patagons pour les levées,
« cinquante mil patagons pour le voyage que Son
« Altesse debvoit faire en Provence au mois de
« mars, et par faute duquel ceste province est
« échappée au party ; pour les divers employs qui
« sont contenus audict traicté, Sa Majesté Catholi-
« que devoit aussy fournir dudit costé environ qua-
« torze cens mille patagons sur lesquels le sieur

« Levascher, trésorier de Son Altesse, n'a tousché
« qu'environ la somme de..... (sic) et partant reste
« deu environ.... (sic) [1];

« Que Monseigneur le prince de Conty ne parle
« point ici de ce qui peut estre deub du costé de
« Flandres, mais que, par plusieurs des lettres de
« Monseigneur le prince, son frère s'est plainct
« qu'il luy estoit deub de grandes sommes; que
« mondit Seigneur le prince et Monseigneur le
« prince de Conty ont souffert avec toute la cons-
« tance et la fermeté dont ils ont esté capables, la
« perte et l'engagement de tous leurs biens, ils
« ont veu périr avec regrêt leurs plus chers amis et
« serviteurs, sur la foy dudict traicté, sur les pa-
« rolles qu'il a pleu à Sa Majesté de leur donner
« tant de fois de l'exécuter avec des termes très-
« obligeans et tous plains de bonté, et que M. don
« Louis d'Haro, dont la probité et la sincérité leur
« est cogneue, leur a souvent confirmé par les let-
« tres qu'il a escrites à Leurs Altesses, à M. Lenet,
« conseiller d'estat et leur plénipotentiaire, et par
« ce qu'il a dict fort souvent à M. de Saint-
« Agoulin ;

« Que mesdits seigneurs ont toujours creu qu'un
« si grand Roy et un tel ministre ne manquoient à

[1] Nous avons pris copie de ce document sur la minute conservée dans les papiers de Lenet ; les chiffres qui manquent
furent naturellement ajoutés sur l'expédition envoyée à Madrid.

« effectuer leurs promesses que par le retardement
« des galères des Indes ;

« Que depuis plus de cinq mois qu'ils sont armés,
« il n'a esté fourny pour le compte de Son Altesse
« que environ cent soixante mil patagons ;

« Que, par plusieurs lettres, et à toutes les voi-
« tures d'argent qui sont arrivées, mondit sieur
« don Louis a escrit audit sieur Lenet qu'il envoyoit
« pour son compte des sommes d'argent que ledit
« sieur de Vatteville n'a fait deslivrer au trésorier
« de l'armée qu'à moitié ou moins ; et pour ne
« point en mettre icy tout le détail, puisque Leurs
« Altesses l'ont fait mander audit sieur de Saint-
« Agoulin pour en faire des remontrances verbales,
« comme le dit sieur Lenet l'a fait par leurs ordres
« plusieurs fois par escrit, faisant voir l'impossibi-
« lité en laquelle elles estoient de soutenir la
« guerre en l'estat où on les réduisoit, et en leur
« desniant leur assistance deue ;

« Que des deux cent cinquante mil patagons que
« Monsieur don Louis mandoit audit sieur Lenet
« luy envoyer pour son compte en barres, et des
« quatre-vingt-mil dont il mandoit au baron de
« Vatteville de luy en faire délivrer soixante mil et
« d'en garder vingt pour luy, n'a fait fournir qu'en-
« viron cent mil patagons pour le compte de Mon-
« seigneur le prince, de ces deux sommes qui pas
« sèrent avec Monsieur de Guise ;

« Que depuis sa Majesté Catholique ayant en-
« voyé dans une caravelle qui arriva à Bourg sur
« la fin du mois d'octobre, la somme de six vingts
« mille patagons, qu'elle commandoit audit sieur
« de Vatteville de faire délivrer à Son Altesse toute
« entière, ce qui fut confirmé par une lettre de
« Monsieur don Louis audit sieur Lenet, lequel
« envoya le sieur Vascher pour les recevoir, ledit
« sieur de Vatteville ne voulut luy en faire desli-
« vrer que soixante mille comptant, et promettre
« dix mille dans quatre ou cinq jours suivants, qu'il
« retint après, desniant sa parole quoiqu'elle soit
« par escrit, et faillit à faire périr l'armée que
« commandoit à présent mondit sieur le comte de
« Marchin, qu'on avoit assigné sur ladite somme de
« dix mille escus.

« Ce fut sur cela que ledit sieur Lenet s'est tou-
« jours plainct non seulement à mesdits Seigneurs,
« mais encore à la cour d'Espagne, par ses lettres
« à Monsieur don Louis, et par les ordres que Mes-
« seigneurs luy ont ordonné d'envoyer à Saint-
« Agoulin; que ledit sieur de Vatteville ne luy a
« jamais parlé avec sincérité, qu'au contraire il luy
« a déguisé tousjours la vérité et l'estat des choses;
« qu'il fut contraint pour ne plus prendre sur sa
« parolle de mauvaises mesures et évitter la ruine
« entière du parti, de luy déclarer qu'il ne pour-
« roit plus avoir aucune affaire avec luy, et de luy

« faire remonstrer par plusieurs personnes de
« qualité le tort qu'il faisoit au Roy, son maistre ;

« Que depuis qu'il a pleu à Sadite Majesté de
« faire proposer à Saint-Agoulin, par M. don Louis,
« d'envoyer tout l'argent directement à Bordeaux,
« aux ordres de mondit sieur Lenet, par un offi-
« cier particulier, et pour évitter tous inconvénients,
« ne les plus faire passer par ceux dudit sieur de
« Vatteville ; Sadite Majesté, pour exécutter ceste
« proposition qui est conforme au traicté, a envoyé
« depuis huict jours cent vingt-cinq mil escus, avec
« ordre à un de ses officiers de faire passer les cent
« mil escus droit à Bordeaux, aux ordres dudit
« sieur Lenet, dont Son Excellence luy donna advis
« par ses lettres des 15 et 16 de novembre, à l'ins-
« tant mesme de l'arrivée de la caravelle à Bourg.
« Le pagador[1] escrivit audit sieur Lenet qu'il avoit
« cet ordre ; qu'il désiroit l'exécutter, mais que le
« dit sieur de Vatteville mettoit ses soldats sur les
« vaisseaux et qu'il ne croyoit pas en estre le
« maistre ;

« Que ledit sieur Lenet envoyast le trésorier pour
« recevoir la dite somme de cent mil escus sans en
« diminuer un seul patagon, pour exécutter ponc-
« tuellement les ordres précis et sincères de Sa
« Majesté Catholique ; mais ayant sceu dudit baron

[1] Le payeur.

« qu'il en vouloit payer ses dettes et prendre pour
« faire subsister son armée navale pendant un mois,
« ledit trésorier en donna advis à Son Altesse, qui
« lui escrivit avec toute l'amitié possible et, quoi
« qu'elle peust luy ordonner, elle le pria de consi-
« dérer ce qu'il faisoit, et de ne pas mettre toute
« la Guienne dans une ruine évidente par cette dé-
« sobéissance ; il respondoit qu'il ne pouvoit se des-
« saisir de cette somme qu'aux conditions qu'il
« avoit dites au trésorier, et que le service du Roy,
« son maistre, et celuy de Monseigneur le prince le
« vouloient ainsy.

« Monseigneur lui escrivit une seconde lettre, et
« luy fit sçavoir que, nonobstant toutes ses res-
« ponses, il vouloit que les commandements de
« Sa Majesté Catholique fussent exécutés ; qu'il luy
« envoyast les cent mil escus, et qu'après, si son
« armée navalle en avait besoing, ce seroit à Son
« Altesse, par l'interest qu'elle y prenoit, de faire
« tout ce qu'elle jugeroit à propos pour y pour-
« veoir ; en mesme temps fist donner parolle aux-
« dits sieurs don Fernand et don Georges par le-
« dit sieur Lenet que quand la volonté de Sa Ma-
« jesté Catholique seroit pleinement exécutée par
« ledit sieur baron, il leur mettroit en main de la-
« dite somme tout ce qui seroit nécessaire pour l'en-
« tretènement de ladite armée navalle, jusques à
« ce que Sa Majesté eust eu le temps d'y pour-

« veoir : ce que Son Altesse a fait confirmer audit
« sieur baron par le sieur de Baas qui luy remons-
« tra de sa part que tout périssoit s'il n'obéissoit
« pas ; que, nonobstant toutes ses admonitions, le-
« dit sieur baron luy retient, par une désobéissance
« sans exemple, toute ladite somme de cent mil
« escus ; que ledit sieur de Laguette[1], mareschal de
« bataille, est venu depuis deux jours déclarer, de
« la part de M. de Marchin, que si ledit sieur de
« Vatteville, après luy avoir refusé pendant toute
« la campagne les assistances qu'il pouvoit luy don-
« ner, luy refuse encore de luy en donner aucunes
« pour faciliter l'establissement de ses quartiers
« d'hiver, et l'oblige à quitter la conduite de l'armée
« par son procédé inouy, il a prié Son Altesse de lui
« promettre d'en envoyer faire ses plaintes à Sa
« Majesté Catholique ;

« Que le sieur de Londat est venu, de la part de
« M. le comte du Dognon, dire à Son Altesse,
« qu'ayant donné advis audit sieur de Vatteville
« qu'il y a dans les ports de Bretagne seize grands
« vaisseaux de guerre et douze brûlots prêts à partir
« pour venir vers les places dudit sieur comte, sans
« avoir peu l'obliger à luy envoyer son armée na-
« valle pour empêscher la jonction de celle des

---

[1] Madame de la Guette fait connaître dans ses *Mémoires* l'attachement tout particulier que son mari et elle portaient au comte et à la comtesse de Marsin.

« ennemis, ni aucuns soldats pour descendre à
« l'isle d'Oléron et la garantir de ce dont elle est
« menassée, et qu'ainsy ledit sieur comte, ne re-
« cevant aucun argent, est réduit dans l'impossibi-
« lité de se soutenir ;

« Que le sieur marquis de Chanlot a envoyé re-
« monstrer que toute la garnison de Périgueux
« avoit quitté faute de pain, et que la place est en
« péril évident ; M. le marquis de Castelnau en a
« autant faict pour Bergerac, et M. le marquis de
« Castel-Moron pour Sainte-Foy ; que Son Altesse
« a esté contraincte de casser le petit armement na-
« val qu'elle avoit dans la rivière, faute d'argent ;
« que les maisons de Son Altesse, de Mesdames ses
« sœurs et de Messeigneurs ses neveux sont dans
« une impossibilité de subsister ; que les munition-
« naires généraux de l'armée ont fait signifier à Son
« Altesse, depuis quatre jours, qu'ils se désistoient
« de leurs fonctions, parce qu'ils ne pourroient plus
« fournir le pain aux trouppes, n'ayant plus d'ar-
« gent, et leur estant deub plus de soixante mil
« escus.

« Son Altesse a encore remonstré dans sondit
« conseil d'Estat de Bordeaux les grands troubles
« dont cette ville est agitée, l'auctorité que le Roy
« reprend quasi partout, enfin la perte de la
« Guienne et l'impossibilité en laquelle elle est de
« soustenir plus longtemps cette guerre, s'il ne

« plaist à Saditte Majesté de satisfaire ponctuelle-
« ment au traicté, de révocquer promptement ledit
« sieur de Vatteville, constituer en sa place quel-
« qu'un qui exécutte plus précisément ses ordres,
« ceux de Monseigneur le prince, et entretienne
« une correspondance et une bonne intelligence
« toute entière avec Leurs Altesses ou leurs minis-
« tres, ayant Saditte Altesse prié ledit sieur don
« Georges de Castelui de porter à Monsieur don
« Louis d'Haro un extraict des remonstrances qu'il
« a faict à Sa Majesté Catholique, afin qu'il puisse
« les lui faire entendre de sa part, et y faire pour-
« veoir selon que le veulent le traicté, ses parolles
« royalles et l'estat des affaires; c'est ce qu'elle es-
« père de sa justice et de tous les témoignages que
« toute sa maison reçoit de sa bonté royale, la ré-
« quérant. Et a mondit Seigneur signé deux copies
« du présent escrit dont elle en a donné une audit
« sieur don Georges, et mis l'autre entre les mains
« dudit sieur Lenet plénipotentiaire cy-présent,
« pour envoyer les mémoires et instructions néces-
« saires audit sieur de Saint-Agoulin à Madrid (1). »

Ce mémoire renferme un acte d'accusation en règle contre le baron de Vatteville rendu l'auteur responsable de tous les mécomptes éprouvés en Guyenne. De l'avis unanime de son Conseil, le

[1] Papiers de Lenet; *Mémoire* publié dans la Collection Michaud.

prince de Conti demande sa révocation au roi d'Espagne, et l'opinion de tous est qu'il lui en coûtera la tête. Dans la dépêche suivante adressée au prince de Condé, qui aborde nombre de faits importants dont nous donnerons les développements, Lenet se défend d'en vouloir à la vie du baron de Vatteville :

« Je vous diray tousjours que je suis au désespoir de n'avoir receu aucune lettre de V. A. depuis Grossolles et Sillery ; voicy la sixième que j'escris par cette voye, sans que je sache si vous en avez receu aucune, non plus que de celles qu'auparavant vostre ordre je vous escrivais deux fois la semaine par la voye de Paris.

« Celle-cy ne vous dira autre chose, sinon que M. de Marchin m'escrivit hier dont j'envoye copie à V. A. et garde l'original afin de faire voir que je ne suis pas l'auteur de la résolution prise de pousser M. de Vatteville, et que c'est par un vœu commun de Leurs Altesses, de luy, et de moy et de tous ceux qui voyent par touttes ses actions qu'il ruine absolument les affaires ; j'estime que bientost nous en aurons contentement, et tous les Espagnols croyent qu'il pourroit bien luy couster la teste pour touttes les fourberies qu'il a faictes à eux et à nous. Pour moy, j'en serois fasché, car je ne demande pas la mort du pécheur ; mais qu'il se convertisse et qu'il vive.

« On brusla par main de bourreau le pasquin

horrible contre M. le prince de Conti et madame de Longueville duquel je parlay à V. A. par le dernier ordinaire. Cela n'a pas empesché qu'on n'en aye fait depuis encore un pire qui part de mesme boutique et qui a eu mesme sort.

« M. le prince de Conti fut avant hier à l'Hostel-de-Ville ; signa l'*Union* avec l'Ormée que nous taschons de réconcilier avec ce qui reste du parlement et des gros bourgeois. Si l'on scait proffiter de l'estat des chozes, assurément l'autorité s'en affermira ; je commance mesme à m'en apercevoir. Croyez, Monseigneur, que je secondray fort M. le prince de Conti et que je n'oublierai rien de mon devoir ; en tous rencontres, reposés-vous en sur moi.

« Ceux de Blaye prirent hier un de nos brigantins. M. de Vatteville retient tousjours nostre argent ; la teste luy a tourné. Dom Georges de Casteluy qui s'en retourne très-content de cette cour, taschera en passant à Bourg d'y mettre ordre. Cependant je me ruine d'emprunts et m'attire tous les brutaux sur les bras pour soutenir fortement contre leurs cabales et pour espargner vostre argent. Cela ne me met guère en peine, et je ne songe qu'à soutenir le gros de l'affaire et à vous donner le loisir dont vous aurez besoin. Au surplus, rien ne m'importe.

« M. de Marchin agist à merveille.

« M. de Matha est arrivé de hier au soir ; M. de

Fors aussy; on m'a dit qu'il a un billet de 40,000 livres sur moy. Je m'assure qu'il me trouvera bien brutal là-dessus.

« M. de Vatteville envoye son armée navalle à Saint-Sébastien pour la radouber; c'est-à-dire qu'avant le mois de mars il ne fault pas espérer de la voir. Il y a cinq mois qu'elle est icy inutile.

« Celle des ennemis est mouillée à la rade de Brest qui n'attend que l'heure de faire voile.

« Nous n'avons nulle nouvelle de la flotte de Hollande; il ne vient nuls vaisseaux icy. Il y a huit mois que je suis céans sans savoir s'il y a un Convoy ou non, *idem*, des tailles.

« Jugés de là si nous sommes bien à nostre ayse; adjoustés y les divisions de cette ville, les inimitiez de mille particuliers. Au propos de quoy je vous supplie de n'avoir nul esgard à tout ce que les uns et les autres pourront escrire à V. A. et, avec tout cela, je vous respondray qu'on ne nous chassera pas si tost d'icy. Du moins on n'oubliera rien de tout ce qu'il fault pour cela; et vos ennemis peuvent croire que nul ne fera icy rien contre vostre service impunément. Dieu conserve V. A. après cela tout ira bien.

« Ce 12e décembre 1652 [1]. »

Cette lettre fixe au 10 décembre la date du jour

[1] Dépêche inédite; Papiers de Lenet, Bibliothèque nationale, Fonds français, 6711, f° 64.

où fut signée solennellement à l'Hôtel-de-Ville par le prince de Conti l'*Union* entre les bons bourgeois et l'Ormée, entre le parti de l'ordre et le parti du désordre, malencontreuse combinaison dans tous les temps, qui déjà, à Bordeaux, s'était tournée comme toujours au détriment du premier parti; celui-ci, au lieu de diriger, se trouvait entraîné par cette association. Ce résultat était de tous points conforme à la politique de Lenet, qui devenait d'autant plus maître de la situation; aussi considérait-il cet état de choses comme favorable au raffermissement de l'autorité des princes.

En effet l'opposition contre leur parti n'osait plus se traduire que par quelques menées occultes ou par d'anonymes pamplets dirigés contre le prince de Conti et la duchesse de Longueville; mais ils leur étaient péniblement sensibles. Ces pamplets brûlés chaque jour par la main du bourreau, renaissaient dès le lendemain de leurs cendres plus sanglants encore que la veille. Voici l'un des plus cruels et des plus violents :

« Messieurs,

« On fit brûler lundi dernier quatre papiers qu'on avait trouvés affichés dans quatre divers carfours de nostre ville; ils n'ont mérité le feu que pour avoir dit la vérité. Vous avez donc souffert, Messieurs de Bordeaux, qu'on fit un sacrifice des lettres et des caractères pour appaiser la crainte du tyran et la colère de la duchesse vertueuse [1]. Mais quoique vous soyez nés pour la servitude et que vous ne respiriez plus que le sentiment des âmes lâches et basses, je ne désespère pas du salut public, sachant, comme je sais, que les esclaves de l'Ormée, les pensionnaires de Son Altesse bossue [2], cette lie du sang bordelais, ces gueux autorisés, ces milords de la plateforme, ces sénateurs de marché et de places publiques, enfin cette canaille de halle et de carrefour, ont prêté main forte à cette glorieuse exécution sous la conduite du bourreau qui sera un jour leur bienfaiteur. Mais nous ne cesserons pour cela de placarder, dussions-nous mettre le placard sur le nez et sur la bosse de Conti et dans le lit de sa p..... de sœur.

« Après ceci, il faut que le tyran tremble et que la peur lui cause de plus horribles frissons que sa fièvre quarte.

« Messieurs, qui lisez ce placard, ne l'arrachez pas, je vous prie ; mais laissez-le afin que tout le monde le voie.

« Ne croyez pas que ce soit Leblanc Mauvesin [3] qui ait placardé lundi matin ; c'est un autre qui

---

[1] La duchesse de Longueville.
[2] Le prince de Conti.
[3] L'un des conseillers au Parlement frappés de bannissement.

égorgera le prince de Conti et qui couvrira le pavé de son corps [1]. »

On ne saurait lire un pareil *factum* sans un sentiment de dégoût ; il ne pouvait que soulever à Bordeaux l'indignation des honnêtes gens. Les plus nobles partis sont parfois moralement compromis par des gens d'aventure qui les adoptent, comme ils adopteraient les mauvais par ambition de parvenir ; apportant au service des bonnes causes tous les bas sentiments de diffamation et de vengeance qui sont le propre des mauvaises.

Pendant ce temps la flotte royale, ainsi que nous l'ont appris les correspondances qui précèdent, se réorganisait dans les ports de Bretagne, sous le commandement du duc de Vendôme, afin de reprendre contre la Guyenne les opérations interrompues par la diversion de Dunkerque. Vainement l'Espagne et le baron de Vatteville étaient-ils suppliés d'aviser aux mesures pour repousser une agression maritime d'autant plus redoutée qu'elle ne pouvait manquer d'entraîner la ruine du commerce de Bordeaux ; à toutes les instances ils faisaient sourde oreille. Il était évident qu'après la bataille navale qu'elle avait perdue contre le duc de Vendôme, l'Espagne ne jugeait pas à propos de risquer une nouvelle rencontre. Pour l'éviter, cette puissance

---

[1] Placard tiré des papiers de Lenet, publié par M. Cousin dans son *Histoire de madame de Longueville pendant la Fronde*.

prenait la résolution de rappeler, sous prétexte de radoub, l'escadre mouillée dans la Gironde. Il était donc probable que nul obstacle n'empêcherait la flotte royale de France d'entrer en rivière et de combiner ses efforts avec ceux de l'armée commandée par le duc de Candale ; de sorte que Bordeaux serait enserré et par mer et par terre.

La cour plus confiante probablement dans les talents militaires du duc de Vendôme que dans ses talents politiques et diplomatiques, accrédita près de lui un agent zélé et adroit, l'abbé de Guron de Rechignevoisin, qui reçut, à la paix, l'évêché de Tulle, comme récompense de ses services. La mission dont il fut investi lui fut donnée par cet écrit royal :

A M. L'ABBÉ DE GURON POUR S'EMPLOYER PRÈS DE M. DE VENDOSME A TOUTES LES CHOSES QUI SERONT A FAIRE POUR LE SERVICE DU ROY ; DU 16ᵉ DÉCEMBRE 1652.

« M. l'abbé de Guron, ayant considéré que pour le bien et avancement de mon service et en l'exécution des desseins auxquels mon armée navalle et de terre destinées pour agir contre les ennemis et rebelles ès gouvernements de Brouage, La Rochelle, pays d'Aulnix et isles adjacentes, Poittou, Xaintonge, et Angoulmois, et pour soulager et assister mon oncle le duc de Vendosme auquel j'ai donné le commandement de madite armée de terre, et qui va aussy commander madite armée navalle, qu'il y ait auprès de luy une personne intelligente et particulièrement affectionnée à mon service et de qualité requise pour y agir utilement, j'ai jetté les yeux sur vous pour cet effet pour la connoissance que j'ai des bonnes qualitez qui sont en vous et pour les preuves que vous m'avez données de votre fidélité et affection singulières en plusieurs employs et occasions importantes et j'ai bien voullu vous faire cette lettre pour vous dire que mon intention est que vous vous rendiez près de mondit oncle le duc de Vendosme le plus diligemment que vous pourrez et vous employez à tout ce qui s'offrira à faire près de lui pour mon service suivant ses avis et ses ordres, vous asseurant que je considereray les services que vous m'y rendrez, et sur ce je prie Dieu...

« Il a été écrit à mondit sieur le duc de Vendosme sur le même sujet, le dit jour [1]. »

Pour éviter de mesurer de nouveau sa flotte avec la flotte royale de France, nous avons vu que l'Espagne s'était décidée à la retirer à Saint-Sébastien sous prétexte de la radouber ; elle aurait cependant consenti à la laisser dans la Gironde, si elle

[1] Minute inédite, *Archives du ministère de la guerre*, vol. 136. Ce document établit, entre autres choses intéressantes, que le duc de Vendôme était investi de la suprématie du commandement sur le duc de Candale, général en chef de l'armée de terre.

avait été autorisée à la faire stationner devant Bourg, place que cette puissance occupait déjà par une garnison. Un tel poste, au confluent de la Garonne et de la Dordogne, eût rendu l'Espagne l'arbitre absolu du commerce de Bordeaux et eût excité dans cette ville de telles récriminations que le prince de Conti en avertit lui-même son frère par la lettre suivante :

« De Bourdeaux, ce 20 décembre 1652.

« M. de Saint Romain m'a parlé de vostre part de la proposition que faict M. de Vatteville d'aller à Bourg avec la flotte d'Espaigne et m'a dit que vous souhaittiés que j'essaiasse de la faire agréer à messieurs de Bordeaux. Cette commission est, à mon advis, aussy difficile que pas une que vous me puissiés donner et je suis certein que quand ils verront que les Espagnols s'establissent à l'embouchure des deux rivières, à cinq lieues de Bordeaux, se rendant par là les maistres du commerce, ils ne consentiront jamais que nous leur mettions Bourg entre les mains ; ainsi je pense qu'il faudroit mieux que vous offrissiées à M. de Vatteville tel autre lieu qu'il luy plairoit depuis Blaye jusqu'à la mer, ou que si vous voullés luy accorder ce qu'il vous demande, on n'en parle à messieurs de Bordeaux qu'après que la chose sera faitte, quoique je voie que mesme après cella ils ne laisseront pas d'en faire beaucoup de bruit, principallement à cette heure qu'ils en font de toutes choses. J'ay à tout moment tout le parlement sur les bras pour me prier de vous informer des désordres que faict M. de Montespan dans la haute Guyenne, et il est vray qu'ils sont à un point que quand mesme il n'y auroit point de troupes du roi de ce costé là, la province ne laisseroit pas de se révolter. Ceux d'Agen ont esté fort allarmés de la prise de Moissac. M. de Lusignan est dedans qui nous escrit affin d'avoir nos ordres pour y commander; mais ceux de la ville tesmoignent de l'aversion pour luy et souhaitteroient plustost M. de Galapian, non pas comme gouverneur, mais seullement pour y commander durant ces temps icy. Je m'en vais travailler à achever mon régiment d'infanterie et M. Molle donnera demain l'argent de la levée à mes officiers et à ceux du vostre. A [1]. »

Cette proposition du baron de Vatteville qui fut définitivement repoussée, n'amena par conséquent aucun rapprochement. Le Vascher, tréso-

---

[1] Lettre inédite; Papiers de Lenet, Bibliothèque nationale, Fonds français, 6712, f° 89. Elle est écrite en entier de la main du prince de Conti. Elle porte cette suscription : à Monsieur, Monsieur le prince; elle était fermée d'une soie noire fixée à ses deux extrémités par un double cachet en cire noire.

rier de l'armée des princes, s'étant rendu à Bourg
pour recevoir un subside, n'en put toucher qu'une
partie. Comme il avait reçu la défense d'avoir aucune communication avec l'amiral espagnol, il
laissa entre les mains du général de l'artillerie la
protestation suivante :

« Gabriel Le Vascher, trésorier général des armées de Son Altesse Sérénissime Monseigneur le
prince, déclare à Monsieur dom Fernan Dorias de
Sanedra, général de l'artillerye de l'armée navale
d'Espagne, en Guyenne, que des cent mil patagons
qui sont venus pour le compte de Son Altesse,
M. le baron de Vatteville (contre les ordres de Sa
Majesté Catholique et ceux de Son Excellence Monseigneur don Louis de Haro) en a retenu soixante
mille patagons pour luy, et n'en a fait payer audit
sieur Le Vascher que quarante mille, lesquels il a
receus aujourd'huy en cette ville pour estre employez au payement du pain de munition qui manque d'estre fourni à l'armée et à touttes les garnisons de ladicte province par une nécessité extresme
d'argent, et qui les met en péril de se perdre ;
protestant ledit sieur Le Vascher par le commandement exprès de Madame la princesse, de Monseigneur le prince de Conti et de Madame la duchesse de Longueville, et encore par les ordres de
M. Lenet, conseiller du Roy en tous ses Conseils
d'estat et privé et plénipotentiaire de Leurs Altes-

ses, de la desperdition de l'armée et de toutes les places de la dicte province de Guyenne par le deffault du payement des sommes qui sont deues à Son Altesse Sérénissime Monseigneur le prince par son traicté, et principallement par le manquement présent du paiement entier desdits cent mille patagons, et encore des autres sommes qui ont esté envoyées pour le compte de ladicte Altesse Sérénissime, desquelles mondit sieur de Vatteville a retenu pour luy la meilleure partie dans chacune voiture, sans s'arrester aux ordres du Roy Catholique et à ceux de mondit Seigneur don Louis de Haro ; et comme l'ordre dudit sieur Le Vascher est de ne point parler ni communiquer avec M. de Vatteville, iceluy Sieur Le Vascher, en vertu de sesdits ordres et commandements exprès de Leurs dictes Altesses, Madame la princesse, Monseigneur le prince de Conti, Madame la duchesse de Longueville, prie mondit Sieur dom Fernan Dorias de Sanedra, de faire savoir à Son Excellence mondit Seigneur don Louis de Haro le contenu cy dessus, affin qu'il luy plaise d'en voulloir informer Sa dicte Majesté Catholique et apporter à tous ces inconvénients les remêdes utilz et convenables.

« Faict à Bourg, ce 23ᵉ décembre 1652.

« Le Vascher [1]. »

[1] Document inédit; Papiers de Lenet, Bibliothèque nationale, Fonds français, 6711, f° 101.

Dès le lendemain, Lenet prévient M. de Saint-Agoulin, l'envoyé à Madrid du prince de Condé, de ce qui s'est passé à Bourg ; il lui expose la détresse du parti et le charge de réclamer, dans le plus bref délai, la révocation du baron de Vatteville ; voici sa dépêche :

« Je vous ay escrit fort amplement par M. don Georges de Castelui et par le courrier qui partit après luy, de sorte que vous estes quasy aussy savant que moy de touttes choses. Je vous diray seullement que j'ay receu deux lettres de Son Altesse par les deux derniers ordinaires. Il a estably ses quartiers d'hiver et a résolu d'envoyer un exprès à Madrid, pour, à son retour, prendre ses dernières résolutions pour la paix ou pour la guerre. Les lettres qu'il m'escript contiennent de grandes plaintes de l'inexécution de son traicté du costé de Flandre, où il dit qu'il n'a jamais touché que trente mil escus par deux lettres de change. Il a escrit *di proprio pugno* aussy à M. de Vatteville la lettre dont je vous ai envoyé coppie dans mon premier paquet ; et, dans le second, il me mande que je le pousse vigoureusement. Je ne puis rien adjouster aux ordres que vous a envoyés Son Altesse de Conti par le Sieur Dom Georges, sinon que des cent mil escus ledit sieur baron n'a voullu donner que quarante mil escus, et a fait cependant payer tous ces beaux et superbes meubles qu'il a fait faire en cette ville ; mais nous sommes résolus de tout laisser périr plustost que de passer par ses mains. J'ay envoyé M. Le Vascher à Bourg pour obliger M. le général de l'artillerye à faire donner quelques sommes aux munitionnaires, car pour tout le reste je ne le puis soutenir avec 40,000 patagons qu'offre ledit sieur de Vatteville. Pressés en toutte dilligence sa révocation ; car, sans cela, tout est perdu, personne de nous ne communiquant plus avec luy.

« L'armée navale des ennemis s'avance fort, et si Sa Majesté Catholique ne nous renvoye celle que M. de Vatteville a envoyée au Passage pour la radouber, et si elle n'en adjouste d'autres ou de Flandre ou de ceux qui estoient à Barcelone, nous serons bien tost affamés icy et contraints d'accepter une paix honteuse et fascheuse.

« Pour l'argent il n'y a plus que pour ce mois où nous allons entrer ; et dans ce mois de février il fault travailler aux recrues, sans quoy il n'y a plus aucune resource, et nous ne saurions les faire pour quatre cent mil escus. Le Convoy de Bordeaux n'a pas vallu cette année-cy un quart d'escu, n'estant venu aucun vaisseau, toutte la campagne est désolée ; on a mis touttes nos trouppes en quartier sous nos places ; il fault tout entretenir à l'argent ; chacun fulmine contre nous et encore plus contre l'Espagne et mesme contre

M. le prince ; on ne peut souffrir qu'il serve si utilement des gens qui l'abandonnent. Faittes voir tout cecy à M. don Louis de Haro duquel je suis trop serviteur pour luy dissimuler aucune choze. Je parleray tousjours à S. E. avec liberté et franchise et par là il doit juger de ma probité. Pressez donc touttes choses, affin que par là nous ayons tout ce qui nous est deu ou une grande partie pour le mois de janvier, ou tout est renversé de fonds en comble. Je vous ay mandé les conspirations faittes en cette ville contre Messieurs les princes que nous avons descouvertes ; c'est tous les jours à recommencer et assurément nous n'avons subsisté que par miracle.

« M. de Marchin fait tout ce qui est possible ; mais, sans argent, languit. Il dit pour les munitions et pour les hommes et pour les vaisseaux ce que je dis pour l'argent, souvenez-vous donc de nous envoyer le plus que vous pourrés, car l'argent ne se peut transporter aux garnisons et à l'armée qu'avec peine.

« Adieu, mon cher, assurez Son Excellence de mon obéissance et tous nos amis de mon service.

« Nous avons receu nostre ami Baas en nostre pays de Guyenne pour y servir de mareschal de camp et de commissaire général. Il n'y a rien de nouveau qui vaille vous estre escript. Je vous envoye quantité de lettres ou advis. Adieu, je vous embrasse de tout mon cœur et suis tout à vous.

« LENET.

« A Bordeaux, ce 24ᵉ décembre 1652.

« Souvenez-vous ¹. »

Lenet ne se contente pas d'adresser ses plaintes au gouvernement d'Espagne par l'intermédiaire de Saint-Agoulin ; il écrit au prince de Condé pour le presser d'appuyer lui-même avec vigueur ses griefs et pour l'engager à faire passer par Bordeaux, où il sera utile qu'il prenne langue avec lui, le personnage que le prince se propose d'envoyer en Espagne. Cette même lettre instruit le prince de Condé de la détresse de subsistances dont Bordeaux paraît menacé ; elle lui apprend la mise en liberté de Massiot, son expulsion de Bordeaux, et les circonstances de cette délivrance à laquelle l'Ormée voulut s'opposer :

« A Bordeaux, ce 26 décembre.

« Voici la neufiesme lettre que j'escris à Votre Altesse par ceste voye sans que je sache si elle les

[1] Minute inédite en entier de la main de Lenet et signée par lui, portant au bas cette mention : Coppie à M. de Saint-Agoulin. *Papiers de Lenet*, Bibliothèque nationale, Fonds français, 6712, f° 108.

recoit; pour moy j'en ay reçu depuis deux mois et demy trois de vous, l'une par M. de Sillery, l'autre du dernier novembre, et la troisième du 3 courant. Celle-ci ne vous apprendra autre chose sinon que Monsieur le Prince de Conty s'alla enfermer aux Jésuites la veille de Noël et moy avec luy. Son Altesse se servit de l'occasion du bon jour pour mettre M. de Massiot en liberté, pour contenter tout ce qui nous reste du Parlement qui ne croit pas que ce soit un grand crime que d'avoir voulu se saisir de l'Hostel de ville et couper la gorge aux chefs de l'Ormée, comme il est très-certain qu'on a voulu faire, M. de Massiot l'ayant confessé en sa place au Palais ; et on avait pris toutes les mesures pour le reste de la conspiration contre Leurs Altesses. Il n'y en avoit de preuves que ce que j'en ay fait savoir à Votre Altesse par le procès-verbal que je luy ay envoyé. Ainsy par toutes les raisons cy dessus et à la prière de tous ses parents, Monsieur le prince de Conti envoya le chevalier de Thodias et son capitaine des gardes avec un ordre pour l'eslargir et un passe-port pour le mettre hors de la ville, lui défendant d'en approcher de douze lieues. Surquoy il faillit à arriver du désordre, ledit chevalier ayant trouvé un ordre entre les mains du capitaine qui estoit de garde à l'Hostel-de-Ville, par lequel l'Ormée defendait audit capitaine de n'eslargir ledit sieur de Massiot sur quelque ordre que ce peust estre ;

de sorte qu'on eut toutes les peines du monde à le faire obéir, quelqu'un mesme ayant crié aux armes. Cela n'eust pourtant point de suite et la chose fut exécutée comme l'on l'avait proposée. Si Monsieur le Prince de Conti me croit, il châtira fort l'autheur de cet ordre; ce qui est fort aisé et j'ay desjà disposé la cabale contraire à désavouer demain à l'assemblée cette insolence et à venir demander pardon; mais je vous réponds que la douceur de Son Altesse prévaudra sur tout ce qu'on luy pourra dire; elle est telle que je ne puis la résoudre à refuser aucune chose, ny à rien trouver mauvais de tout ce qu'on fait contre son autorité. Cette bonté nous a mis où nous sommes et auroit bien pis fait, si on l'avait souffert. Jugez de là, Monseigneur, si ceux qui agissent soubz luy, qui sont dans des embarras extrêmes de toutes parts, et qui ont un peu de vigueur, passent bien leur temps. Madame de Longueville s'en plaint aussy et y cherche les remèdes aux occasions. Il fault aller jusques au bout comme l'on pourra.

« Au nom de Dieu que Vostre Altesse ne perde point de temps à envoyer un exprès en Espagne ; car nous serons tous estonnez quand nous serons au printemps et que nous serons un peu moins avancés que nous ne sommes. Imaginez vous, Monseigneur, qu'il faut que nous nourrissions toutes nos garnisons et desfrayons quatre-vingts gardes et tous les officiers dans Bourdeaux; car M. de Sarasin m'a annoncé ces jours icy que le bien de Monsieur le Prince de Conty estant saisy, il fallait que je pourvusse à sa subsistance. Le pain de munition, l'artillerie, la marine, les voyages, les munitions de guerre et touts les outils et touts les petits siéges nous ont occasionnés mille petites affaires impérieuses qu'on ne peut vous escrire. J'ose me vanter que mon extraordinaire espargne et ma résolution à laisser dire ceux qui ne sont pas contens, a soustenu tout cela. J'ay, avec le crédit que j'ay conservé dans Bourdeaux, pour faire vivre le bon ménage de M. Marchin quelques jours assurément. Votre Altesse cognoistra, quand elle voudra savoir le détail et voir elle mesme son compte, qu'elle a esté très bien servie. Il fault continuer et, pour cela, je ne cesseray de vous conjurer de presser aussy fortement en Espagne de vostre costé comme que nous faisons du nostre; afin qu'on y voye que Vostre Altesse approuve ce que nous y faisons dire et ce que nous y escrirons de rigoureux. Et, de vérité, si nous n'avons promptement de l'argent pour nous pourvoir d'artillerie, de vivres, munitions de guerre, et pour nos recrues; si nous n'en avons en diligence une armée navalle, celle des Mazarins estant preste d'entrer en rivière à ce qu'on nous dit toujours, je ne sçay ce que nous pourrons faire. Il y a advis d'empescher en Bretagne d'apporter icy des bledz et l'on les observe rigoureusement, de sorte que nous attendons cette flotte comme la venue du Messie pour nous apporter du bled et de l'argent. Je ne scay encore si le Convoi est au monde depuis plus de huit mois que j'y suis. Faites passer par icy l'exprès que Vostre Altesse envoyera en Espagne; car assurément une petite conférence avec moy ne luy nuira de rien, ny à vos affaires. Il n'y a que très peu de bledz à Bordeaux et le secours, s'il ne venoit de deux mois, nous serions perdus sans ressource. Prenez vos mesures là dessus et sur le reste et sur tout sur le plus d'authorité que Monsieur le prince de Conty se conserve[1]; car nous ne sommes soustenus que par artifice et argent, c'est une chose qui passe toute imagination que l'avarice de ceux de Bordeaux.

« Dieu conserve Vostre Altesse et lui donne toutes les prospérités que je lui souhaite[2]. »

Parmi les difficultés d'argent dont Lenet se plaint dans cette dépêche, il en est une sur laquelle nous le voyons revenir sans cesse dans sa correspondance; il ne sait pas, dit-il, après huit mois de séjour à Bordeaux, si le Convoi est au monde. Une ex-

---

[1] Cette phrase signifie évidemment qu'il faudrait prendre des mesures pour que le prince de Conti, dont il accuse la faiblesse, ne conservât pas l'autorité trop grande qu'il s'attribuait.

[2] Dépêche inédite; Papiers de Lenet, Bibliothèque nationale, Fonds français, 6712, f° 124.

plication sur cette nature de ressource qui lui manque ne sera peut-être pas inutile : On appelait *Convoi de Bordeaux* un ensemble de taxes qui se prélevaient sur les transports par mer de certaines denrées, tels que les vins et eaux-de-vie. Dans l'origine les marchands de la ville de Bordeaux faisaient escorter leurs navires de commerce par des vaisseaux armés, et subvenaient à cette dépense par une taxe qu'ils s'imposaient entre eux. Plus tard l'Etat, pouvant seul disposer d'une marine militaire, se chargea lui-même des escortes en percevant une taxe sur les commerçants. Cet impôt qui donnait un énéfice important prit le nom de *Convoi de Bordeaux*. On comprend maintenant pourquoi Lenet se plaint que le Convoi fût devenu improductif, puisque tout le commerce était paralysé.

Lenet insiste dans cette dépêche, comme il le fera encore dans une dépêche qui suivra, sur la faiblesse de caractère du prince de Conti. Au commencement de la guerre de Guyenne, sa politique, conforme à celle du prince de Condé, était d'anihiler le prince de Conti; elle avait été depuis de le mettre en avant; mais à la condition, bien entendu, qu'il ne serait jamais qu'un instrument entre ses mains. Lenet, pour maintenir à Bordeaux l'autorité du prince de Condé, avait besoin d'user de mesures violentes vis-à-vis des gens de bien et même d'user parfois de vigueur vis-à-vis de l'Ormée; il plaisait à ses calculs et à ceux du prince de Condé, que le prince de Conti, responsable de toutes les rigueurs paraissant émaner de son initiative, fût par conséquent le bouc émissaire de toutes les haines présentes et futures qui en devaient résulter. Au besoin la duchesse de Longueville devait en paraître responsable aux yeux du public. Le prince de Condé s'explique lui-même avec quelque crudité sur ce point dans ce passage d'une de ses lettres à Lenet, il donne son approbation à toutes les violences, sans en vouloir porter la responsabilité :

« Les personnes qu'on a chassées de Bordeaux doivent être considérées comme irréconciliables, et à qui restera tousjours une forte passion de se venger, tellement qu'il ne faut pas attendre aucune modération, ni avoir égard aux services qu'elles m'ont rendu autrefois. Cette réflexion me feroit perdre Bordeaux, et je le veux conserver à quelque prix que ce soit, comme je vous l'ai toujours mandé ; mais comme la paix se faisant, je voudrois nécessairement que les conseillers fussent restablis dans leurs charges et le parlement dans son auctorité, je seray bien aise que les violences qu'on doit faire envers le corps du parlement et les particuliers qui le composent, puissent estre attribuées à M. le prince de Conty ou à Madame de Longueville, et qu'il n'y paroisse pour cela aucun ordre de moy ; afin qu'un jour, si nous sommes obligés de nous revoir, il y ait plus de facilité à oublier les rigueurs passées et à rejeter sur les absents les sujets de plainte, et par conséquent me descharger de l'embarras où je serois de vivre avec des personnes dont je ne pourrois jamais pardonner l'intention si j'en prenois une entière cognoissance [1]. »

Cette faiblesse dont Lenet accuse le prince de Conti avait été certainement l'heureuse cause à laquelle Massiot devait sa délivrance. Ce prince, pour exercer sa mansuétude, avait mis à profit un concours favorable de circonstances : dans un temps où la religion exerçait un si heureux empire, l'occasion d'une de ses fêtes les plus solennelles était de nature à étouffer dans une certaine mesure parmi la vile multitude ses répulsions contre la clémence.

La veille de Noël, le prince de Conti, dans l'une des pieuses alternatives de son existence, s'était enfermé, pour faire ses dévotions, au couvent des Jésuites. Lenet lui-même, paraissant ressentir un mouvement de dévotion intérieure, était allé s'enfermer dans le même couvent ; mais nous craignons un peu que ce fin politique n'y soit allé plutôt pour surveiller de près les résolutions du prince, que pour travailler à sa propre conversion. Quoi qu'il

---

[1] Lettre du 26 décembre 1652, Papiers de Lenet, publiée dans la Collection Michaud.

en soit, la mise en liberté de Massiot avait été résolue et exécutée dès le lendemain comme un acte de clémence naturel pour célébrer l'aniversaire de la naissance du Sauveur divin, occasion du *bon jour*, dans le pieux langage du temps. Si Massiot, dans son interrogatoire, avait hautement et courageusement avoué ses projets contre l'Ormée, il avait, circonstance atténuante, déclaré n'avoir jamais eu la pensée d'attenter à la personne des princes. La mise en liberté de Massiot donnait satisfaction au Parlement et à la haute bourgeoisie; mais il restait à faire la part aux sentiments de la démocratie; c'est pourquoi Massiot ne fut pas gracié purement et simplement, il ne sortit de prison que pour partir pour l'exil.

Les fêtes de Noël durent encore consacrer par leur solennité un second acte politique, c'est-à-dire la ridicule et décevante *Union* de la Bourgeoisie et de l'Ormée. Déjà elle avait été jurée par le prince de Conti; mais le peuple aime les proclamations d'apparat, et se paie surtout de mots vides et sonores. La fameuse *Union* fut donc jurée avec plus de solennité que précédemment par le prince de Conti, par la bourgeoisie et par l'Ormée. Cette consécration nouvelle n'était point une solution, mais un ajournement; elle assurait uniquement la continuation d'un état provisoire pénible et dangereux.

Les instructions suivantes du prince de Condé n'étaient pas de nature à rétablir la sécurité et la confiance dans la partie saine et honnête de la population de Bordeaux :

« Il ne faut pas que vous y faciez comme nous avons faict à Paris, où nous commencions beaucoup de choses, n'en finissions jamais aucune; mais que vous poussiez toutes choses à bout, affin de vous rendre les maîtres de Bordeaux; que vous en chassiez tous ceux qui se trouveront mal intentionnés et que vous empeschiez le retour de ceux qui l'on déjà esté... [1]. »

Ce prince, il est vrai, terminait sa lettre par une nouvelle sensible aux intérêts des habitants de Bordeaux; elle lui avait été rapportée par l'infatigable Saint-Ybard [2] revenant de Bruxelles; mais qui avait, quant au nombre, vu un peu les choses à travers un verre grossissant : il s'agissait du départ, pour les eaux de la Gironde de six-cents navires hollandais pour apporter du blé et charger des vins et autres marchandises, avec une escorte de cent navires de guerre.

Lenet attendait en effet avec une vive impatience l'arrivée de cette flotte de Hollande; sans ce ravi-

---

[1] Lettre du prince de Condé à Lenet, datée du 28 décembre 1652, Papiers de Lenet, publiée dans la Collection Michaud.

[2] Le lecteur a déjà rencontré dans le cours de ces *Souvenirs* ce chaud partisan du cardinal de Retz et de la Fronde. Voy. sur lui la *note* du tome I, p. 207.

taillement indispensable tout lui paraît perdu. Il s'en explique ainsi avec le prince de Condé dans sa dépêche du 29 décembre dont nous donnons les passages les plus importants relatifs aux difficultés nombreuses qu'il s'efforce de surmonter; les exigences du comte du Dognon ne sont pas les moindres :

« A Bourdeaux, le 29 décembre 1652.

« J'ay receu la lettre dont il a plu à Vostre Altesse m'honorer du 5 du courant escrite partie de sa main et partie de celle de M. de Guitaut. Je ne puis vous dire avec quelle joie Monsieur le Prince de Conty et Madame de Longueville ont receu celles que je leur ay rendues de vostre part...

« Pour respondre à la dite lettre, je vous diray, Monseigneur, que ma précédente vous aura fait cognoistre que nous avons toujours à nous précautionner comme si toujours la guerre debvait estre perpétuelle, par les messures que M. de Marchin et moy avons prises pour le quartier d'hiver et pour la campagne ; cela n'empesche pas qu'il faille de temps en temps donner quelque espérance de paix et sur votre retour par de çà, pour soustenir le cœur de ce qui nous reste d'amys à Bordeaux, qui est fort sujet à s'abattre et escouter les bruits malveillants, et pour soustenir cette furie universelle de la faire de quelque façon que se puisse estre ; car, croyant que vous la donnerez quand il vous sera possible, cela arreste les factions ; mais tout cela ne nous empesche pas de veiller nuit et jour pour disposer toutes choses à la guerre.

« Nous sommes toujours dans l'attente de la flotte de Hollande de laquelle nous espérons de l'argent et du bled, sans quoy vous pouvez juger que tous nos projets seront fort inutiles.

« Monsieur de Vatteville est un homme perdu à la Cour d'Espagne, et a une si pitoyable estime, à ce que disent tous les Espagnols, que nul ne doubte que son procédé envers vous ne luy couste la teste. Il est vray que quelques jours ou trois semaines nous rendrons savans là dessus. Vostre Altesse me mande que je me raccommode si cela est utile ; vous pouvez croire, Monseigneur, que comme je ne me suis brouillé que pour le service, je me raccommoderai avec plaisir pour le service, d'autant plus que se voyant perdu, il me fait response par toutes voyes ; mais comme jamais en sa vie. Il est vray que jamais il n'a servi en rien qu'en parolles, et qu'en effect il a pris ce qu'il a pu ; que c'est un homme qui a rusé ; ayant eu une armée navalle, plus de trois mille hommes de pied, force munitions dont nous avons extrême besoing, sans nous servir de l'un, ny de l'autre ; et ayant mesme plus de la moitié de tout l'argent envoyé pour notre compte ; sur quoy il aurait esté disgracié en Espagne sans la cause qu'il y a toujours demeuré [1], et avoit tout pouvoir vers Vostre Altesse ; enfin nous ayant mil fois manqué de parolle. Il fault, ce me semble, le pousser à bout et nous n'y aurons pas grand peine. Don Fernand Dorias de Sanedra demeurera asseurement, du moins il y a grande apparence, et Vostre Altesse s'en trouvera bien. Vous jugerez du moins par mes procédés envers M. de Vatteville et envers tous ceux qui ne vous servent pas comme ils doivent, que je vous ferai comme je dois et que rien ne m'empesche de rompre en visière à ceux qui ont tort. J'ay envoyé au dit sieur de Vatteville la lettre de Vostre Altesse et à M. de Baltazard aussy. Desmain j'envoyerai celle de don du Dognon avec lequel j'agis comme si ma fortune dépendoit de sa satisfaction ; mais c'est un esprit qui assurément ne peut jamais estre content. Vous me mandez que jamais on ne luy promette rien qu'on ne luy tienne. Je puis jurer à Vostre Altesse que je n'en ay jamais usé autrement ; car luy ayant toujours dit et à ses agents que quand j'auray de quoy je l'envoyeray, et l'ayant toujours fait. Cependant j'ay fait payer toutes les denrées qu'il a

---

[1] Nous croyons devoir rappeler, pour l'intelligence de ce passage, que le baron de Vatteville était d'une famille de Franche-Comté, province qui appartenait à l'Espagne.

pris à nos marchands ; si bien qu'il a failli affamer Bordeaux ; ce qui peut estre l'assurance de la fin. Je luy ai fait donner tous les droits qu'il a voulu sur le sel qu'il a envoyé vendre par de çà et sur tous les vins que son Maistre d'Hostel envoie encore à présent ; enfin j'ay fait et feray toutes choses possibles pour le contenter ou du moins pour ne point lui donner prétexte de rompre avec apparences de raison. Il a fait faire tous les jours des prises immenses. Il fait débitter maintenant tout le sel sur la rivière de Charente dont il tire de grandes sommes et retient le lay qui debvroit venir à Bourdeaux. Jugez s'il fault avoir de la conduite et de la patience avec luy. Je vous remercie de tout mon cœur de la lettre que Vostre Altesse luy a escrite et Vostre Altesse a admirablement bien fait de luy escrire de la sorte. On luy a envoyé Conty, Chouppes, Anguien, et Marchin[1]. Il a mescontenté et fait périr la moitié de ces corps, et, en un mot, c'est un terrible homme ; mais quand il seroit encore plus estrange, je ne manqueroy en rien de tout ce que je pourray faire pour luy. Il n'escrit ny à Leurs Altesses, ny à moi.

« Quand à la conduite que vous nous prescrivez pour la conservation de Bourdeaux, nous avons le bon sens d'estre en cela fort conformes à vos senti-

---

[1] C'est-à-dire les quatre régiments portant ces noms.

ments ; nous marcherons jusqu'au bout par ce chemin et nous ménagerons tout ce qu'il y a à mesnager là dessus et rien, s'il le fault.

« Je passe en Espagne. Si l'exprès que vous résolurez d'y envoyer passe par icy je luy donneray de bonne tablature, s'il ne vient de l'argent de là et que la flotte n'arrive. Je mettray vos affaires, de part et d'autre, aux champs et à la ville, en assez bon estat pour vous donner loisir de prendre vos mesures ; en fait, nous courrons fortune de voir tout y prendre une forme bien contraire à nos desseins.

« La foiblesse de Monsieur le prince de Conty est telle qu'elle destruit tout ce qu'on bastit avec bien de la peine ; ce n'est pas que son intention ne soit très-bonne ; mais il ne luy est pas possible de dire non, ny de parler avec authorité à qui que ce soit.

« Monsieur d'Espernon me faict et à ma famille, tous les maux du monde en Bourgogne.

« Messieurs d'Espagnet, de Massip et de Laschaise qui m'ont fait l'honneur de venir boire et battre à vostre santé, ont voulu signer icy qu'ils soutiendraient avec passion que tout Bordeaux est autant dans vos intérêts qu'ils ont esté, sont et seront[1]. »

Dans cette lettre, Lenet répète ce qu'il a écrit

---

[1] Dépêche inédite, papiers de Lenet, Bibliothèque nationale, Fonds français, 6712, f° 104.

dans une précédente dépêche : que la disgrâce du baron de Vatteville est certaine ; que sa tête même est en jeu. Lenet se trompait au point de croire que les mécomptes de l'alliance espagnole étaient le fait du mauvais vouloir ou des déprédations de l'amiral, tandis qu'ils n'étaient que le résultat de l'obéissance aux instructions reçues. La preuve ne s'en fit pas attendre : le gouvernement espagnol rappela le baron de Vatteville, autant pour témoigner son mécontentement de n'avoir pas obtenu pour sa flotte le mouillage de Bourg, que pour mettre fin à des récriminations importunes ; mais elle évita de donner à son rappel aucune apparence de désaveu de sa conduite. Elle retira sa flotte de la Gironde, sans s'inquiéter d'exposer, de ce côté, le parti des princes à de graves périls ; et comme il n'y avait pas lieu de maintenir dans ces parages un amiral sans flotte, le baron de Vatteville reçut la mission de se rendre à Saint-Sébastien pour y surveiller le radoub des vaisseaux espagnols qui s'y étaient retirés. L'Espagne non-seulement ne voulait pas risquer sa marine dans un second combat contre la flotte du duc de Vendôme dont l'approche était signalée ; mais de plus, en Guyenne, comme à Paris, comme en Flandre, elle ne voulait donner au parti des princes que l'appui suffisant pour entretenir la lutte, sans lui permettre de triompher jamais. Sur le bord de sa décadence, cette puissance énervée caressait toujours l'espoir qui n'était qu'un rêve, de voir renaître pour elle, grâce aux divisions de la France, les beaux jours du règne de Charles-Quint.

Lenet fait ressortir dans sa dépêche à quel point le comte du Dognon, qu'il appelle par dérision don du Dognon, abuse de la nécessité où l'on se trouve de le ménager ; il a laissé se désorganiser et dépérir les régiments de Chouppes, d'Enghien et de Marsin ; il s'est fait attribuer des droits sur l'exportation du sel et des vins, et n'en fait pas moins payer sur la caisse peu remplie du prince de Condé toutes les denrées qu'il tire de Bordeaux en telle quantité qu'il a failli affamer cette ville. Il accuse encore la faiblesse du prince de Conti, disposition gênante pour lui faire assumer au yeux du public toutes les responsabilités des mesures de rigueur que nécessite l'état des esprits. Le désir d'en finir avec une situation intolérable a créé une exaltation que Lenet caractérise par ces mots : *la furie de la paix*. Pour contenir cette furie, il faut faire espérer et faire craindre à la fois l'arrivée en Guienne du prince de Condé ; en même temps il faut persuader au plus grand nombre que ce prince lui-même travaille à procurer la paix tant désirée.

La cour bien informée d'une situation si tendue agissait de son côté avec d'autant plus d'activité et redoublait l'envoi de ses émissaires secrets. Sous quelque prétexte de commerce, Servien expédia un marchand de la rue Saint-Denis ; mais la duchesse de Longueville en fut aussitôt avertie par la lettre suivante qui donne en outre divers renseignements complémentaires sur des faits tels que celui de l'arrestation du cardinal de Retz, que nous avons déjà racontés en leur place.

« De Paris, ce 24 décembre.

« Depuis que je n'ay eu l'honneur d'escrire à V. A. j'ay bien eu des avantures qui n'ont pas esté fort heureuses, puisque je n'ay peu joindre Monseigneur le prince parce que la fiebvre quarte m'a repris en chemin et qu'elle ne me quitte plus. Je m'en suis revenu en ce lieu où ne trouvant aucune seureté, encore que je sois caché, je suis contraint d'en partir demain. Cependant j'ay un advis à donner à V. A. qui vient de bon lieu qui est qu'un certain marchant de la rue Saint-Denys, nommé Le Noir, est allé à Bourdeaux en apparence pour se mesler de son traficq ; mais en effet par ordre de Servien[1] et avec de l'argent pour mesnager les plus mal intentionnés et faire une caballe contre le party. V. A. peut donner le soin à M. Lenet de s'informer

---

[1] Abel Servien, marquis de Sablé, ministre d'État ; il avait exercé en Guyenne, en 1627, les fonctions d'intendant de justice, police et finances.

de cet homme et de faire observer sa conduitte.

« Au reste l'on ne parle icy que de la prison de M. le cardinal de Retz dont les amis sollicitent le Pape de demander sa liberté ; et comme l'ambassadeur de France a rompu avec Sa Sainteté et que l'on a arresté son Nonce en Provence, d'ailleurs qu'elle hait fort le cardinal Mazarin, l'on ne doute pas que d'un vœu commun elle ne le menace de luy oster le chapeau de cardinal, sy on ne luy rend le cardinal de Retz qu'elle demandera.

« Madame la princesse Palatine[1] n'est pas mieux à la cour de ceste disgrâce à laquelle aucuns disent qu'elle a servy en luy conseillant d'aller au Louvre. Madame de Lesdiguières[2] luy envoyoit aussy quelques phioles de contre-poison qui l'ont mis mal avec la Reyne.

« Je viens d'avoir des lettres de Monseigneur le prince qui est en fort bonne santé. Les ennemis

---

[1] Anne de Gonzague, fille du duc de Nevers, mariée au prince Édouard, comte palatin du Rhin, fils de Frédéric V, duc de Bavière ; elle était, on le sait, activement mêlée à toutes les intrigues de la cour.

[2] Anne de la Magdeleine, fille du marquis de Ragny et d'Hippolyte de Gondi, seconde femme de François de Bonne-Créquy, duc de Lesdiguières. Son dévouement à la personne du cardinal de Retz, dont elle était proche parente, était connu. Elle figure, ainsi que la princesse Palatine, dans la *Carte géographique de la cour* attribuée au comte de Bussy-Rabutin et dont le prince de Conti fut, paraît-il, le véritable auteur ; elle y est comparée à une ville que domine une éminence. Voy. les *Historiettes* de Tallemant des Réaux, 3ᵉ édit. publiée par MM. de Monmerqué et Paulin Paris.

ont repris Bar avec beaucoup de peine et il n'y a pas grande apparence qu'ils attaquent Sainte-Menehoud parce que leur armée est foible, qu'ils manquent de tout et que M. de Fuensaldagne entre en France avec douze mille hommes pour joindre Son Altesse.

« L'on croit que le cardinal reviendra à présent que la crainte qu'il avoit du cardinal de Retz est levée par sa détention. Ses amis souhaitteroient fort que M. le prince voulut prendre sa protection et en faire une des conditions de son traitté auquel il y a peu d'apparence à présent.

« L'on ne parle icy que des divisions de Bourdeaux, de la dévotion de Monseigneur le prince de Conty, de la maladie de Madame la princesse et de la bonne santé de V. A. à laquelle je prends part comme son très-obéissant et très-fidelle serviteur.

V. [1]. »

Ainsi finit à Bordeaux et dans la Guyenne l'an-

---

[1] Lettre inédite, papiers de Lenet, Fonds français, n° 6717, Bibliothèque nationale.

Cette lettre porte en marge cette mention : Lettre de M. de Vineuil à la duchesse de Longueville. Son auteur est Le Bouteiller, seigneur de Vineuil, officier attaché au prince de Condé ; il fut arrêté en 1654 porteur de lettres de ce prince dont l'une était adressée à Mademoiselle de Montpensier. Voy. les *Mémoires* de cette princesse.

née 1652, léguant à l'année 1653 la continuité de la guerre, des troubles et des conspirations, jusqu'au moment où la paix viendra mettre un terme à tous ces maux.

FIN.

APPENDICE

NOTE PREMIÈRE.

Pour le chapitre vi du Ier volume.

Lorsque nous avons commencé cet ouvrage, nous ne pensions pas lui donner les développements auxquels nos recherches nous ont entraînés depuis, et nous n'avons parlé que sommairement du premier siége de Bordeaux, en 1650; mais nous croyons devoir compléter cet épisode des événements de la Fronde, en donnant ici trois documents qui s'y rapportent :

1° Un rapport inédit très-curieux qui fut adressé au cardinal Mazarin pour lui faire connaître, au moment où il allait entreprendre le siége de Bordeaux, l'état des esprits et des choses. Ce rapport est à la fois un tableau, un plan, une statistique morale et politique de cette ville en l'année 1650;

2° Un état inédit des troupes qui avaient été concentrées pour former l'armée royale, en Guienne, avec la destination donnée aux divers corps qui la composaient après cette première et éphémère paix de Bordeaux de 1650;

3° La chanson des Frondeurs à Bordeaux ; nous l'avons tirée d'une Mazarinade que M. Moreau indique dans sa *Bibliographie des Mazarinades,* comme étant devenue fort rare, bien qu'elle aît eu trois éditions, la première en 1651, *Pierre du Coq,* édit. ; la deuxième publiée la même année par *Jean Brunet,* à Paris ; et la troisième publiée également à Paris, en 1652. C'est sur un exemplaire de cette dernière édition conservé à la Bibliothèque de l'Arsenal, vol. 17646, que nous avons pris la copie que nous donnons.

ESTAT de la ville et faubourgs de Bordeaux.

La situation de cette ville est plus avantageuse et plus commode pour le commerce que pour la guerre et ce grand fleuve qui luy porte l'abondance des provinces voisines et des estrangères la rend de ce costé de la mer sujette à craindre tous ceux qui en seront les maistres par une armée navale.

Le terrain des environs et principalement aux lieux d'où elle peut estre attaquée est assez bon pour faire des tranchées, mais il ne vaut rien du tout pour faire des fortifications et des retranchements à l'espreuve des pluyes; et toute la terre autour de Bordeaux a cette propriété commune avec le naturel des habitans, que pendant le beau temps et la saison favorable ce n'est que poudre que le vent emporte, et, dans l'hyver et le mauvais temps au contraire, ce n'est que boue qui se laisse fouler aux pieds.

Presque à toutes les portes de ville les immondices et décombres des bastiments qu'on y a jettées ont élevé des buttes qui peuvent servir de cavaliers pour la battre en ruine.

Du costé de la rivière, depuis la porte Sainte-Croix jusqu'à l'escluse des fossez du chasteau Trompette, la muraille est sans aucun rempart et les petites tours qui la flanquent ne la rendent pas plus forte, les maisons de plusieurs particuliers sont apuyées dessus et l'ont mesme percée en plusieurs endroits pour la commodité de leurs veûes et descharges, tellement que si des vaisseaux pouvoient s'approcher, deux ou trois bordées de leurs canons renverseroient non-seulement les murs, mais plusieurs maisons encore, et des plus séditieux.

La démolition du chasteau Trompette a fort esbranlé toutes ses tours, et ils ont esté mesme assez mal habiles pour gaster les parapets et défenses.

Toute la courtine, depuis le chasteau Trompette jusqu'à la porte Saint-Germain, n'a ny rempart, ny terrasse. Il est vrai qu'il y a derrière une place assez grande pour se retrancher; mais si on avait gagné la tour qui fait le coin, ou la porte Saint-Germain et son boulevard, on se saisirait avec facilité des couvents des Jacobins et des Recollects et de la terrasse qui est derrière lesdits monastères, dont on peut battre les autres quartiers de la ville.

Le faubourg dit les Chartreux est de ce costé-là, le long de l'eau, et bien que ses avenues soient assez fâcheuses à cause des divers canaux, vignes et fossez en terre grasse qui sont le commencement des marais vulgairement appelez les Paluds de Bordeaux; néanmoins du costé du palais Gallien, qui sont les ruines d'un vieil amphithéâtre, on peut s'en rendre maistre sans que le canon de Bordeaux puisse incommoder la marche, et la mousqueterie encore moins, dès qu'on aura joint les maisons qui sont derrière le palemail. Le grand chemin qui vient de Blanquefort passe dans ce palais Gallien, et, de là mesme, on peut couper chemin aux troupes que les Bordelais tiennent audit faubourg en divers postes et éviter les difficultés qui se rencontreroient aux attaques qui se feroient le long de l'eau, et où l'on ne peut venir que par un défilé d'une demi-lieue exposé au feu des galiotes et autres petits vaisseaux desdits Bordelais; et ce chemin est encore traversé de plusieurs ruisseaux qui se deschargent dans la rivière depuis le pré de Cor vis-à-vis de Lormont.

Avant de prendre ce poste, il semble que la disposition des lieux rend l'attaque du faubourg Saint-

Seurin nécessaire. Il est très-accessible, tant du costé dudit palais Gallien que par les chemins de Caudeiran, de Mérignac et Bruges, qui sont assez larges pour marcher à l'attaque. L'église de Saint-Seurin et son cimetière peuvent avoir esté retranchez; mais il y a des maisons attenantes qui, si elles n'ont esté abattues, rendent tous les travaux qui y seront faits inutiles et aisés à forcer.

La courtine, depuis la porte Saint-Germain jusqu'à la porte Dijaux, qui regarde ledit faubourg de Saint-Seurin, est bien retranchée et les fossés sont fort profonds, et un ruisseau coule tout à l'entour ; mais le parapet et défenses sont de muraille si faible, qu'après trois coups de fauconneau il n'y a personne qui puisse se tenir derrière pour la défendre. La porte Dauphine, qui est au milieu de cette courtine, est fermée à présent.

A la porte Dijaux il y a un boulevard en forme de tour bien terrassé ; mais la butte voisine qui s'est formée des descharges de la ville, est de ce costé plus haute que le boulevard et commande tout ce quartier de ville. Si on tient la maison des Pères Chartreux, il est aisé, le long des murs de leur enclos et des maisons qui sont ensuite, de gaigner cette butte. Ladite Chartreuse est d'autant plus considérable que toutes les eaux qui passent dans Bordeaux y passent, et on les peut de là dériver et faire perdre dans les marais derrière Saint-Seurin. Ce sont les deux ruisseaux nommés du Peaugue et de la Devise qui nettoyent les ordures de la ville et vuident l'infection de l'écorcherie et des tanneries.

Entre ces deux ruisseaux est le marais desséché par le feu cardinal de Sourdis. Toute la muraille qui le regarde est sans aucun rempart, ny terrasse ; mais le costé du jardin de l'Archevesché que le Peaugue arrose et par où il entre dans la ville, proche le couvent des Minimes, ainsi que la tour du chasteau et une fausse braye défendent cette courtine qui est par ce moyen et par les retranchemens qui se peuvent faire aisément dans ledit jardin, flanquée de tous costés; outre que l'accès en est difficile et fort découvert dans le marais où la terre n'est pas ferme, ny capable de soutenir le moindre retranchement, et sujete aux inondations. Tellement que de ce costé on peut seulement espérer d'y entrer par surprise plustôt que par force.

La courtine du chasteau du Hâ et la tour quarrée qui regarde les marais, n'est point terrassée, non plus que toute celle qui est environ deux cens pas, depuis ledit chasteau à la plateforme, qu'on appelle, où feu le maréchal de Roquelaure fit planter une ormée. Les fossés de ce costé sont assez creux et secs; mais, entre ladite plate-forme et la muraille de la ville qui n'est pas plus espaisse qu'un mur de refend, il y a un espace qui donneroit lieu à une bresche fort accessible, si depuis peu on ne l'a comblé. Ladite terrasse ou plate-forme dure jusqu'à la porte Sainte-Eulalie, d'où jusqu'à la porte Saint-Julien la terrasse n'est pas pour soutenir des canons de batterie, est mal flanquée au dehors; et dedans couvre plusieurs maisons de petits artisans. Le fossé est bas et sec et mesme autour du boulevard de la porte Saint-Julien qui n'est point terminé, il n'y a point de fossé. Pour venir à cette attaque, il faudroit se saisir auparavant du village appelé des Guhets qu'on peut attaquer par trois grands chemins, celuy des Landes ou Bayonne, de Castres et de Bègle.

Depuis la porte Saint-Julien jusqu'à la rivière, les murailles sont bien terrassées, et il y a un bastion très-régulier avec casemates et fausse braye à ses orillons qui est un beau commencement de citadelle qu'Antoine, roy de Navarre, fit bastir. Sa muraille en est très-espaisse et son fossé est un marais formé par le ruisseau qui vient de Bègle et qui fait moudre le moulin de Sainte-Croix, le seul qui soit dans la ville à eau et qui rend en vingt-quatre heures 50 sacs de farine. Le ruisseau peut estre coupé à Bègle au lieu appelé le port du Guet ou à la maison dite le Marquisat.

Le mur, depuis le bastion de Sainte-Croix et la tour qui est à cette extrémité de la ville, est sans terrasse et ne seroit pas difficile à prendre, si on tenoit l'hospital des Manufactures, ouvrage imparfait du feu archevesque, sur le bord de l'eau. Ce quartier est celuy des petites gens qui excitent ordinairement les séditions.

Il n'y a pas à Bordeaux plus de trente-cinq pièces qui puissent être mises sur le rempart, dont il y en a douze seulement de batterie. Ils ont assez de boulets trouvés dans le chasteau Trompette, mais peu de calibre, de sorte qu'il y a plus à appréhender qu'on les charge de cartouches pour incommoder les approches ou les soldats dans la tranchée, que non pas qu'ils puissent démonter les pièces qui seront mises en batterie.

Il peut y avoir en tout cinq mille six à sept cens hommes propres à porter les armes, entre lesquels il y a plusieurs advocats, procureurs et artisans qui ayant deschargé leurs mousquets chercheront à se retirer plustost qu'à mettre la main à l'espée; et si au premier choc ils sont battus, une telle consternation les prendra qu'ils viendront tous réclamer la miséricorde du Roy.

La plus part de ceux qui veulent la guerre et font les séditions, sont de mesme humeur et mœurs que les voleurs et filoux qui hazardent leur vie et s'exposent au gibet pour passer joyeusement quelque journée dans la dissolution et la débauche; et comme le peuple de Bordeaux est naturellement orgueilleux, fainéant, aime la bonne chère et le gain qui ne couste point de peine et qu'on n'acquière pas avec industrie, le désordre et la confusion qui suit la guerre lui plaist, parce qu'elle donne lieu à se servir impunément du bien d'autruy et vivre à crédit sans payer ses dettes aux dépens de ses créanciers.

Le Parlement, aussi bien que les autres ordres, est presque composé de ces sortes de gens qui ne trouvent point, dans l'estroite condition de leurs fortunes, d'estat pire que celuy de la paix et du bon ordre. Tellement qu'on peut dire que toute cette guerre a esté plustôt déclarée contre la justice, la discipline publique et les bonnes mœurs que contre le gouverneur [1]. C'est ce qui leur a fait souhaiter un changement d'estat et songer à l'érection de leur ridicule république, traiter avec l'estranger et ennemy de l'estat et par l'union et correspondance avec les autres factieux et brouillons du royaume, fomenter la guerre civile pour maintenir cette anarchie et conserver leur libertinage.

Ce n'est pas que parmy tous ces esprits désordonnés, il n'y en aît de très-ambitieux qui voudroient profiter dans le trouble, et plus encore d'intéressés; mais généralement tous les autres, tant officiers que simples bourgeois qui n'ont pas l'esprit de révolte, sont de bon naturel, mais si mol et timide et si peu vigoureux, qu'ils croyent faire beaucoup de conserver dans le cœur de bonnes intentions sans les oser manifester; et les autres, qui sont tombés dans l'erreur

---

[1] Le duc d'Épernon.

et la maladie du siècle, sont plus dignes de pitié que de chastiment, et ont besoin à l'avenir d'estre fortifiés par le restablissement de l'authorité royale, et qu'il y ait quelque frein à la licence de la populace qui donne de la terreur aux malicieux qui s'en servent pour brouiller, et d'appuy aux bons serviteurs du Roy, qui, ne désirant que sa gloire, ne demandent pour récompense de leurs pertes que sa protection et lui souhaitent autant de victoires que son innocence en a mérité jusqu'à présent et que sa valeur luy en va doresnavant gaigner.

On pourroit donner une connoissance plus exacte et plus ample de l'humeur, habitudes, inclinations et intérests de famille de presque tous les particuliers qui paroissent dans cet horrible théâtre, si la déduction n'en estoit trop longue et trop inutile au présent mémoire [1].

---

[1] Document inédit, *Archives nationales*, vol. KK, 1219, f° 109. Il est sans date ; mais les événements auxquels il se rapporte suffisent pour la fixer à l'année 1650.

ESTAT des trouppes qui estoyent dans les provinces du Royaume et ce qui a esté ordonné à chacune d'icelles.

TROUPPES DE L'ARMÉE DE GUYENNE ENVOYÉES EN GARNISON EN PÉRIGORD, QUERCY, ROUERGUE ET GASCONGNE QUI DÉPENDENT DE LA PROVINCE DE GUYENNE.

INFANTERIE.

Régiment de la Reyne de................	30	compagnies.
Celuy d'Anjou de......................	30	—
Celuy de Guyenne.....................	30	—
La Meilleraye.........................	30	—
Candale..............................	10	—
Roquelaure...........................	25	—
Rasilly [1]...........................	15	—
Aubeterre............................	15	—
D'Este...............................	13	—
Montauban............................	8	—

CAVALERIE.

La compagnie de chevau-légers de la Reyne...............................	1	—
Celle de Biron.......................	1	—
Celle de Montcassin..................	1	—
La compagnie de Martinet.............	1	—
Celle de Rasilly.....................	1	—
Celle du baron de Verdale du régiment de la Reyne........................	1	—

---

[1] Le colonel du régiment de Rasilly était Charles, marquis de Rasilly, chevalier de l'Ordre du roi, conseiller en ses Conseils, maréchal de camp, fils de François de Rasilly, gentilhomme de la chambre de Louis XIII, chevalier de l'Ordre du roi, et de Marguerite de Clermont, de la maison de Talart, fille de Gabriel de Clermont, chevalier, seigneur et baron de Thoury, en Sologne, et de Françoise de Noailles. *Note fournie par mon neveu le marquis de Rasilly.*

Régiment de la Meilleraye............ 10 compagnies.
Celuy de Saint-Symon............... 6 —
Celuy de Rouannès.................. 4 —
Quargret........................... 4 —
La compagnie des gardes de M. le duc
   d'Espernon...................... 1 —

EN FOIX.

Régiment d'infanterie du Breuil...... 10 —

EN AUVERGNE.

La compagnie des gendarmes de M. le
   duc d'Espernon.................. 1 —
Sa compagnie de chevau-légers....... 1 —
Celle de Candale................... 1 —

EN LIMOUSIN.

Régiment de Limousin............... 20 —
Celuy de Chouppes................. 15 —

EN LANGUEDOC.

Le régiment Colonel................ 12 —
Celui de Mercœur.................. 10 —
Canillac.......................... 6 —
La compagnie de Saint-Abre a aussy or-
   dre d'aller de Gimont en Guyenne... 1 —

Ces trouppes ont ordre de repasser de Catalogne en Languedoc et Guyenne.

TROUPPES QUI ONT ORDRE DE MARCHER DROICT EN CHAMPAGNE ET SOISSONNOIS.

INFANTERIE.

Régiment de la Trimouille........... 20 compagnies.
Celuy de Tarente.................. 20 —
Lanoue........................... 20 —
Les recrues du régiment de Montausier 20 —

CAVALERIE.

La compagnie des gendarmes de M. le prince Thomas..................	1 compagnie.
Régiment de Lislebonne..............	7 —
Celuy de Pardaillan.................	6 —
Noailles...........................	10 —
La Trémouille......................	4 —
Tarente............................	4 —
La compagnie des gardes de M. le prince de Tarente......................	4 —

TROUPPES QUI ONT ORDRE DE SE RENDRE EN BERRY ET DE LA EN CHAMPAGNE, APRÈS L'AFFAIRE DE MONTROND ACCOMODÉE.

INFANTERIE.

Régiment de Navailles................	30 compagnies.
Navailles Saint-Genies...............	20 —
Harcourt...........................	20 —
Cugnac............................	20 —
Paluau............................	20 —
Saint-Aignan......................	30 —
Saint-Geran.......................	10 —
Régiment de Lévy..................	10 —
Hautefort.........................	30 —

CAVALERIE.

La compagnie de gendarmes de Saint-Geran............................	1 —
Régiment du Roy...................	10 —
Celuy de la Reyne..................	7 —
Saint-André Montbrun..............	7 —
Feuquières........................	5 —
Chasteaubriant....................	4 —
Bougy.............................	4 —
Coudray-Montpensier...............	4 —
Comte de Lure....................	3 —
D'Halaigre........................	4 —

Richelieu...............................	5 compagnies.
Saint-Aignan...........................	5 —
Beins..................................	6 —
Broglio................................	8 —
Saint Geran............................	4 —
Lévy...................................	4 —
Terves.................................	2 —
Persan.................................	6 —
Chasteauneuf...........................	6 —
Corret.................................	6 —

PRÈS DE LA PERSONNE DU ROY.

INFANTERIE.

Du régiment des Gardes françoises.....	12 —
De celuy des Gardes suisses............	6 —

CAVALERIE.

La compagnie des gendarmes du Roy...	1 —
Celle de la Reyne......................	1 —
Celle de Monseigneur le cardinal.......	1 —
La compagnie de chevaux légers du Roy.................................	1 —
Celle de M. le cardinal................	1 —

EN CATALOGNE.

Les recrues du régiment d'Auvergne.
Celles de celuy de Sainte-Mesme.
Du régiment des vaisseaux (à Perpignan)............................... 18 —

Nota : le régiment de Noaillac n'a point d'ordre [1].

---

[1] Document inédit ; *Archives nationales,* vol. KK 1219, f° 115. Il est sans date ; mais la place qu'il occupe à la suite du Mémoire précédent et d'une lettre du duc d'Épernon parlant de la pacification qui vient de suivre le siége de Bordeaux, suffit pour fixer cette date à l'année 1650.

CHANSON

DES FRONDEURS A BORDEAUX.

Beuvons de ce bon vin de Graves,
Beuvons cette douce santé
   Des innocents esclaves
Qui nous donnent la liberté ;
Car le Dieu Mars favorise la Fronde,
Quolintampon, Quolintampon, Quolintampon,
   Verse jusqu'à la ronde :
   Disans VIVE BOURBON,
Quolintampon, Quolintampon, Quolintampon.

Pour Mazarin, l'aze le berne,
Ceux qui le suivent sont des fats ;
   Car le vin de Falerne
N'est pas pour luy, ny ses soldats
D'autant qu'ils sont ennemis de la Fronde,
Quolintampon. . . . .

Beuvons de la douce ambroisie,
Ces fats n'ont rien que du verjus,
   Le vin de Malvoisie
Ne se vendange pas pour eux ;
D'autant qu'ils sont ennemis de la Fronde,
Quolintampon. . . . .

Saluons tous à double verre
Tous nos magnanimes guerriers,
   Car le Dieu de la guerre
Leur met en dépost des lauriers ;
D'autant qu'ils sont défenseurs de la Fronde,
Quolintampon. . . . .

Frondeurs, boulevards des provinces,
Beuvons tre tous à deux genoux

La santé de nos princes
Qu'ont mit en servage pour nous,
Qui sont les Dieux protecteurs de la Fronde,
Quolintampon. . . . .

Pour Condé, Conty, Longueville;
Triple verre jusqu'au tillac,
D'Anguien, Bouillon, Marcillac,
Qui sont les Dieux protecteurs de la Fronde
Quolintampon. . . . .

Le Grave est pour nos camarades,
Et la Grève pour Mazarin,
Ces douces canonades
Ne sont pas pour ce Tartarin ;
D'autant qu'il est ennemy de la Fronde.
Quolintampon [1]. . . . .

---

[1] La Mazarinade, dans laquelle se trouve cette chanson, porte ce titre : *L'Interprétation du feu d'artifice fait par messieurs les très-illustres, très-magnanimes et très-victorieux officiers de Bordeaux, suivie de la chanson des braves frondeurs pour boire à la santé du Roy et de nos Princes, sur l'air de Quolintampon, le tout dédié à leur générosité triomphante,* 1652, *à Paris, chez Jean Brunet, rue Neuve-Saint-Louys, au canon royal, proche le Palais.*

NOTE DEUXIÈME.

Pour le ch. xxxvii, du IIIᵉ vol.

A plusieurs reprises nous avons vu l'Ormée chasser violemment de Bordeaux ceux qu'elle tenait pour suspects, et nous avons donné, chaque fois que nous les avons rencontrés, les noms de ces victimes de l'ostracisme populaire. Nous reproduisons une de ces listes d'exilés fournie par une *Mazarinade* intitulée :

Journal de ce qui s'est passé à Bourdeaux depuis le 1ᵉʳ juin jusqu'à présent avec la liste de tous ceux qu'ils en ont fait sortir. A Paris, sur un imprimé à Bordeaux, 1652.

Cette pièce signée J. B., datée du 10 juin 1652, débute par vanter le triomphe de l'Équité et de la Justice qui règnent sans obstacles depuis que le Parlement ne se réunit plus pour empêcher les assemblées de l'*Ormière* ; comme preuve singulière à l'appui, suit cette liste de bannis dont le prince de Condé était parvenu à faire excepter quatre noms de conseillers de la *petite Fronde*.

Ceux que l'on a fait sortir :

MM. Pichon, président ;
  Pomière-Agaceau ;
  Duval ;
  Jabonon, père et fils ;
  Dumont ;
  Poivière-de-Francon ;
  Pichon-Muscadet ;
  de Ziest ;

Martin ;

du Burg ;

de Rochebaton ; il a esté ainsi nommé pour avoir eu des coups de baston de monsieur d'Epernon ;

de-la-Croix-Maron ;

de Lescarre.

Ceux que Monsieur le Prince a obtenus, sont :

MM. d'Affis ;

de Mirat ;

de Jarancques ;

Desbordes [1].

---

[1] Nous avons pris copie de cette liste sur l'exemplaire de cette *Mazarinade*, conservé à la *Bibliothèque de l'Arsenal*, tom. LXXV. Nous avons rectifié l'orthographe de quelques noms.

Cette *Mazarinade* est signalée comme *rare* par M. Moreau dans sa *Bibliographie des Mazarinades*.

NOTE TROISIÈME.

Pour le chap. XXXII, du IVe vol.

Quatre documents dont nos recherches ne nous avaient pas encore procuré la connaissance lors de la publication du quatrième volume de ces *Souvenirs*, vont compléter notre récit de la campagne de 1652. Nous avons vu le maréchal de Turenne, par d'habiles manœuvres, forcer, pas à pas, l'armée du prince de Condé et l'armée espagnole à reculer ; aplanissant par ses succès tous les obstacles qui s'opposaient à la rentrée dans le royaume du cardinal de Mazarin. Nous avons donné sur ces importants événements nombre de lettres inédites du maréchal de Turenne, du cardinal Mazarin, du comte de Broglie, tirées des *Archives du ministère de la guerre ;* le riche dépôt des *Archives nationales* nous a fourni ces nouveaux documents inédits.

Dans le billet suivant qu'il n'a pas signé, mais qui est écrit en entier de sa main, le maréchal de Turenne, après avoir prévenu le cardinal Mazarin qu'il n'a pas reçu les pièces de canon dont celui-ci lui avait annoncé l'arrivée, le met au courant de ses projets de marcher droit au prince de Condé pour le rejeter sous Damvillers, sans s'arrêter au siége d'aucune place. Après ce billet, une lettre du prince de Condé, deux lettres du maréchal Fabert achèvent le récit des opérations et des marches des deux armées, jusqu'au moment de leur entrée dans leurs quartiers d'hiver.

BILLET DU MARÉCHAL DE TURENNE AU CARDINAL MAZARIN.

« On n'a point recéu les pièces que Vostre Éminence a escrit de Châlons, mais bien une de Sedan, deux jours avant son départ. Comme nous allions secourir Void [1], nous l'avons trouvé pris, et avons marché droit à Vaucouleurs [2] pour aller plus aisément à M. le prince, où, dès qu'il nous a sceu, il a marché toute la nuict droit à Saint-Miel. Nous jugeons raisonnable de le suivre et combattre ou le faire retirer sous Damvillers. Nous avons marché aujourd'hui de Vaucouleurs jusqu'auprès de Commercy où M. le prince a laissé des gens, à Void aussi : mais il n'est pas à propos de s'arrester en auquun lieu que les ennemis ne soient esloignés. Nous croyons que M. le mareschal de la Ferté viendra aujourd'hui. Nous allons présentement marcher vers Saint-Miel ; M. le prince y estoit encores hier. A ce soir ou demain, nous ferons savoir à Vostre Éminence ce qui arrivera.

« A Vignot [3], près Commercy, ce 30 novembre 1652 [4]. »

Le prince de Condé espère, ainsi qu'il l'écrit dans la lettre qui va suivre, qu'au lieu d'être rejeté sur la frontière, il pourra, grâce à la jonction des forces du comte de Fuensaldagne et du duc de Lorraine, reprendre une vigoureuse offensive ; mais il ne s'en tient pas tellement assuré qu'il ne juge prudent d'en-

[1] Petite ville à 12 kilomètres sud-est de Commercy.
[2] Petite ville située à 29 kilomètres sud-est de Commercy.
[3] Gros bourg à 15 kilomètres de Saint-Mihiel.
[4] Billet inédit en entier de la main du maréchal de Turenne qui ne l'a pas signé. *Archives nationales,* registre KK 1072.

voyer en arrière infanterie et bagages à Stenay, Mouzon et Montmedy, c'est-à-dire plus loin encore que Damvillers où le maréchal de Turenne se proposait de le rejeter. Cette double correspondance qui se contrôle réciproquement, démontre clairement avec quelle habileté dans cette campagne le maréchal de Turenne sut contraindre le prince de Condé au jeu de la carte forcée :

LETTRE DU PRINCE DE CONDÉ A M. DE SAINT-ROMAIN [1].

De Commercy, le 5 décembre 1652.

Après avoir parlé de la satisfaction donnée à quelques régiments relativement à leur paye, le prince continue sa lettre en ces termes :

« Cependant hastez la marche de l'armée. L'ennemy est autour de Bar et de Ligny ; mais le canon n'a pas encore tiré. Je pars demain avec toute la cavallerie, sans bagage, et m'en va près de Clermont [2] pour les incommoder et les tenir en haleine, jusqu'à ce que

[1] M. de Saint-Romain fut nommé dans la suite ambassadeur en Portugal; il fut relevé de ce poste sur sa demande en 1664 et remplacé par M. Amelot. Son neveu M. de Pracontal épousa en 1695 mademoiselle de Montchevreuil, le contrat de mariage fut signé par le roi. On lit dans le journal du marquis de Danjeau : jeudi, 15 juillet 1694, à Marly : « Le roi courut le cerf le matin dans la forêt de Marly, et, durant la chasse, M. de Montchevreuil lui vint dire que M. de Saint-Romain mourut mercredi soir à Paris en faisant des visites ; il avait quatre-vingts ans passés. Il avoit été employé à beaucoup de négociations importantes ; il étoit un des trois conseillers d'État d'épée, quoiqu'il n'eût jamais été un homme d'épée. Il avoit deux abbayes considérables dont l'une lui valoit vingt mille livres de rente, l'autre douze mille. » Le duc de Saint-Simon ajoute cette note : « Saint-Romain, amphibie de beaucoup de mérite, et qui avoit manié beaucoup de négociations ; conseiller d'État d'épée sans être d'épée, avec des abbayes sans être d'église. »

[2] Clermont en Argonne, à 25 kilomètres ouest de Verdun, capitale d'un comté qui relevait de l'empire.

M. de Fuensaldagne soit advancé et que les troupes de M. de Lorraine et les miennes m'ayent joint. Cependant j'envoye l'infanterie et les bagages à Stenay, Mouzon et Montmédy, pour mieux être en estat de prendre mon party. Mandez-moi bientost de vos nouvelles et me croyés tout à vous.

« Louis de Bourbon.

« Je vous prie de faire expédier les quartiers que j'ay demandé pour quatre compagnies de gendarmes, à savoir les deux de Mademoiselle, et les deux miennes. Sy il y vouloit adjouter une que j'ay de mon fils et celle de mes gardes que je veux remettre sur pied quand La Roque sera icy, et le régiment de Gersay [1], il m'obligerait beaucoup [2]. »

Cette lettre avait été interceptée et envoyée par le maréchal Fabert au cardinal Mazarin. Fabert accompagnait cet envoi d'une lettre dont nous extrayons les principaux passages desquels il résulte que si les armées ennemies avaient opéré leur retraite, puisqu'elles étaient aux alentours de La Capelle, au nord de Vervins, néanmoins un retour offensif était fort à craindre.

[1] Le régiment de Sarsay ; voy. pour la rectification de l'orthographe de ce nom la note troisième de l'appendice du tome Ier.
[2] Lettre inédite ; *Archives nationales*, registre côté KK 1072. Les archives ne possèdent qu'une copie ; la lettre avait été interceptée par le maréchal Fabert, qui en avait envoyé au cardinal Mazarin la copie seule conservée aujourd'hui.

Nous devons l'indication de ce registre KK 1072 à notre éminent confrère du Conseil de la *Société de l'histoire de France*, M. Boutaric, membre de l'Institut ; il nous a procuré ainsi la connaissance de précieux documents, et nous nous plaisons à lui en témoigner ici toute notre gratitude.

LETTRE DU MARÉCHAL FABERT AU CARDINAL MAZARIN.

« De Sedan, le 11 décembre 1652.

« Monseigneur,

« J'ay faict response à vos billets, les 30° de novembre et 4° de ce mois, lesquels m'ont esté rendus avec les *duplicata*, et j'ay envoyé à Vostre Éminence la copie d'une lettre que M. le prince escrivoit à M. de Saint-Romain, le tout avec *triplicata*, ainsy que d'une lettre par laquelle M. de Montégu me mandoit que les troupes ennemies qui s'estoyent advancées vers Vervins avoyent repassé la rivière d'Oise, et s'estoient retirées du côté de la Capelle [1].

« Un homme d'Aubanton [2] qui avoit esté envoyé pour apprendre nouvelles, vient d'arriver icy. Il m'asseure qu'elles avoient du canon et dessein d'attaquer Vervins ; mais qu'un ordre qu'elles ont receu, les en a empesché et faict marcher droit à Avesne. Cela, la presse que M. le prince faict pour les faire revenir, et ce que M. le comte de Wagnée me mande qu'on luy escrit de Bruxelles que M. le comte de Fuensaldagne en est party le cinquième pour se rendre auxdites troupes, m'oblige à envoyer demain du matin un homme à le Chenoix pour prier M. de Montégu de me mander ce que les dites troupes deviennent et m'advertir diligemment en cas qu'elles marchent pour passer à Givet [3], affin que de mesme j'en donne advis à Vostre Eminence qui, à mon opinion,

---

[1] Petite ville fortifiée à 16 kilomètres nord de Vervins.

[2] Aubenton, petite ville aujourd'hui chef-lieu de canton du département de l'Aisne, à 25 kilomètres à l'est de Vervins.

[3] Givet, petite ville dominée par l'importante forteresse de Charlemont bâtie par Charles-Quint en 1540. Elle fait aujourd'hui partie du département des Ardennes.

ne pouvait prendre de meilleure résolution que celle qu'elle a prise.

« J'escriré à M. de Feuquières suivant le commandement de Vostre Eminence dont il me proteste continuellement estre serviteur très obligé.

« Monseigneur.

« Vostre très-humble, très-obéissant et très-fidèle serviteur.

« Fabert [1]. »

Le retour offensif du prince de Condé prévu par le maréchal Fabert eut lieu en effet : nous avons raconté dans le chapitre consacré à ces événements comment la prise de Bar-le-Duc, et le désordre de Vaubecourt, rendirent cette marche inutile. Après ce dernier effort, le prince de Condé dut accentuer définitivement son mouvement de retraite, et, passant la frontière, aller établir sur le sol étranger les quartiers d'hiver de son armée.

Le fragment suivant que nous détachons encore d'une lettre inédite du Maréchal Fabert vient appuyer les récits de l'histoire par un document authentique :

LETTRE DU MARÉCHAL FABERT AU CARDINAL MAZARIN.

« A Sedan, le 28 décembre 1652, au soir.

« Monseigneur.

« Je reçois présentement par Jamet, le duplicata du billet que V. E. m'a fait l'honneur de m'escrire le 24. C'est une chose estrange que Bar et Ligny se

[1] Lettre inédite; *Archives nationales*, registre côté KK 1072.

soyent deffendus sy opiniastrement. V. Em. a raison d'en attribuer la cause à la valleur des commandants; mais à mon advis il faut aussy y adjouster la bonté des hommes qu'ils ont eu avec eux, estant certain qu'avec un simple peuple ils n'auroyent jamais faict ce qu'ils viennent de faire, et dont je croy qu'ils auront autant de gloire que leur maistre de dommage, et par l'esloignement des prisonniers on leur oste le moyen de retourner pour la campagne prochaine avec les ennemis.

« Le bruict est par icy que M. le prince veut se retirer vers Rethel. Hier, après disner, M. le prince de Tarente partit pour aller le joindre avec les troupes qu'il avait à Douzy [1]. Il passa la Meuse entre Bazeilles [2] et Remilly [3], et alla loger fort tard à Anchecourt [4]. Il en estoit party aujourd'huy fort matin; mais le major de ce chasteau luy a faict perdre quatre ou cinq heures de temps devant le village de Raucourt [5] où il luy a tué quelques gens, et puis il a passé [6]. »

---

[1] Douzy, petite ville à 10 kilomètres de Sedan, sur le Chiers, près de son confluent avec la Meuse; les rois Mérovingiens et Carlovingiens y eurent un palais, il s'y tint des Conciles en 871 et 874.

[2] Bazeilles, petite ville à 5 kilomètres sud-est de Sedan.

[3] Petite ville à 8 kilomètres sud-est de Sedan.

[4] Anchecourt, c'est-à-dire Angecourt, bourg situé à 10 kilomètres sud de Sedan.

[5] Ancienne seigneurie à 15 kilomètres au sud de Sedan.

[6] Lettre inédite; *Archives nationales*, registre côté KK 1072.

NOTE QUATRIÈME.

Pour le chap. xxxvi, du IVe vol., et le chap. xl, du Ve vol.

Articles de la neutralité accordée soubs le bon plaisir de monseigneur le prince de Conty et monseigneur le comte d'Harcourt, ou, en son absence, de monseigneur le comte de Lislebonne et monsieur le marquis de Sauvebœuf, ses lieutenants-généraux.

« Premièrement, que les garnisons de Cadillac et de Rioms avec générallement toutes les terres appartenantes à Monseigneur le duc d'Espernon, depuis Bourdeaux jusques à Langon inclusivement, ne coureront ni feront aulcun acte d'hostilité les unes sur les autres.

Que incontinent que les présents articles de neutralité seront signés, de part et d'autre, et des sieurs de Mallet et de Jant, les troupes qui sont dans la ville de Cadillac sortiront pour aller en tel lieu qu'il plaira à Son Altesse, à la réserve d'une compagnie de gens de pied au nombre de trente hommes avec les officiers ; comme pareillement laditte ville de Rioms ne pourra tenir que pareil nombre, et que laditte garnison de Cadillac ne pourra pas prendre les contributions pour sa subsistance que sur laditte ville et les paroisses de sa juridiction. Laquelle garnison demeurera dans le chasteau, laissant la ville au pouvoir des habitans.

Que le cours de la rivière sera libre tant pour les bourgeois et habitants de Rioms, que pour touttes les personnes qui s'y sont retirées, et que pour cest effect les galères, galiottes et brigantins, se retireront hors l'estendue de Langon à Bourdeaux, à la réserve du libre passage.

« Que tous les habitans de Rioms, avec ceux qui s'y sont retirés, ensemble tous les habitans des terres de Monseigneur le duc d'Espernon, pourront librement négotier, aller et venir en laditte ville de Bourdeaux pour en tirer les choses nécessaires à la vie et autres denrées qui leur feront besoing; ensemble aller et venir chez eux, à la campaigne, et y demeurer, si bon leur semble, en toutte seureté.

« Que le commerce sera restably avec la mesme liberté comme auparavant la guerre; et que le labourage et la récolte se feront, de part et d'autre, en toute assurance, et que toutes assistances seront données pour le maintien de laditte neutralité.

« Que touttes les choses cy-dessus contenues seront ponctuellement observées, en remettant toutefois l'adveu à Monseigneur le prince de Conty et Monseigneur le comte d'Harcourt, ou à ses lieutenans généraux; et, pour cest effect, lesdits sieurs de Mallet et de Jant feront touttes les dilligences possibles pour en obtenir la rattiffication dans cinq jours, à compter de ce jour d'huy, et cependant la suspension d'armes continuera jusques à ce que le présent traité soit rattiffié.

« Faict à Rioms, le vingt deux aoust 1652.

« Signé : de Mallet, le chevalier de Jant.

« Nous consentons que les articles de la présente neutralité soient exécutés selon leur forme et teneur, comme il est porté cy-dessus.

« Faict au camp de Cahusac, le vingt six aoust 1652.

« Signé : François de Lorraine, comte de
                                                 « LISLEBONNE.

« Par Monseigneur, Varengues [1]. »

---

[1] Papiers de Lenet, bibliothèque nationale. Document publié dans la collection Michaud des *Mémoires pour servir à l'histoire de France*.

NOTE CINQUIÈME.

Pour le chap. XL, du Ve vol.

Ordonnance pour faire remettre les maisons des princes de Condé et de Conty au pouvoir de M. le duc d'Espernon pour en user ainsy qu'il sera fait du château de Cadillac.

DE PAR LE ROY,

Sa Majesté ayant eu avis que le prince de Conty a donné ordre de faire faire des mines et fourneaux sous les fortifications et bâtimens du château de Cadillac, en Guyenne, appartenant en propre au sieur duc d'Espernon, publiant qu'il a ordre du prince de Condé, son frère, de faire jouer les dites mines et ruiner le dit château à cause du razement que Sa Majesté fait faire des fortifications de celui de Montrond, comme s'il étoit loisible aux dits princes de Condé et de Conty d'uzer de telles voyes pour empêcher qu'elle ne fasse desmolir et razer les fortifications d'un château étant au milieu du royaume, faites sans la permission du feu Roy, ni la sienne; et s'ils ignoroient qu'il n'y en a aucun dans les terres de l'obéissance de Sa Majesté dont les fortifications ne soient à elle et en sa pleine disposition, prétendans par ce moyen d'éviter la punition qu'ils ont méritée de leurs crimes suivant les déclarations publiées contre eux et les loix du royaume, et Sa Majesté voullant empêcher les suites d'une si audacieuse et si téméraire entreprise, qui est sans exemple et de si pernicieuse conséquence, desirant aussy pourvoir à la seureté et conservation des biens de ses fidelles sujets, et même du dit sieur duc d'Espernon qui s'employe dignement et continuellement aux fonctions de ses charges et aux choses qui lui sont commises, Sa Majesté a ordonné, et ordonne que tous et chacuns des maisons et châteaux appartenans aux dits princes de Condé et de Conty seront remis incontinent et sans délay au pouvoir du dit sieur duc d'Espernon ou de ceux qui auront charge de luy, pour en disposer et user à sa volonté et tout ainsy qu'il sera fait en la dite maison de Cadillac, luy en donnant toute permission, plein pourvoir, et même commandement exprès, en tant que de besoin, par la présente signée de ma main; voullant qu'en vertu d'icelle tous ceux qui auront la garde des dites maisons soient contraints par toutes voyes, même par la force, si le besoin est, à les remettre au dit sieur duc d'Espernon à la première demande ou sommation qui leur en sera faite, leur enjoignant de ce faire à peine d'estre punis comme criminels de lèze Majesté; et, en retirant acte du dit sieur duc d'Espernon ou de ceux qui auront ordre de luy, ils en seront bien et valablement déchargés.

Mande et ordonne Sa Majesté à tous gouverneurs ou ses lieutenans généraux ou autres commandans ès provinces où les maisons des dits princes sont sciluées, et tous autres, ses justiciers, officiers et sujets, qu'il appartiendra, de tenir la main, chacun à son égard, à l'exécution de la présente et de donner pour icelle toute l'aide et l'assistance dont ils seront requis, à peine aux contrevenans d'en répondre à Sa Majesté en leur propre et privé nom, voullant qu'aux copies d'icelle deûment collationnées foy soit ajoutée comme à l'original.

Fait à Paris, ce 28 novembre 1652 [1].

---

[1] Minute inédite; *Archives du ministère de la guerre*, vol. XXXVI.

NOTE SIXIEME.

Pour le chap. XLII.

Le comte de Noailles, gouverneur de Perpignan, se plaint de ce que la présence des troupes du marquis du Plessis-Bellière affame le Roussillon et peut ajouter sa perte à celle de la Catalogne :

LETTRE DU COMTE DE NOAILLES AU CARDINAL MAZARIN.

« Monseigneur,

« Toutes choses contribuent à la perte de ces pays, la perte est très-grande dans la citadelle, il n'y a point de jour qu'il ne meure vingt-cinq ou trente soldats ; M. le Surintendant a diverty les fonds d'un demy cartier et de trois mois de pain qui est tout ce que j'avoy peu faire pendant mon voyage de la cour avec la protection de Vostre Éminence. Les troupes de M. du Plessy[1] estant entrées en ce pays sans munitionnaires, sans argent, et sans munitions de guerre, et nous estant obligé de luy faire donner le nécessaire, je croy qu'il seroit plus avantageux pour la seureté de nos places qu'il ne feut point venu. Si Vostre Éminence ne donne ordre que l'on nous donne de bonnes et fort gens et que l'on ne remette nos magasins et de quoy faire subsister nos garnisons, l'on perd Perpignan comme Casal, Barcelonne et autres places. C'est pourquoy je vous suplie, Monseigneur, si Leurs Majestés ne peuvent pas me donner de quoy conserver la place de leur faire agréer que je

---

[1] Le marquis du Plessis-Bellière.

mendisse. Je prie Votre Éminence de considérer qu'il y va de vostre réputation et de l'honneur de la personne du monde qui est avec le plus de fidellité,

« Monseigneur,

« Vostre très-humble et très-obéissant et très-fidelle serviteur,

« Noailles.

« De Perpignan, ce 8 décembre 1652[1]. »

[1] Lettre inédite ; *Archives du ministère des affaires étrangères,* affaires d'Espagne, vol. XXIX.

NOTE SEPTIÈME.

Pour les chap. XLV, XLVI, XLVII.

Nous avons dû remonter à l'époque de la mort de Charles Ier, lorsque nous avons abordé les questions diplomatiques soulevées par la révolution d'Angleterre, par la guerre civile et par la guerre étrangère qui déchiraient la France. Nous croyons d'un haut intérêt de compléter notre récit par une série de documents inédits qui se rattachent à cette phase des événements.

Quand la révolution d'Angleterre eut constitué le roi prisonnier, la famille de Charles Ier, à l'exception de son plus jeune fils, le duc de Glocester retenu captif, parvint à s'échapper; ses membres dispersés vinrent chercher un asile sur le continent. Le prince de Galles, qui trop tôt devait être Charles II, s'était réfugié en Hollande; à la nouvelle de la mise en jugement de Charles Ier et du sort fatal qui le menaçait, ce prince désespéré conçut l'espoir que l'intervention de la France pourrait sauver son père, et il écrivit à la reine la lettre suivante où il fait ressortir sans peine qu'un tel exemple sera funeste à tous les rois; appel impuissant qui ne fut pas entendu !

LE PRINCE D'ANGLETERRE A LA REINE DE FRANCE
(ANNE D'AUTRICHE).

A la Reyne.

« Madame,

« J'aurois assez de cause de m'estendre sur ce triste

subject si après tant de preuves de la grâce et amitié de Vostre Majesté et la connoissance de ses puissantes inclinations aux actions de piété et de bonté, je croiois qu'il fût nécessaire de me servir de beaucoup d'arguments pour la persuader de vouloir intercéder pour moy auprès du Roy, son fils, touchant l'adresse que je luy fais. Mais quand j'auray pris la hardiesse de dire à Vostre Majesté que les sujets rebelles du Roy, Monseigneur et Père, après tous les outrages qu'ils luy ont faicts, veulent maintenant luy oster la couronne et la vie, et par une injustice non pareille et par un parricide exécrable contre la personne de leur propre Roy, faire voir un exemple dangereux à tous autres princes, et qui doit estre détesté de tous les gens de bien, je supplieray seulement Vostre Majesté de vouloir moyenner auprès du Roy qu'il luy plaise, par l'entremise de son authorité, employer les moyens qu'il jugera à propos pour empescher ce meschant dessein, et pour conserver la couronne et la vie à mon dit Seigneur et Père, ce que je recevray comme un effet de sa singulière bonté et générosité et qui me rendra éternellement,

« Madame,

« Vostre très-humble et très-affectionné Neveu et Serviteur,

« CHARLES, P.

« De la Haye, ce 18 de janvier 1649 [1]. »

Henriette-Marie de France, reine d'Angleterre, avait aussi écrit au Parlement d'Angleterre pour obtenir

---

[1] Lettre inédite ; *Archives du ministère des affaires étrangères*, affaires d'Angleterre, vol. LX. La signature Charles, P., c'est-à-dire Charles, prince, est seule de la main du prince de Galles.

d'aller voir son royal époux, espérant le sauver peut-être; mais elle avait éprouvé un refus. Un agent à Londres du cardinal Mazarin lui fit connaître cette démarche par une dépêche sans signature dont nous extrayons ce passage :

« De Londres, le 14 janvier 1649.

« La Reyne ayant escrit au Parlement une lettre par laquelle elle demandoit un passeport pour venir voir le Roy, son mary, MM. de la Chambre des Communes l'ont rejettée sans l'ouvrir, à cause que le dessus n'estoit pas à leur fantaisie. La Chambre haute l'a ouverte; mais elle n'y a rien résolu [1]. »

Charles Ier ayant subi son sort fatal sans que la France, déchirée elle-même par la guerre civile et par la guerre étrangère, ait pu tenter de le sauver, le prince de Galles, devenu Charles II, reconnaissant néanmoins des sympathies témoignées à sa cause, envoya lord Percy à la cour de France et adressa au cardinal Mazarin la lettre suivante :

LE ROI D'ANGLETERRE, CHARLES II, AU CARDINAL MAZARIN.

« A mon cousin le cardinal Mazarin.

« Mon Cousin, ce m'est un soulagement très-grand de connoistre que les personnes qui sont les plus capables de m'en donner sont ceux de qui j'ay le plus de droit de l'attendre. Les effects que vous m'avez desjà tesmoignez en tant de rencontres de vostre amitié me donnent des asseurances si fortes qu'elle me sera continuée en cettuy-cy du meurtre

[1] Lettre inédite.; *Archives du ministère des affaires étrangères*, vol. 60.

commis en la personne du feu Roy, Monseigneur et Père, que je ne crois pas avoir besoing de vous le demander, non plus que de vous faire des professions nouvelles de mes recognoissances. Pourtant envoyant le Milord Percy auprès du Roy très-chrestien, Monsieur mon Frère, je luy ay chargé de vous parler de l'un et l'autre, et de tout ce qui regarde particulièrement l'estat où je me trouve. Je vous prie de le croire, et que je suis en toute sorte de vérité,

« Mon Cousin,
« Vostre bien affectionné cousin,
« CHARLES, R.

« A la Haye, ce 26 avril 1649[1]. »

M. de Graymont[2], agent français en Écosse, reçut l'ordre d'envoyer au nouveau et malheureux roi d'Angleterre, à la Haye, une somme de trois mille écus ; nous détachons de la dépêche adressée par lui en double exemplaire à MM. Brasset et d'Estrades le passage suivant :

« D'Edinbourg, le 17 juin 1649.

« Son Éminence m'ayant fait l'honneur de me commander de transporter à la Haie 3,000 escus qui

---

[1] Lettre inédite ; *Archives du ministère des affaires étrangères,* affaires d'Angleterre, vol. 60. La signature *Charles, R,* c'est-à-dire Charles, roi, est seule de sa main ; la lettre était fermée par un double cachet en cire noire aux armes d'Angleterre, joint par une soie noire.

[2] M. de Graymont adressa d'Écosse au cardinal Mazarin une série de dépêches pendant tout le cours de l'année 1649. Cet agent diplomatique, malgré une similitude de nom qui pouvait être une identité que nous avons supposée un instant avec le nom de Gramont, vu le peu d'importance que l'on attachait à l'orthographe des noms propres à cette époque, n'appartenait point à cette maison, d'après les informations que nous avons prises auprès de M. le duc de Gramont.

sont à Edinbourgh où j'ay charge des affaires de Sa Majesté et ne le pouvant faire à cause de peu de trafic qui est entre l'Écosse et le pays où vous estes, j'ay pris la hardiesse de vous prier de chercher de par de là quelqu'un qui ait à faire d'argent icy, ou quelque autre moyen que ce soit pour exécuter les commandements de Son Eminence; outre le service que vous rendrez à Sa Majesté, obligerez infiniment vostre... [1]. »

Le duc d'York, second fils de Charles Ier, qui a régné sur l'Angleterre sous le nom de Jacques II, prisonnier de Fairfax, lors de la capitulation d'Oxford, en 1646, et enfermé au palais de Saint-James, s'en était échappé déguisé en fille, et, comme son frère aîné, s'était réfugié sur le continent. La Hollande ne pouvait plus être pour lui un asile assuré depuis que la défaite des Ecossais permettait à Cromwel de prendre vis-à-vis de la république des Provinces-Unies une attitude menaçante. La triste veuve de Charles Ier, Henriette-Marie de France, voulait que son fils servît dans l'armée française; mais elle essuya de sa part un refus dont elle fut ulcérée plus que de raison, ainsi qu'on le verra dans la lettre qui va suivre. Ce prince, né le 15 octobre 1633, n'avait alors que dix-sept ans; son jeune âge, on le conçoit, éveillait d'autant plus la sollicitude de la princesse. L'intrépide épouse qui avait bravé pour elle-même mille morts à travers les dangers de la mer et des combats, se sentait timide lorsque son amour maternel était en jeu. Quel était le dessein du duc d'York? Voulait-il passer en Écosse pour relever les partisans abattus de la cause royale? Un serment, disait-il, l'obligeait au secret même vis-à-vis de sa mère. Tout ce que celle-ci avait pu obtenir

---

[1] Document inédit; *Archives du ministère des affaires étrangères*, affaires d'Angleterre, vol. LX.

était la promesse qu'il ne porterait point les armes contre la France.

La reine d'Angleterre ne tarda pas du reste à obtenir de son fils ce qu'elle désirait; car ce fils était vraiment selon le cœur de sa mère; il le prouva dans la suite par sa conversion sincère à la religion catholique qu'il ne dissimula pas, lorsqu'après la mort de son frère il devint roi à son tour. Il vint donc prendre du service dans l'armée française, et il a raconté dans ses *Mémoires* ses campagnes sous le maréchal de Turenne.

LETTRE DE LA REINE D'ANGLETERRE AU CARDINAL MAZARIN.

A mon cousin monsieur le cardinal Mazarin.

« Paris, ce 8 octobre 1650.

« Monsieur, je veue par la lettre que je recevée de vous en response de la mienne la continuation de vostre affection en tout ce qui me touche. Sy je pouvois vous dire plus que je n'ay desjà fait pour vous en faire voir mes ressentiments, je le ferois, J'espère que vous croyé assés en ce que j'ay desjà dit pour ne le redire : je me contanteray de vous donner compte à cette heure du partement de mon fils le duc d'Yorck, lequel, comme je vous avois mandé, je croyois envoyer en Hollande pour n'estre point à charge icy ; mais ayant eu la nouvelle de la desfaite des Écossois, je ne crois pas la Hollande un lieu propre pour aller, dont Montegue vous en a fait entandre les raisons. Je luy persuade, puisque la Royne avoit sette bonté pour luy que de luy permettre d'aller servir dans l'armée, d'y aller. Il faut confesser mon peu de pouvoir avec luy ; il a voulu s'en aller en Flandre et sans me vouloir dire son desseing, disant qu'il estoit de sermant de ne le pas faire ; mais m'a promis de ne point prandre d'employ contre la France. Je devrois estre honteuse d'avouer sette affaire entre le duc d'Yorck et moy à personne ; mais avec vous je veux user de la franchise dans toutes mes affaires propres dont je vous ay toujours fait profession, et vous proteste que s'est fort contre mon gré qu'il est allé en Flandre et je vous prie d'en assurer la Royne de ma part et de croyre comme je suis véritablement,

« Mon cousin,
« Votre bien affectionnée cousine
« HENRIETTE MARIE, R [1]. »

Nous avons vu que la cour de France, poussée par les principes fâcheux de la politique au jour le jour, sacrifiant l'avenir pour quelque avantage présent, en vint à rechercher l'alliance de Cromwell. Pour justifier à ses propres yeux la conduite politique qu'il voulait adopter, le cardinal Mazarin, voulant s'appuyer sur des précédents, fit faire des recherches historiques dont le résulat fut la note suivante déposée dans les archives de son cabinet :

TOUCHANT LES AFFAIRES D'ANGLETERRE, JANVIER 1651.

« Dans l'histoire d'Angleterre et dans nos archives

---

[1] Lettre inédite ; *Archives du ministère des affaires étrangères*. affaires d'Angleterre, vol. 60. Cette lettre était fermée d'un double cachet en cire noire aux armes d'Angleterre, joint par une soie noire ; elle est en entier de la main de la princesse qui signe *Henriette-Marie, R.*, c'est-à-dire Henriette-Marie, reine, par un usage des princes et princesses d'Angleterre de faire suivre leur nom de baptême de leur qualité, usage qui n'existait pas en France.

de France, il y a des exemples que les Rois de France ont mieux aimé traiter avec les États, pays et royaume d'Angleterre qu'avec leurs Rois.

« Après que Henry de Lancastre, comte d'Herby, eust fait mourir en prison Richard, Roy d'Angleterre de la Maison d'Yorck, gendre de Charles VI, Roy de France, pour ne pas reconnoistre cet usurpateur, les ambassadeurs de France eurent un pouvoir de traiter avec les ambassadeurs des Estats, royaume et pays d'Angleterre, et un autre dont ils ne se servirent pas pour traiter avec le duc de Lancastre. Mon cousin d'Angleterre, portait la suscription. En vertu de ce premier pouvoir les ambassadeurs s'assemblèrent en l'esglise de Leulynghem entre Boulogne et Calais, et la trêve faite avec le Roy Richard fut continuée.

« En 1405, sous le mesme Roy Charles VI, Philippe duc de Bourgogne, par son aveu et consentement, fit un traité avec les Anglois pour l'entrecours des marchandises et liberté des passages et pescheries, nonobstant la guerre ouverte entre la France et l'Angleterre; par lequel traité les françois et anglois eurent liberté de commerce réciproque qui a esté jugé toujours tellement nécessaire aux deux nations que dans la plus grande chaleur des guerres entre les deux Estats, il y a eu souvent des trêves marchandes accordées.

« Il y a encore dans la vie de Saint Louis et dans le Trésor des Chartes un exemple que le Roy ne se contenta pas du serment du Roy d'Angleterre et voulut que ses Estats et particulièrement ceux du pays et duché d'Aquitaine jurassent et promissent par acte particulier de n'assister pas le Roy d'Angleterre s'il déclaroit la guerre à la France.

« De là on peut inférer que si pendant qu'il y a eu des Rois en Angleterre on a traité avec les Estats avec lesquels aussi bien on a dans les derniers troubles et leurs guerres civiles observé la neutralité tant pour eux que pour le Roy, à présent en reconnoissant et traitant avec lesdits Estats, de la part du Roy, on n'approuve pas l'abrogation de la Royauté, mais seulement on traite avec eux en la qualité qu'on les trouve pour éviter la guerre, vuider nos différends et faire cesser leurs hostilitez et rendre le commerce libre et empescher que l'Espagne ne se prévale de leurs forces contre nous [1] ».

La conséquence de ces investigations historiques fut de décider que les relations diplomatiques seraient renouées avec l'Angleterre, que l'on tenterait même d'obtenir un traité d'alliance. Un laps de temps assez long se passa pourtant avant que ces desseins reçussent un commencement d'exécution, puisque M. de Gentillot ne fut envoyé comme agent diplomatique que vers la fin de l'année 1651, porteur de la lettre royale suivante :

LETTRE DU ROI DE FRANCE AU PARLEMENT D'ANGLETERRE.

« Nous avons tant de desir de conserver tout bon voisinage avec l'Angleterre que nous avons pour cet effect jugé à propos de dépescher le sieur de Gentillot, afin qu'il vous fasse entendre nos bonnes intentions sur ce sujet et que nous ne souhaittons rien tant que de voir les peuples de l'un et de l'autre Estat jouir réciproquement de la liberté de leur commerce soubz le bénéfice des traictez. Nous vous convions donc d'ajouster entière croyance sur tout ce que vous dira de nostre part ledit sieur de Gentillot, auquel nous re-

[1] Document inédit; *Archives du ministère des affaires étrangères*, affaires d'Angleterre, vol. LX.

mettant nous prions Dieu qu'il vous aît en sa sainte garde.

« Escrit à Poictiers, le 24 novembre 1651,

« Louis.

« Refait le 18 décembre 1651, à Poictiers,

« Loménie [1] ».

Les Stuarts réfugiés sur le sol de France ignoraient la mission de M. de Gentillot en Angleterre, ou tout au moins ils ignoraient son but, ce qui explique les sentiments de reconnaissance exprimés au cardinal Mazarin par la reine Henriette-Marie et par son royal fils dans les trois lettres qui vont suivre ; mais nous avons vu par la lettre de la reine du 15 décembre 1652, insérée chapitre XLVII, quel coup fut porté à cette princesse, lorsqu'elle apprit que M. de Bordeaux était officiellement accrédité en Angleterre comme ministre du roi de France.

LETTRE DE LA REINE D'ANGLETERRE AU CARDINAL MAZARIN.

« Paris, ce 14 febvrier 1652.

« A monsieur
« Monsieur le cardinal Mazarin.
« Mon cousin, envoyant Germin trouver la Royne de ma part sur les affaires du Roy, mon fils, et les miennes, j'ay tousjours eu tant de confiance en vos bons offices et en ay receu des preuves en tant d'occasions

---

[1] Minute inédite signée du roi et de Loménie, comte de Brienne, ministre des affaires étrangères. *Archives du ministère des affaires étrangères*, affaires d'Angleterre, vol. 60.

que je m'asseure qu'en celle-cy j'en verray encore des effects. Je luy ay commandé de s'adresser à vous. Vous prandrez croyance en tout ce qu'il vous dira de ma part; c'est pourquoy je ne diray davantage que vous assurer que sy j'estois capable de vous faire voir par mes actions que vous n'obligez pas une ingrate, vous cognoisterez que je suis véritablement

« Vostre bien affectionnée cousine,
« HENRIETTE MARIE, R. »

LETTRE DE CHARLES II, ROI D'ANGLETERRE, AU CARDINAL MAZARIN.

« A MON COUSIN, MONSIEUR LE CARDINAL MAZARIN.

« Mon cousin, j'ay commandé le Milord Germin [1] de vous aller voir de ma part et de vous entretenir de toutes les choses qui me peuvent regarder. Je vous fais la présente pour vous prier de le croire et particulièrement dans les assurances que je luy ay chargé de vous donner que j'ay les ressentimens que je dois de la bonne volonté qu'il vous a pleu me faire paroistre pour mes intérests en tant de rencontres. Je ne fais pas de doute que la mesme inclination ne vous continue. Je m'y attends aux effets, comme vous devez faire que les mesmes reconnoissances me demeurent toute ma vie, et je suis avec toute sorte de vérité,

« Mon cousin,
« Vostre bien affectionné cousin
« CHARLES, R.

« De Paris, ce 14me de février 1652. »

[1] Milord Germain, comte de Saint-Albans.

LETTRE DE LA REINE D'ANGLETERRE AU CARDINA MAZARIN.

« A Monsieur
« Monsieur le cardinal Mazarin.

Paris, ce 19 avril 1652.

« Mon cousin, mon fils le duc d'Yorck n'ayant point de plus grande passion que d'aller servir le Roy mon nepveu, comme vous luy avez toujours témoigné de l'amitié, je vous la demande encore en cette occasion à ce que vous luy vouliez continuer, et de croyre que vous obligerez deux personnes qui chercheront les occasions de vous en faire paroistre leurs ressentiments et moy particulièrement qui suis avec très-grande vérité,

« Monsieur,
« Vostre bien affectionnée cousine
« HENRIETTE MARIE, R. [1]. »

Le cardinal Mazarin n'en poursuivait pas moins son projet d'alliance avec l'Angleterre. La mission de M. de Gentillot ayant échoué, il envoya, comme nous l'avons vu, M. de Bordeaux à Londres avec le

---

[1] Nous avons tiré ces deux lettres inédites de la reine d'Angleterre et celle de Charles II des *Archives du ministère des affaires étrangères*, affaires d'Angleterre, vol. LXI. Les lettres de la reine sont en entier de sa main ; elles étaient fermées par un double cachet en cire noire, aux armes de France et d'Angleterre, joint par une soie noire. La lettre du roi d'Angleterre est de la main d'un secrétaire ; elle était fermée par un double cachet en cire rouge aux armes d'Angleterre entourées du cordon de la Jarretière, joint par une soie devenue rose par l'altération de la couleur rouge primitive.

caractère officiel non d'ambassadeur, mais de ministre de France ; voici la lettre qui l'accréditait :

LETTRE DU ROI AU PARLEMENT D'ANGLETERRE.

« Très-chers et grands amis, nous envoyons vers vous le sieur de Bourdeaux l'un des conseillers en nostre Conseil d'Éstat, maistre des requestes ordinaire de nostre hostel et président en nostre grand Conseil, que nous avons destiné nostre ambassadeur en Savoye pour vous faire entendre la bonne volonté que nous vous portons et le désir que nous avons de continuer avec vostre République la bonne correspondance qui a de tout temps esté observée entre les nations. Nous l'avons aussy chargé de vous dire que comme nous n'avons rien entrepris qui vous ayt pu faire croire que nous n'estions pas en cette disposition et qui ayt pu causer du préjudice à vostre Estat, nous avons esté surpris de voir nos vaisseaux attaqués par les vostres ; car bien que vous eussiez fait expédier à aucuns de vos marchands des lettres de marque, si est-ce qu'il est innouy qu'on les ayt exécutées contre les vaisseaux du prince ; et ce n'est point une chose extraordinaire et qui ne soit pas prévue par les traictés d'accorder ces sortes de lettres, au contraire bien loing d'y estre deffendues, elles sont permises ; mais c'est après un deny de justice qui ne peut estre reproché, et qui aura connaissance de tous les soings que nous avons apportés pour estre bien informé des pertes souffertes par nos sujets et des prises qu'aucun d'eux pouvoient avoir fait sur les vostres qui estoient obligés de les satisfaire, jugeroit et avoueroit sous doubte que nostre intention n'a jamais esté autre que de faire observer les traictés qui ont esté passés entre ces nations pour la seureté et commodité de leur commerce, et le faire fleurir au commun advantage des deux Estats. Le dit sieur de Bourdeaux, suivant la charge que nous luy en avons donné vous faira particulièrement connoistre les résolutions que nous avons prises de vivre en étroite union avec vous. Vous y adjouterez entière créance, car à tout requis vous dira de nostre part, ainsy que nous vous en conjurons.

« Nous prions Dieu qu'il vous ayt, très-chers et grands amis, en sa saincte et digne garde.

« Vostre bon amy et confédéré,

« Louis. »

« Escrit à Paris, ce 2me jour de décembre 1652 [1]. »

M. de Bordeaux avait reçu pour remplir sa mission les instructions suivantes :

« *Instruction au sieur de Bourdeaux, conseiller du roy en son Conseil d'Estat, maistre des requestes ordinaire de son hostel, intendant de justice, police et finances en la province de Picardie, s'en allant en Angleterre.*

« Bien que ledit sieur de Bourdeaux soit en sorte instruit de l'estat des choses et aît une si particulière connoissance de ce que Sa Majesté désire de son service, qu'il est assez inutile de dresser un Mémoire de ce qu'il aura à faire, néantmoins, affin qu'il s'y porte avec plus de fermeté, Sa Majesté s'est résolue de luy donner celuy-cy.

---

[1] Minute inédite couverte de très-nombreuses ratures ; *Archives du ministère des affaires étrangères*, affaires d'Angleterre, vol. LXI.

« Il sçait bien que les Anglois ont non seullement décerné des lettres de marque contre les sujets de Sa Majesté, mais mesme qu'ils ont procédé avec une telle arrogance qu'ils ont faict attaquer ceux de la Couronne, et comme ennemis déclarez faict servir leurs forces à procurer aux Espagnols divers avantages que, sans leur ayde, ils n'eussent osé se promettre de remporter.

« Il n'ignore pas aussy que Sa Majesté a faict passer en Angleterre par deux diverses fois le sieur Gentillot pour reconnoistre le nouveau régime ; mais avec ordre de ne le point faire que premièrement ceux du Parlement n'eussent engagé leur foy de surseoir l'exécution des lettres de représailles, et ensuitte de députer des commissaires pour, avec ceux de Sa Majesté, prendre connoissance des dommages soufferts par les sujets des deux Estats, en intention de chercher les moyens de les soulager en leurs pertes. Mais ceux du régime n'ayant pas approuvé qu'on leur fist achepter la reconnoissance qu'on en faisoit comme d'une république fondée, et qui avoit une entière et légitime autorité dans l'Angleterre, firent entendre audit sieur Gentillot qu'il eust à sortir de leurs Estats.

« Cela avoit été exécuté durant que les vaisseaux de ce nouveau règne eussent attaqué ceux de Sa Majesté, et qu'il eust déclaré que les lettres de marque ne faisoient point de rupture entre les alliez, soustenant son dire par une raison tirée des traictez qui les permettent, mais avec cette restriction et précaution de ne pouvoir estre dellivrées qu'après un desny de justice à l'intéressé ; et cela pourroit estre excusé si cette république estoit demeurée ez termes accoustumez d'accorder la permission à un complaignant de prendre, saisir et arrester les effets et navires de la nation dont il se plaint ; mais il est inoüy et c'est une chose qui répugne au droict des gens que sans avoir desclaré la guerre à un Roy, on attaque ses vaisseaux.

« Néantmoings comme Sa Majesté demeure persuadée que l'équité, la raison et le respect quy luy est deub ne sont point entièrement effacez de l'esprit de ceux qui exercent présentement l'auctorité ou gouvernement en Angleterre, espérant mesme que la reconnoissance qu'elle fera de leur république les satisfera, en sorte que ne se laissant plus emporter à leurs passions, ils se soubmettront à la droicte raison, et seront pour condescendre aux choses justes qui leur seront demandées, Sa Majesté s'est résolue d'envoyer vers eux.

« Aussitost que le sieur de Bourdeaux sera arrivé à Londres, il en faira advertir le maistre des cérémonies, et, après luy avoir déclaré qu'il n'est pas ambassadeur, luy faira entendre qu'il est chargé de lettres pour le Parlement et la République et le priera de le dire à celuy qui préside à cette assemblée et de luy faire avoir audiance. Y estant admis, il représentera à ceux dudict Parlement l'advantage que la bonne intelligence qui sera entre les nations, leur apportera ; et que c'est l'intention de Sa Majesté de la garder entière et sincère et avec autant de soing et d'exactitude qu'elle faisoit avec les Roys d'Angleterre, se ressouvenant bien que les traictés estoient de nation à nation comme de Roy à Roy. Et ayant exalté l'honneur qui leur est rendu par Sa Majesté d'envoyer vers eux, leur faira entendre le vray sujet de son voyage, appuyant les demandes qu'il est chargé de leur faire de touttes les raisons que luy pourra fournir son expérience et sa capacité, en sorte, s'il est possible, qu'il obtienne d'eux la restitution des vaisseaux de Sa Majesté, de leurs canons et apparaux, comme des munitions de guerre et de bouche dont ils estoient chargés.

« Qui mesureroit les choses sur la droiture et qui seroit asseuré que ceux dudit régime l'eussent en telle considération qu'ils fussent incapables de rien faire quy y fust opposé, on ne mettroit point en doubte que ledit sieur de Bourdeaux n'obtint de leur équité et de leur prudence ce qu'il demandera.

« Mais soit l'emportement qu'ils ont faict parroistre en diverses rencontres, soit que bien souvent les hommes préoccupez de leurs passions s'y laissent en sorte entraisner qu'ils ne voyent que ce qu'elles leur présentent, il est à craindre qu'on aura un refus et qu'il luy sera porté en des termes dont un nouvel estat se devroit abstenir traictant avec le ministre d'un grand Roy.

« Si cela leur arrive, Sa Majesté desire que ledit sieur de Bourdeaux leur responde en sorte qu'ils s'apperçoivent que la France n'ignore pas ce qui luy peut estre dû par une République naissante, mais évitera de rien dire qui fasse rupture, ny qui les offense pour ne leur donner aucun prétexte de se déclarer ennemis de cette couronne, paroissant à Sa Majesté qu'il vault mieux pour un temps qu'ils courent les mers et exercent la piraterie qu'ils reprochent aux autres, que s'ils entreprenoient quelque chose de pis; ce seroit de joindre leurs forces aux espagnols et prendre protection des rebelles.

« Que si la fortune de cet Estat était telle que mieux conseillé qu'on n'ose se promettre, ils accordent la restitution desdicts navires et de l'équipage, lors ledict sieur de Bourdeaux, ou en une seconde audiance, cela estant remis à sa prudence, leur proposera de députter des commissaires pour adviser à ce qui sera à faire pour les particuliers interessez et prises qui ont esté faictes de part et d'autre, et leur déclarera que Sa Majesté y est disposée, affin que sans y apporter aucune difficulté, ni longueur, ils fassent choix et nomination de députez.

« Ce qu'il esvitera de mettre en avant, si ceux du Parlement d'Angleterre faisoient difficulté de consentir à l'entière et prompte restitution des navires du Roy, de crainte qu'ils ne publiassent que son envoy n'avoit point eu d'autre fin que de terminer les différends des particuliers, estant à l'advantage de Sa Majesté qu'il soit public à la Chrestienté qu'elle a despesché vers eux pour demander le sien, et que la reconnoissance qu'il aura faicte de leur Estat ne luy puisse estre imputée à bassesse, comme l'on a faict à plusieurs autres princes qui sont allez audevant des desirs des anglois, et nouvellement le Roy Catholique soubz espérance d'en estre assisté en la guerre qu'il faict durer à la ruine de la Chrestienté et qu'il auroit souvent pu finir, s'il y eust été aussy disposé que ceux qui le servent l'ont ozé publier.

« Et n'ayant ledict sieur de Bourdeaux rien sceu obtenir d'eux, repassera en ce Royaume sans attendre aucun ordre, si ce n'est qu'il jugeast que leur faisant honte de leur dureté et de leur injustice et que mesnageant avec adresse quelques-uns des plus accréditez parmy eux, il pust conduire à bon port l'affaire dont il est chargé.

« Que sy au contraire ils se rendent à la raison et qu'ils se disposassent de faire choix de plusieurs pour aviser aux moyens de régler les affaires de mer, adjouster ou diminuer aux précédents traictez ce qui peut bonnifier le commerce, pour ensuite faire que lés nations l'exercent avec profict et repos, en ce cas, ledict sieur de Bourdeaux dépeschera vers Sa Majesté pour recevoir ses commandements et les pouvoirs et instructions nécessaires pour travailler à une affaire si importante.

« Et pour pouvoir escrire avec plus de facilité et liberté se servira du chiffre qui luy a esté baillé.

« Faict à Paris, le 2 décembre 1652[1]. »

A la date même où le gouvernement de Louis XIV expédiait la lettre et les instructions qui précèdent, le Conseil d'État d'Angleterre demandait à la France de faire toutes les avances, sous des prétextes de réparations. Ces prétentions n'étaient pas de nature à rendre la conciliation facile :

LETTRE DU CONSEIL D'ESTAT D'ANGLETERRE A M. DE VENDOSME, GRAND ADMIRAL.

« Monseigneur,

« Le Parlement de la République d'Angleterre ayant le vingtième d'octobre dernier receu une lettre de la part de Vostre Altesse datée de Dieppe du huict septembre 1652, demandant certains vaisseaux appartenant au Roy de France pris depuis peu par le colonel Robert Blake, général de leur flotte, ont commandé à nous, auxquels ils ont confié et commis les affaires de leur Admirauté, d'y faire responce.

« Le Conseil d'Estat sçait fort bien l'inclination du Parlement de la République d'Angleterre à maintenir amitié et correspondance aussi bien avec le Roy, vostre maistre, qu'avec leurs autres voisins ; mais trouvant que depuis quelques années les personnes, vaisseaux et biens des marchands anglais traficquant ès mers méditerranées, ont esté pilliés et pris non seulement par les subjects de France, mais par les na-

[1] Minute inédite ; *Archives du ministère des affaires étrangères*, affaires d'Angleterre, vol. 61.

vires propres du Roy et qu'on ne peult obtenir satisfaction sur aucune addresse qui ayt été faicte en la Cour de France, il a authorisé ledit général pour tascher d'avoir réparation des dommages sur les navires et biens de la nation françoise et aussy tost que la restitution sera faicte et que la satisfaction se donnera pour lesdits torts et griefs, le Conseil sera prest au nom du Parlement de satisfaire aux désirs de Vostre Altesse exprimez en vostre lettre.

« Signé au nom et par l'ordre du Conseil d'Estat establi par l'authorité du Parlement.

« B. Whictcloke, président.

« Witeall, le 2me décembre 1652[1]. »

[1] Lettre inédite ; *Archives du ministère des affaires étrangères,* affaires d'Angleterre, vol. 61.

NOTE HUITIÈME

pour l'ensemble des volumes publiés.

La liste de l'armée de M. le Prince et le nombre des régiments tant de cavalerie que d'infanterie dont elle est composée avec les noms des généraux, mestres de camp, capitaines et officiers qui la commandent et de tous les seigneurs qui jusqu'à présent ont pris son party.

A Paris, 1652.

LES OFFICIERS GÉNÉRAUX :

Monseigneur le duc de Nemours.
M. de Marsin.
M. de la Rochefoucauld.
M. le prince de Tarente.
M. de Richelieu.
M. du Doignon.
M. de Bourdeille.
M. de Montespan.

LES LIEUTENANTS GÉNÉRAUX :

M. le comte de Fiesque.
M. de Matta.
M. de Chouppes.
M. de Sarsay.
M. de Valancay.
M. le marquis de Faure.
M. de Chavagnac.
M. de Romainville.
M. de Barrière.
M. le chevalier de Roquelaure.
M. de Montpouillan.
M. le marquis de Cony.
M. Balthazar, mareschal de camp commandant la cavallerie.

LES RÉGIMENTS DE CAVALLERIE :

D'Anguien.
De Guienne.
De Richelieu.
D'Albret.
De Nemours.
De la Rochefoucauld.
Du Dognon.
De Marcillac.
De Lusignan.
De Chavagnac.
De Castelnau.
De Duras.
De Lorges.
De Matha.
De Jarie.
De Balthazar.
De la Motte.
De Candie.

De la Marcousse.
De Mérinville.
De Chasteauneuf.
De Cugnac.
De Bourdeille.
De Montrésor.
De la Donie.
De Montespan.
Du Gondrin.
De Guitaut.
De Tarente.
De Conty.
De l'Ozon.
De Théobon.
De Maure.
Des Gendarmes.
De Condé.
De Bourgogne.

LES CHEVAUX LEGERS D'ORDONNANCE :

De Condé.
D'Enghien.
De Bourgogne.

De Conty.
De Champagne.

LES GARDES :

De Condé.
De la Rochefoucauld.
De Richelieu.
De Conty.

De Marsin.
De Tarente.
Du Dognon.

LES RÉGIMENTS D'INFANTERIE,

D'Enghien.
De Conty.
De Montpouillan.
De Marsin.
De Donin.
De Chouppes.
D'Albret.

De Montespan.
De La Rochefoucauld.
De Chambon.
De Valancay.
De Fronsac.
De Maure.
De Saint-Mégrin.

De Castelnau. De Gune.
De Cugnac. De Saint-Romain.
De Théobon. De Rohan.
De la Donie. Du comte de Charant.
De Gondrin. Du comte de la Suze [1].

[1] Nous avons tiré cette liste très-intéressante pour l'histoire militaire de la Fronde d'une *Mazarinade* conservée dans le vol. 75 de la *Bibliothèque de l'Arsenal*. Cette *Mazarinade* est indiquée comme curieuse et rare dans la *Bibliographie des Mazarinades* publiée par M. Moreau. Nous avons cru devoir rétablir la véritable orthographe de plusieurs noms.

APPRÉCIATIONS DIVERSES

SUR CES

SOUVENIRS DU RÈGNE DE LOUIS XIV

Ainsi qu'il l'a fait à la fin des deux volumes précédents, l'éditeur continue à citer les revues et journaux qui ont donné des appréciations de cet ouvrage depuis la publication du quatrième volume :

La *Revue Bibliographique*, février 1874 ; le *Conciliateur*, Brive, 21 février 1874 ; le *Réveil de la Province*, Tulle, 8 mars 1874 ; le *Messager d'Indre-et-Loire*, Tours, 9 et 10 mars 1874 ; la *Gazette d'Auvergne*, 9 et 10 mars 1874 ; l'*Union nationale*, Montpellier, 9 mars 1874 ; la *Gazette de Normandie*, Rouen, 10 mars 1874 ; le *Progrès national*, Troyes, 9 et 10 mars 1874 ; le *Journal de Rennes*, 9 mars 1874 ; la *Champagne*, Reims, 10 mars 1874 ; l'*Écho de la Province*, Toulouse, 9 et 10 mars 1874 ; l'*Émancipateur*, Cambrai, 11 mars 1874 ; l'*Océan*, Brest, 10 mars 1874 ; le *Courrier du Berry*, Bourges, 18 mars 1874 ; la *Guienne*, 25 mars 1874 ; l'*Annuaire-Bulletin de la Société de l'histoire de France*, 31 mars 1874 ; la *Gazette de l'Est*, 28 février, 8, 10, 15, 17, 31 mars et 1er avril 1874 ; la *France*, Paris, 17 mars 1874 ; la *Revue des questions historiques*, livraison d'avril 1874 ; la *Gazette de France*, Paris, 27 avril 1874 ; la *Presse*, 9 août 1874 ; l'*Union*, Paris, 28 septembre 1874 ; la *Bibliographie catholique*, livraison d'octobre 1874 ; le *Moniteur universel*, Paris, 31 juillet 1875.

De quelques-uns de ces articles, nous détachons les fragments suivants :

REVUE BIBLIOGRAPHIQUE UNIVERSELLE, livraison de février 1874 ; article de M. Tamisey de Larroque :

« Tant de critiques ont déjà dit et redit combien l'ouvrage de M. de Cosnac est instructif et attrayant, que c'est en quelque sorte devenu un lieu commun. Je me garderai donc bien, après M. Georges Gandy, M. de Riancey, M. Marius Sepet, après beaucoup d'autres encore parmi lesquels je me trouve deux ou trois fois, d'insister, à propos du tome IV des *Souvenirs du règne de Louis XIV*, sur le double mérite de l'érudit et de l'écrivain. Il vaut mieux que j'indique ce que renferme ce volume. »…..

Gazette d'Auvergne, 9 mars 1874; article de M. de Saint-Chéron :

« Quand nous voulons nous distraire des tristesses et des humiliations de notre temps, nous n'avons rien de mieux à faire que de nous transporter dans les grands siècles de notre histoire et surtout dans celui de Louis XIV. M. le comte de Cosnac (Gabriel-Jules), en utilisant de précieux papiers de famille, nous donne sur le règne de Louis XIV des documents d'un intérêt très-attachant.

« Cet important ouvrage, dont la forme tient à la fois de celle de l'histoire et de celle des mémoires, renferme, grâce aux heureuses et patientes recherches de l'auteur, une foule de renseignements inédits qui lui ont permis de dire qu'il avait conquis à son œuvre d'illustres collaborateurs, c'est-à-dire les principaux personnages de ce grand grand siècle. »…..

La Guienne, 25 mars 1874 :

« M. le comte de Cosnac publie sous ce titre : *Souvenirs du règne de Louis XIV*, un ouvrage d'une très-grande importance pour notre histoire nationale et dont nous aurons à entretenir nos lecteurs dès qu'il sera terminé, ce qui ne sera jamais assez tôt au gré de notre impatience.

« Les trois premiers volumes de ce vaste et précieux travail ont reçu du public studieux et lettré l'accueil qu'il réserve aux œuvres de premier ordre…

« Le quatrième volume, qui vient de paraître, offre un intérêt particulier et inattendu ; car, sur une époque supposée si connue, il contient un grand nombre de faits nouveaux grâce aux heureuses investigations de l'auteur dans les dépôts manuscrits de nos bibliothèques et de nos archives publiques. L'histoire de la ville de Bordeaux, en particulier, celle de la Guyenne et des provinces limitrophes, au temps de la Fronde, reçoivent dans cet ouvrage de précieux développements. »…..

Annuaire-Bulletin de la Société de l'histoire de France, 31 mars 1874; article de M. Arthur de Boislisle :

« Aujourd'hui ce quatrième volume contient divers épisodes de l'année 1652. Une bonne partie est consacrée au siège de Montrond, « la dernière des passes d'armes de la féodalité, » et, selon sa louable habitude, l'auteur n'a négligé ni recherches dans les archives, ni voyages sur les lieux mêmes, ni courses en quête des vieux souvenirs, pour compléter un tableau fort mouvementé…

« Après le siège de Montrond viennent les négociations de Paris, conduites, au détriment des princes rebelles, par les représentants de la majorité des Parisiens. Ce revirement est curieux à étudier à l'aide des documents que nous fournissent les *Souvenirs*. »......

La France, 17 mars 1874 :

« Le quatrième volume nous initie à un grand nombre d'intéressantes particularités qui se classent en trois épisodes principaux :

« Le premier est le siége de Montrond...

« Le second a pour théâtre la ville d'Uzerche et le château de Blanchefort...

« Le duc de Guise, celui qui fut nommé le *héros de la Fable*, est le héros véridique, car les pièces sont authentiques, du troisième épisode...

« Tous les faits racontés sont appuyés sur pièces authentiques et inédites ; en choisissant presque au hasard dans ce précieux écrin, nous trouvons des joyaux tels que des lettres de Turenne sur ses opérations militaires, du grand Condé, de Louis XIV, du prince de Conti, de Philippe IV, de don Louis de Haro, des États généraux de Hollande, du cardinal Mazarin, de Mlle de Montpensier (page nouvelle ajoutée à ses Mémoires), de la marquise de Montausier (la belle Julie d'Angennes de l'hôtel de Rambouillet), du duc de Guise et de sa sœur, Françoise de Lorraine, abbesse de Montmartre, du comte de Broglie, de Lenet, de Le Tellier, de Bussy-Rabutin. Les auteurs de tous ces documents deviennent les acteurs vivants pour ainsi dire des scènes historiques qui se déroulent sous les yeux du lecteur. »

Gazette de l'Est, Nancy, 28 février, 8, 10, 15, 17, 31 mars, 1er et 2 avril 1874.

A cette série d'articles formant un compte rendu très-complet, nous empruntons le commencement et un paragraphe final :

« Un ouvrage remarqué, les *Souvenirs du règne de Louis XIV*, par M. le comte de Cosnac (Gabriel-Jules), ancien membre de la Commission extra parlementaire de décentralisation de 1870, ancien conseiller général, vient d'atteindre la publication du quatrième volume. L'auteur justifie le titre de son ouvrage par le canevas même sur lequel il a tracé ses tableaux de haute lisse historique ; ce canevas forme précisément le côté original de son œuvre et lui assure ce caractère qui n'appartient d'ordinaire qu'aux mémoires contemporains ; car ce livre tient à la fois de la forme de l'histoire et de la forme des mémoires. Ce canevas se compose d'une foule de documents inédits qui avaient échappé jusqu'ici aux investigations des érudits, exhumés par l'auteur de la poussière qui les couvrait dans nos bibliothèques et dans nos archives publiques. Par l'insertion dans le texte de ces documents il met en action les personnages eux-mêmes, et il a pu parler avec raison de ses illustres collaborateurs ; citons : le cardinal Mazarin, le grand Condé, le maréchal de Turenne, le célèbre comte d'Harcourt, le comte de Marsin qui commandait contre lui l'armée des Princes dans la Guienne, le maréchal de l'Hôpital, gouverneur de Paris, le marquis de Montausier, gouverneur d'Angoulême, et sa femme, la belle Julie d'Angennes, le duc de Rohan, le marquis du Plessis-Bellière, le marquis de Praslin, le comte de Palluau, plus tard maréchal de Clairembault, le comte de Broglie, Philippe IV, roi d'Espagne, le duc de Guise, celui qui fut surnommé le *héros de la Fable*, et sa sœur Françoise de Lorraine, abbesse de Montmartre, Lenet, conseiller au Parlement de Bourgogne, le bras droit du prince de Condé pour les affaires politiques, comme Tavannes l'était pour la guerre (son écriture hiéroglyphique a été patiemment déchiffrée), la duchesse d'Aiguillon, nièce du cardinal de Richelieu, Madame de Rochefort, femme guerrière, Mademoiselle de Montpensier, dite la *grande demoiselle*, une *Jeanne d'Arc* à rebours, qui voulut défendre Orléans contre le roi, qui fit tirer sur les troupes royales à Paris le canon de la Bastille, et qui, ce jour-là, suivant l'expressive remarque du cardinal Mazarin, *tua son mari*. Ces lettres, ces rapports, ces documents, tous d'une incontestable authenticité, reçoivent pour la première fois le jour de la publicité. Sur tout cet ensemble de témoignages contemporains du grand siècle, l'auteur a pu avec raison imprimer le titre de *Souvenirs*....

« Un *acte d'Union* dont les historiens n'ont pas parlé et dont l'auteur a retrouvé des exemplaires imprimés, fut envoyé par la noblesse au clergé et au tiers état pour arriver à la solution de la monarchie représentative; il donne en outre de nombreux documents inédits qui attestent cette tentative si intéressante et si peu étudiée jusqu'ici. Aussi l'auteur a pu écrire avec vérité :

« Ces aspirations n'en formaient pas moins le côté sérieux et le
« fonds vrai du mouvement; nous avons dégagé le *véritable esprit de la*
« *Fronde*. »

REVUE DES QUESTIONS HISTORIQUES, livraison d'avril 1874; article de M. Georges Gandy :

« M. de Cosnac continue, dans ce volume, d'évoquer les souvenirs de la Fronde qui ont échappé, du moins presque tous, aux curieux et aux chercheurs. Comme précédemment, sa manière a les allures vives et confidentielles des Mémoires et touche cependant à la grande histoire par l'ensemble des faits qu'il met en lumière....

« Jusqu'à présent, la Fronde n'avait pas été suffisamment prise au sérieux. Les conteurs, pour la plupart, s'en amusaient et en amusaient le public. Les pamphlets et les chansons du temps défrayaient en grande partie leurs pages pittoresques. M. de Cosnac va au fond de son sujet, et grâce à ses documents nouveaux, il lui donne de larges proportions dont personne ne se plaindra. Habile à mettre en scène les personnages, il explique les motifs de leurs actes; les dehors, si souvent trompeurs, ne lui suffisent pas. Suivant sa louable habitude, il introduit le lecteur dans les coulisses pendant que le drame se joue, et c'est surtout par le caractère des acteurs qu'il interprète leurs rôles si compliqués, si ambigus. Il aime à faire parler ses personnages; leurs lettres, presque toujours inédites, notamment celles de Turenne à Le Tellier, de Lenet à Condé et *vice versa*, de Louis XIV et de beaucoup d'autres, permettent à l'auteur de se dérober souvent avec modestie pour laisser aux interlocuteurs l'honneur ou la honte de se peindre eux-mêmes et de caractériser les événements.....

« Ne terminons pas sans dire que M. de Cosnac, dans ce travail aussi piquant par le style que lumineux par les documents, fait abonder au bas des pages les notes diversement explicatives et particulièrement généalogiques. Il aime à parsemer ses récits de réflexions judicieuses qui ont parfois une pointe d'*humour* et ricochent du XVIIe siècle au nôtre. Il est impitoyable aux entrepreneurs de révolutions, et il les marque en passant d'un trait vengeur : ce n'est pas nous, certes, qui l'en blâmerons. »

GAZETTE DE FRANCE, 27 avril 1874 ; article de M. S. Bourgeois :

« ..... Les recherches de M. de Cosnac, le talent avec lequel il a mis en œuvre les pièces souvent de la plus haute importance qu'il a découvertes et qu'il produit pour la première fois, jettent un jour nouveau sur bien des faits de la première partie du règne de Louis XIV, dont le caractère était mal connu et mal apprécié jusqu'à ce jour.....

« On se figure trop généralement, sur la foi d'historiens à la fois prévenus et mal renseignés, que le peu d'idées de réformes politiques qui furent agitées pendant la Fronde étaient l'apanage exclusif de la bourgeoisie et des parlementaires ; M. de Cosnac rectifie sur ce point l'erreur courante et établit, documents en main, que l'honneur des tentatives alors essayées pour la conciliation des partis et la reconstitution du gouvernement sur la base des libertés publiques et de la représentation nationale, appartint au corps de l'État qui eût semblé le moins porté à un régime parlementaire, à celui qui portait l'épée, c'est-à-dire à la noblesse.

....

« La noblesse, qui comprenait parfaitement alors les dangers résultant pour elle du nouvel état de choses auquel la royauté tendait, d'accord avec la bourgeoisie, réclama, en 1652, pour mettre un terme à la guerre civile, la réunion des États généraux..... »

Après avoir cité en entier la circulaire adressée par la noblesse au clergé et au tiers état, l'auteur de l'article, après quelques réflexions, termine par ce paragraphe :

« Comment ces efforts sont-ils restés stériles ? Pourquoi la Fronde n'a-t-elle abouti qu'à des agitations sans résultat ? C'est ce que le livre de M. de Cosnac nous fait connaître. »

UNION, 28 septembre 1874 ; article de Marius Sepet :

« Nous avons naguère longuement rendu compte à nos lecteurs des trois premiers volumes du bel ouvrage de M. le comte de Cosnac. Le quatrième, qui a paru cette année, nous semble, comme les précédents mériter l'attention des savants et des gens du monde. L'auteur y continue le récit détaillé des événements politiques et militaires de la Fronde. Il ne cesse pas de puiser aux sources et de vivifier sa matière par un flot abondant de pièces inédites qui font et feront la joie des historiens. Il ne cesse pas non plus de les mettre habilement en œuvre.

« C'est à l'un des épisodes que nous empruntons la description suivante (suit la description de la ville d'Uzerche, tome IV, p. 211).

« Ce petit tableau est pittoresque comme les peintures doivent l'être en histoire, non par des effets prétentieux de style et un placage de couleurs voyantes, mais par l'exactitude et la précision des détails. »

LA PRESSE, 9 août 1874 ; article de M. de Lescure :

« ... Un homme du meilleur monde, gentilhomme de vieille race, naturellement conduit à étudier de près des événements où un de ses ancêtres, le prélat ingénieux, spirituel, galant, qui fut Daniel de Cosnac, a joué un rôle, a consacré quinze années de sa vie à amasser les matériaux d'une histoire intime, familière du règne de Louis XIV....

« Or, quand ces gens de bonne volonté et de loisir indépendant, nourris de bonnes études, se mettent aux besognes de l'histoire, ils n'y vont pas de main morte, et ne plaignent ni leur temps, ni leurs soins, ni leurs peines. Il est résulté des quinze années de travail de M. le comte de Cosnac un ouvrage considérable, des plus intéressants, des plus substantiels, pour lequel les Archives nationales, les manuscrits de la Bibliothèque nationale, de la Mazarine, de l'Arsenal, les registres du Dépôt de la guerre ont été largement et sagacement mis à contribution.

« Cet ouvrage forme une histoire de la minorité de Louis XIV, de la régence d'Anne d'Autriche, du ministère du cardinal Mazarin, remplie de détails curieux et d'aperçus nouveaux, écrite avec la familiarité polie, quelquefois la recherche précieuse d'un habitué de l'hôtel de Rambouillet, et qui a cette première originalité de ne point ressembler aux autres, pas plus que son auteur ne ressemble aux auteurs contemporains.

« En effet, ce membre du Jokey-Club porte légèrement le poids d'une érudition de bénédictin, et ce conservateur libéral de 1874 a gardé de son long commerce avec la Fronde cette singularité qu'il est lui-même un peu frondeur. Je me hâte de dire qu'il est frondeur pour le bon motif, non pas comme ceux de 1652 uniquement pour conquérir un ministère, un commandement, un gouvernement, un brevet de duc et pair, mais pour demander avec quelques-uns, aussi désintéressés que lui, la convocation des États généraux, et pour déplorer de ne pas l'avoir obtenue.

« M. de Cosnac n'est pas plus tendre pour la bourgeoisie que pour le Parlement, qui ne songèrent à la lutte que pour en énerver le caractère et avant la victoire se rangèrent, afin de participer au butin, du côté du plus fort.... »

L'auteur de l'article termine son analyse très-complète et très-étendue sur l'ensemble de l'ouvrage par ces réflexions que lui inspire la faction anarchique qui dominait la ville de Bordeaux :

« Ces bourgeois de l'*Ormée*, ces gardes nationaux de la Fronde bordelaise ne songeaient qu'à détruire, qu'à incendier, qu'à piller. Ils sont les ancêtres de ce tiers-parti de toutes les révolutions, des héros de ce radicalisme effréné qui ne se bat que pour avoir son lambeau de pouvoir, son os de lucrative débauche; qui n'a ni symbole, ni profession de foi; qui se porte tour à tour au secours du plus fort; qui, commandé par des chefs qui ne peuvent que lui obéir, compromet tout, brouille tout, gâte tout, et passe cyniquement des curées de l'anarchie aux ovations intéressées qu'il fait au despotisme triomphant. »

BIBLIOGRAPHIE CATHOLIQUE ; livraison d'octobre 1874 ; article de M. Georges Gandy :

« Ce volume (le quatrième) continue aussi heureusement que ses aînés (voir nos tomes XXXVI, p. 460 ; XXXIX, p. 241, et XLVI, p. 368) les *Souvenirs* d'une époque si souvent explorée par nos chercheurs d'anecdotes, par les historiens eux-mêmes, et qui pourtant laissait encore dans l'ombre tant de choses et tant d'hommes. La Fronde, en effet, n'est pas traitée par M. de Cosnac avec cette légèreté qui n'y cherche que des frivolités pour l'amusement du public ; il s'en occupe sérieusement ; il travaille pour la science historique, et non point pour les goûts romanesques du jour, et, bien que ses récits paraissent avoir l'allure des Mémoires et leur laisser-aller fantaisiste, il est en réalité méthodique, par l'ensemble des faits inédits qu'il présente avec le relief qui leur est propre, il ajoute à notre histoire une belle page....

« C'est encore par leurs lettres que les principaux acteurs saisissent notre patriotique attention. M. de Cosnac les a semées à pleines mains, et aucune n'est récusable, car toutes sont marquées d'une estampille d'authenticité ; la plupart sont inédites, notamment celles de Turenne à Le Tellier, de Lenet à Condé et *vice versa*, et de Louis XIV ; dans ce courant épistolaire, l'honorable écrivain disparait souvent : c'est un profit pour sa modestie et ce n'est pas une perte pour le lecteur, car l'historien s'empare ensuite de ces missives pour les grouper et en faire jaillir sur tous les points de son sujet des faisceaux abondants de lumière..... »

Deux journaux de provinces ont reproduit en entier deux chapitres du quatrième volume spécialement consacrés à des faits qui se sont passés dans les contrées dans lesquelles ils paraissent. Le *Courrier du Berry* a inséré dans une série de numéros du 1er au 13 avril 1874 l'épisode du siège du château de Montrond ; le *Corrézien* a inséré dans une série de numéros du 29 avril au 18 mai 1875 l'épisode du secours de la ville d'Uzerche et du siège du château de Blanchefort, en Limousin, par l'archevêque de Bourges.

LE MONITEUR UNIVERSEL, 31 juillet 1875; article de M. Eugène Asse:

« ... La publication du quatrième volume, paru il y a quelques mois, et avec lequel nous sommes très-involontairement en retard, atteste tout à la fois la science de l'historien et l'heureuse fortune du chercheur, qui a pu enrichir ce nouveau volume d'un grand nombre de documents inédits et fort intéressants....

« Nous avons dit, à l'occasion des précédents volumes, que ce qui distinguait l'œuvre de M. de Cosnac des travaux antérieurs sur cette époque, c'était les détails très-particuliers qu'ils contiennent sur les personnages de cette époque, dont de nombreuses citations de correspondances inédites nous montrent les plus intimes pensées, et sur les actes de la Fronde dans les départements. Ce même intérêt nous le retrouvons dans le nouveau volume où nous remarquons les chapitres sur le siége de Montrond; sur les causes, jusques ici inconnues, du retard apporté au retour triomphal de Mazarin; sur la défense d'Uzerche par l'archevêque de Bourges contre le comte de Bonneval..... Si M. de Cosnac reste fidèle au titre qu'il a donné à son œuvre, ce quatrième volume ne sera pas assurément le dernier, et nous comptons bien trouver dans ceux qui suivront autant d'agrément et de savoir que dans ceux qu'il nous a déjà donnés. »

TABLE DES MATIÈRES

CHAPITRE XXXIX.

L'Ormée reprend son ascendant. — Démolition du château du Hâ. — Le régiment de Conti expulsé du voisinage de Bordeaux. — L'Ormée casse les ordonnances du bureau de l'hôtel de ville; ses nouveaux envahissements. — Plaisante querelle suscitée à Lenet par la comtesse de Maure; sa lettre inédite, du 6 septembre. — Dénonciation anonyme inédite de l'Ormée contre Lenet. — Lettre inédite de Lenet au prince de Condé, du 12 septembre. — Démarche inutile du président de Gourgues. — L'Ormée décrète que quatre potences seront dressées sur quatre places publiques. — Repas offert par l'Ormée au prince de Conti. — Capitulation du château de La Brède. — Reproches à l'Espagne; réponse de son premier ministre. — Résultats insignifiants de l'alliance sollicitée de l'Angleterre. — Nouvelles accusations contre Lenet; sentiments à son égard de la duchesse de Longueville et du prince de Conti. — Plaintes contre le baron de Vatteville. — La princesse de Condé accouche d'un fils, le 20 septembre. — Deux lettres inédites de félicitations du roi et de la reine d'Espagne. — Nouvelles difficultés éprouvées par Lenet. — Sa lettre inédite au prince de Condé, du 13 septembre. — Réflexions sur cette lettre. — Les capitaines de la ville de Bordeaux veulent former un comité directeur. — Découragement de Lenet; son désir de se retirer. — Cabales protestantes de mademoiselle de

Cossé. — Réponse inédite du prince de Condé à Lenet, du 30 septembre. — Le prince de Condé désire que le duc de Guise reste en Guyenne ou se rende en Provence. — Appréhensions causées par les vendanges. — Dépêche inédite de Lenet au prince de Condé, du 30 septembre. — Les vendanges commencées sans obstacles. — Réponse inédite du baron de Vatteville aux accusations formulées contre lui, du 1er octobre. — L'armée des princes paralysée dans son action non moins que l'armée royale.................. 1

CHAPITRE XL.

Défense aux généraux de l'armée royale de Guyenne de tenter aucune entreprise importante. — Appréhensions du comte de Marsin. — Le chevalier de Vivens rend compte au cardinal Mazarin de la prise de plusieurs villes. — Les vendanges bordelaises s'achèvent sans être inquiétées. — Conseil donné pour empêcher l'exportation des vins. — Lettre inédite de M. de Pontac au cardinal Mazarin, du 19 septembre. — Deux lettres inédites du comte de Lillebonne et du marquis de Sauvebœuf à Le Tellier, du 21 et 24 septembre. — Diverses opérations militaires. — Le duc de Candale nommé général en chef de l'armée royale. — Sa distinction physique; son ton et celui de la cour. — Projet du cardinal Mazarin de faire épouser une de ses nièces au duc de Candale. — Il aurait voulu le créer maréchal de France; vers plaisants de la *Muse historique*. — Détails sur la maison du duc de Candale; triste histoire. — Rang de prince donné au duc de Candale; vers plaisants. — Humeur volage du duc de Candale; vers plaisants. — Espérances du prince de Condé fondées sur l'inexpérience du duc de Candale et sur la menace de brûler le château de Cadillac. — État actuel du château et de la ville de Cadillac. — Ordonnance royale prescrivant des représailles. — Fausse nouvelle du retour du prince de Condé dans la Guyenne. — Lettre inédite du prince de Condé à Lenet, du 7 octobre. — Lettre de l'évêque de Montauban au cardinal Mazarin, du 17 octobre. — Mauvais effets de la nomination du duc de Candale. — Lettre inédite de M. de Tracy au cardinal Mazarin, du 26 octobre. — Prise de Sainte-Bazeilles. — Deux lettres inédites du marquis du Plessis-Bellière au cardinal Mazarin du 27 octobre et 3 novembre. — Le marquis de Bougy fait prisonnier. — Révélation d'une tentative d'accommodement, du colonel Balthazar. — Lettre inédite du chevalier d'Aubeterre au cardinal Mazarin, du 3 novembre. — Le comte de Mérinville chargé d'aller renforcer en Guyenne l'armée royale.................. 62

CHAPITRE XLI.

Opérations militaires dans l'Aunis et la Saintonge après le départ du marquis du Plessis-Bellière. — Renseignements tirés de la correspondance inédite de MM. d'Estissac et de Jonzac. — Difficultés sur le rang entre les régiments de la Meilleraye et de Montausier. — Combat sur les bords de la Seudre entre les troupes des comtes d'Estissac et du Dognon. — Pointe poussée en Saintonge par le comte de Marsin. — Sa rapide retraite. — La place de Saint-Seurin escaladée par surprise. — Prise de Mortagne. — Mécontentement du marquis de Montausier contre le comte d'Estissac. — Indiscipline du chevalier d'Albret. — Expédition demandée en Périgord. — Inquiétudes causées par la présence du prince de Marcillac dans l'Angoûmois. — Lettre inédite du marquis de Montausier à Le Tellier, du 14 novembre. — Circulaire inédite du gouverneur d'Angoulême. — Lettre inédite du marquis de Montausier à Le Tellier, du 18 novembre. — Satisfactions données ou refusées aux demandes ou aux plaintes de M. de Montausier. — Le comte d'Estissac privé de son commandement. — Ses troupes, à l'exception d'un régiment, envoyées au duc de Saint-Simon, gouverneur de Blaye. — Ordre inédit, du 21 décembre, prescrivant ces mesures... 117

CHAPITRE XLII.

Situation de l'armée royale en Guyenne. — Rapport inédit du duc de Candale à Le Tellier, du 14 novembre. — Lettre inédite du comte de Marsin à Lenet, du 15 novembre. — Capitulation de Villeneuve d'Agen. — Lettre de M. de Pontac au cardinal Mazarin, du 19 novembre. — Disgrâce de M. de Pontac suivie d'une éclatante réparation. — La noblesse du gouvernement de Montauban veut se protéger elle-même contre les déprédations des troupes. — Lettre inédite du marquis de Saint-Luc à Le Tellier, du 21 novembre. — Diverses opérations de l'armée des princes. — Prise de Castelnau et de Castel-Jaloux. — Condom refuse d'ouvrir ses portes. — Singulière proposition de bataille du marquis de Sauvebœuf au comte de Marsin. — Lettre inédite du marquis de Sauvebœuf à Le Tellier, du 26 novembre. — Tentative de trahison et dramatique incident à Castel-Jaloux. — Dépêche inédite de Lenet au prince de Condé, du 2 décembre. — Rapport inédit de M. de Pontac à Le Tellier sur l'esprit de diverses villes, du 27 novembre. — Divers succès de Marsin et de Balthazar. — Lettre inédite du chevalier d'Aubeterre au cardinal Mazarin, du 15 décembre. — Lettre inédite du marquis de Saint-Luc au cardinal Mazarin, du 18 décembre. — Le duc de Candale marche à la rencontre de l'armée des princes. — Celle-ci se divise en prenant deux directions différentes. — Le marquis de Chouppes blâme cette résolution stratégique. — Le duc de Candale s'attache aux pas du colonel Balthazar. — Ordonnance fiscale inédite du comte de Marsin, du 21 décembre. — Lettre inédite de mécontentement du comte de Marsin à Lenet, du 24 décembre. — Le duc de Candale vole au secours de Sarlat. — Prise de Sarlat par le comte de Marsin. — L'armée royale prend ses quartiers d'hiver.. 140

CHAPITRE XLIII.

Retour aux affaires intérieures de Bordeaux. — Lettre du prince de Condé au parlement de Bordeaux, du 15 octobre. — Il interdit à ce corps l'enregistrement de l'amnistie royale. — Tentative du comte de Maure et du président d'Affis pour cimenter une alliance entre le parlement et l'Ormée. — Dépêche inédite de Lenet au prince de Condé, du 24 octobre. — Lettre inédite du baron de Vatteville à Lenet, du 26 octobre. — Nouveaux excès de l'Ormée ; le procureur général et un conseiller au parlement courent risque de la vie. — Lettre inédite de Lenet au prince de Condé, du 31 octobre. — Lettre inédite de félicitations du baron de Vatteville à la princesse de Condé, à l'occasion de la prise de Barcelone. — Dépêche inédite de Lenet au prince de Condé, du 14 novembre. — Analyse de cette dépêche. — Dangers surgissant de toutes parts. — Projets socialistes de l'Ormée. — La voie périlleuse des concessions. — Entente entre les protestants de France et d'Angleterre.......................... 172

CHAPITRE XLIV.

La Fronde des princes manque de tout caractère national. — Cette observation conduit à l'étude de la Fronde au point de vue diplomatique. — Service récent rendu à l'histoire par l'ouverture des archives du Ministère des affaires étrangères. — *Advis et Mémoire d'Estat au roi et à son conseil,* 6 janvier 1651. — Les jalons de la politique tracée à cette époque pourraient encore servir de guides. — Conditions de l'équilibre européen. — Nulle nation ne doit être prépondérante. — Les nationalités doivent former les unités des gouvernements. — Supériorité des États de moyenne grandeur sur ceux d'une trop grande étendue. — La question géographique des frontières peut apporter une exception indispensable au principe des nationalités. — La ligne du Rhin est nécessaire pour la France. — Causes d'une solution récente diamétralement contraire. — Louis XIV pendant toute la durée de son règne s'est appliqué à suivre le programme du *Mémoire* de 1651 et l'a réalisé en partie. — Blâme infligé à la politique française, comme à celle de tous les autres États, lorsque des entreprises ont été tentées ou consommées contre l'autonomie des nations. — Nécessité de refouler les Turcs hors de l'Europe. — Nouvelle croisade conseillée. — Opportunité de mettre fin, dans l'intérêt de l'équilibre européen, à toute lutte entre le pouvoir temporel et le pouvoir spirituel. — Nécessité de fixer le mode de l'élection des Papes et de pourvoir à ce que le Pape ne soit pas toujours italien. — Importance majeure qui s'attache à l'élection du roi des Romains. — Origine de la souveraineté temporelle des papes. — Le sceptre du Saint-Empire romain ne doit pas appartenir exclusivement à l'Allemagne. — Différence en faveur du cardinal Mazarin entre sa politique extérieure et celle du prince de Condé. — Réserve à cet éloge en ce qui concerne la politique du cardinal vis-à-vis de l'Angleterre...................... 192

CHAPITRE XLV.

L'Angleterre veut reprendre une place importante dans le concert européen. — Aperçu d'ensemble sur les relations diplomatiques de l'Angleterre avec les Provinces-Unies, le Portugal, l'Espagne et la France. — Les deux partis qui divisent la France courtisent à l'envi l'Angleterre pour obtenir son alliance. — La Fronde étudiée au point de vue diplomatique. — Les agents avoués et secrets du prince de Condé et du cardinal Mazarin en Angleterre : le marquis de Cugnac, M. de Barrière, M. de Gentillot, le colonel Mortimer. — Le banquier Vitharel-le-Mur intermédiaire de Mortimer. — Mémoire inédit adressé au cardinal Mazarin sur les moyens de s'assurer les sympathies de l'Angleterre. — Il y est spécialement recommandé de favoriser les protestants de France. — Asile donné en France à la reine veuve de Charles Ier et à ses enfants. — Les joyaux de la reine d'Angleterre mis en gage en Hollande. — Pension à Charles II sur la cassette du roi de France. — La famille royale d'Angleterre s'alarme de la recherche de l'alliance de Cromwell par le cardinal Mazarin. — Ses démarches mal accueillies. — La politique de sentiment n'est point celle du cardinal Mazarin. — Instructions inédites envoyées à M. de Gentillot. — Les agents du prince de Condé dupes de l'adresse de ceux du cardinal Mazarin. — Ceux-ci assistent à la première audience donnée par Cromwell aux agents du prince. — Matières traitées dans cette audience. — Le cardinal Mazarin est dupe lui-même de l'adresse de Cromwell. — Lettre d'un espion du cardinal. — Le comte d'Estrades employé par le cardinal Mazarin dans ses négociations avec l'Angleterre. — Ses instructions.

— Pirateries exercées de part et d'autre, bien qu'il n'y eût pas déclaration de guerre entre la France et l'Angleterre. — Protestations du gouvernement français contre l'attaque de la flotte française qui allait au secours de Dunkerque. — Prisonniers rendus et vaisseaux retenus. — Lettre inédite de M. de Gentillot au cardinal Mazarin à ce sujet. — Conditions identiques posées par Cromwell pour accorder son alliance, soit au cardinal Mazarin, soit au prince de Condé. — Conséquences de cette tactique. — Elle amène un projet d'établissement de république en France...... 217

CHAPITRE XLVI.

Tendance naturelle des alliances basées sur des gouvernements similaires. — Cromwell veut utiliser pour le succès de sa politique les rapprochements créés par la religion entre les protestants de France et d'Angleterre. — Les protestants du parti du prince de Condé ouvrent l'oreille aux avances de Cromwell. — Propagande religieuse et républicaine. — Le prince de Condé s'en effraye médiocrement ; ses motifs. — Ses demandes de secours à Cromwell n'aboutissent qu'à l'autorisation d'enrôler des Irlandais. — L'Angleterre accentue ses exigences pour accorder son alliance au prince de Condé. — Tentative d'importation en France d'une république toute organisée. — Manifeste intitulé : *Principes et fondement d'une république*. — Sa base est la souveraineté populaire exercée par l'intermédiaire d'une assemblée élue. — Analyse critique de cette constitution. — Exclusion des fonctionnaires civils et militaires. — Confusion entre le pouvoir législatif et le pouvoir exécutif. — Les principes fondamentaux de la famille et de la propriété placés au-dessus de toute discussion. — Déclaration, quant à la religion, qu'aucune loi ne peut obliger les consciences. — Motifs de cette tolérance. — Déclaration que nul ne peut être obligé au service militaire ; contraste singulier avec les principes de la démocratie moderne. — Sage séparation du pouvoir législatif et du pouvoir judiciaire. — Curieux moyens pour assurer la proclamation de la république. — Procès intenté à la monarchie au moyen de l'examen de son origine. — Procédé des manifestes et des manifestations républicaines. — Élections de tous les officiers publics. — La vertu placée comme balise sur l'écueil où viennent échouer les républiques. — Observation des fêtes et dimanches ; impitoyable poursuite du blasphème, de l'ivrognerie, de la débauche, prédication fréquente et en tous lieux de la parole de Dieu. — Passeport auprès des princes de ce programme républicain. — Liberté du commerce. — Parallèle entre ce programme de république et le programme de la noblesse pour l'organisation définitive des États généraux. — Le premier programme conduit à la dictature ; le second, à une sage liberté.................. 248

CHAPITRE XLVII.

Poursuite de l'alliance anglaise par le cardinal Mazarin. — L'adresse de Cromwell fait espérer cette alliance en la différant toujours. — Résolution du conseil du roi d'envoyer à Londres M. de Bordeaux comme ministre de France. — Instructions inédites données à M. de Bordeaux. — Appréciation de ces instructions. — Les Stuarts menacés de devenir le gage de l'alliance projetée. — Touchante lettre de la reine d'Angleterre à son fils le duc d'York, du 15 décembre. — Tentatives de Cromwell pour gagner les royalistes anglais. — Lettre inédite sur les divisions de l'Angleterre, 18 décembre. — Résistance calculée de Cromwell au projet d'alliance avec la France. — Première dépêche inédite de M. de Bordeaux au comte de Brienne, de Londres, 22 décembre. — Détails sur la situation intérieure de l'Angleterre. — La lettre du roi de France au Parlement d'Angleterre froidement accueillie. — Nouveaux renseignements inédits sur l'Angleterre donnés par M. de Bordeaux au comte de Brienne. — Quelles sont les chances de restauration de Charles II ? — Refus du Parlement d'Angleterre de donner audience à M. de Bordeaux ; il est reçu par un simple comité. — Discours inédit de M. de Bordeaux. — Le gouvernement d'Angleterre élude toute réponse à la demande de restitution des vaisseaux.. 289

CHAPITRE XLVIII.

Phase nouvelle des événements à Bordeaux : l'*Union* des partis ; les conspirations. — Assemblée générale des habitants, le 24 novembre. — Le registre de l'Ormée retiré des mains de Dureteste. — Vote de l'*Union*, le 28 novembre. — Mécontentement du parlement de Bordeaux contre l'*Union*. — Le parti de la paix comprimé. — Deux émissaires principaux de la cour fomentent les conspirations. — Ordre royal inédit au P. Berthod de se rendre à Bordeaux, du 24 novembre. — Lettre royale inédite aux habitants et au chapitre de Brioude à l'occasion du P. Berthod, du 26 novembre. — Lettre inédite d'un émissaire secret au cardinal Mazarin du 25 novembre. — Conspiration de Massiot. — Son arrestation et sa comparution devant ses juges. — Le prince de Conti le conduit en prison dans son carrosse. — Il est gardé, sans jugement, prisonnier à l'Hôtel de Ville. — Lâches désirs de violence de la part de la populace. — Dépêche inédite de Lenet au prince de Condé, du 2 décembre. — Dépêche inédite d'un émissaire secret au cardinal Mazarin, du 5 décembre. — Distractions littéraires aux malheurs présents. — Fragments de correspondances inédites de Sarrasin, du prince de Conti, de Balzac, de Conrart, de Scarron....   304

CHAPITRE XLIX.

Efforts tentés pour resserrer le faisceau des dévouements. — Lettre inédite du prince de Condé au comte du Dognon, du 3 décembre. — Lettre inédite du baron de Vatteville au prince de Conti, du 3 décembre. — Échange de présents entre la cour d'Espagne et les princes. — Lenet avertit le prince de Condé que ses alliances étrangères le compromettent. — Mémoire adressé par le prince de Conti à Saint-Agoulin, du 9 décembre. — Demande de la disgrâce du baron de Vatteville. — Lettre inédite de Lenet au prince de Condé, du 12 décembre. — Atroces pamphlets contre le prince de Conti et la duchesse de Longueville. — La flotte royale sous les ordres du duc de Vendôme se réorganise en Bretagne pour venir menacer l'embouchure de la Gironde. — Mission donnée à l'abbé de Guron de Rechignevoisin ; document inédit. — Refus de laisser stationner à Bourg la flotte espagnole. — Lettre inédite du prince de Conti au prince de Condé, du 20 décembre. — Protestation inédite contre le baron de Vatteville par Le Vascher, trésorier de l'armée des princes, du 23 décembre. — Lettre inédite de Lenet à Saint-Agoulin, du 24 décembre. — Dépêche inédite de Lenet au prince de Condé, du 26 décembre. — Responsabilité des mesures de rigueur rejetée par le prince de Condé sur son frère et sur sa sœur. — Délivrance de Massiot coïncidant avec les fêtes de Noël. — *L'Union* solennellement jurée. — Instructions peu rassurantes du prince de Condé. — Avis de l'arrivée d'une flotte hollandaise. — Dépêche inédite de Lenet au prince de Condé, du 29 décembre. — La flotte espagnole et le baron de Vatteville rappelés à Saint-Sébastien. — Conduite équivoque du comte du Dognon. — *La furie de la paix.* — Mission secrète d'un marchand de la rue Saint-Denis. — Lettre inédite de M. de Vineuil à la duchesse de Longueville. — Fin de l'année 1652 à Bordeaux et dans la Guyenne.................................... 330

APPENDICE.

Note première pour le chap. vi du Ier volume.

Etat de la ville et faubourgs de Bordeaux (document inédit)... 389
Etat des troupes qui estoyent dans les provinces du royaume et ce qui a esté ordonné à chacune d'icelles (document inédit)... 396
Chanson des frondeurs à Bordeaux..................... 400

Note deuxième pour le chap. xxvii du IIIe vol.

Journal de ce qui s'est passé à Bordeaux depuis le 1er juin jusqu'à présent avec la liste de tous ceux qu'on a fait sortir.. 402

Note troisième pour le chap. XXXII du IVe vol.

Billet inédit du maréchal de Turenne au cardinal Mazarin, Commercy, 30 novembre 1652....................... 405
Lettre inédite du prince de Condé à M. de Saint-Romain, Commercy, 5 décembre 1652....................... 406
Lettre inédite du maréchal Fabert au cardinal Mazarin, Sedan, 11 décembre 1652....................... 408
Lettre inédite du maréchal Fabert au cardinal Mazarin, Sedan, 28 décembre 1652....................... 409

Note quatrième pour le chap. XXXVI du IVe vol. et le chap. XL du Ve vol.

Articles de la neutralité des villes de Rions et de Cadillac, 22 et 26 août 1652....................... 411

Note cinquième pour le chap. XL.

Ordonnance pour faire remettre les maisons des princes de Condé et de Conti au pouvoir de M. le duc d'Epernon, Paris, 28 novembre 1652 (document inédit)..... 413

Note sixième pour le chap. XLII.

Lettre inédite du comte de Noailles au cardinal Mazarin, Perpignan, 8 décembre 1652....................... 415

Note septième pour les chap. XLV, XLVI, XLVII.

Lettre inédite du prince d'Angleterre à la reine de France, La Haye, 18 janvier 1649....................... 417
Lettre inédite de Charles II, roi d'Angleterre, au cardinal Mazarin, La Haye, 26 avril 1649....................... 419
Extrait d'une lettre inédite de M. de Graymont, Edimbourg, 17 juin 1649....................... 420
Lettre inédite d'Henriette-Marie de France, reine d'Angleterre, au cardinal Mazarin, Paris, 8 octobre 1650.. 422
Note touchant les affaires d'Angleterre (document inédit). 423
Lettre inédite du roi de France au Parlement d'Angleterre, Poitiers, 24 novembre et 18 décembre 1651..... 425

Lettre inédite d'Henriette-Marie de France, reine d'Angleterre, au cardinal Mazarin, Paris, 14 février 1652.. 426

Lettre inédite de Charles II, roi d'Angleterre, au cardinal Mazarin, Paris, 14 février 1652................... 427

Lettre inédite d'Henriette-Marie de France, reine d'Angleterre, au cardinal Mazarin, Paris, 19 avril 1652.... 428

Lettre inédite du roi de France au Parlement d'Angleterre, Paris, 2 décembre 1652...................... 429

Instructions inédites données à M. de Bordeaux, ministre de France en Angleterre, Paris, 2 décembre 1652. 430

Lettre inédite du Conseil d'État d'Angleterre au duc de Vendôme, Londres, 2 décembre 1652.............. 435

Note huitième pour l'ensemble des volumes publiés.

La liste de l'armée du prince de Condé................. 437

FIN DE LA TABLE DES MATIÈRES DU TOME CINQUIÈME.

ERRATA.

Tome IV, page 47, *ligne* 19, *au lieu de* comte de Gisors, *lisez :* et d'autres encore.

Page 61, *ligne* 12, *au lieu de* fils aîné du duc de Beaufort, *lisez :* frère aîné.

Page 395, *ligne* 16 et *page* 487, *ligne* 4, substituez le nom de M. de Meuillet à celui du commandeur de Neuchaise.

Page 489, *ligne* 3, *au lieu de* 1852, *lisez :* 1652.

Corbeil. — Typ. et stér. de Crété fils.

www.ingramcontent.com/pod-product-compliance
Lightning Source LLC
Chambersburg PA
CBHW070534230426
43665CB00014B/1681